El pan que como

Paloma Díaz-Mas

El pan que como

EDITORIAL ANAGRAMA
BARCELONA

Ilustración: © Album / Joseph Martin / Musée d'Orsay, París

Primera edición: abril 2020

Diseño de la colección: Julio Vivas y Estudio A

Pedró de la Creu, 58
08034 Barcelona

ISBN: 978-84-339-9900-9
Depósito Legal: B. 4408-2020

Printed in Spain

Romanyà Valls, S. A., Sant Joan Baptista, 35
08789 La Torre de Claramunt

Para quien me trata de sama

«ITADAKIMASU» NO SIGNIFICA «QUE APROVECHE»

Voy a comer.

En mi lengua esa expresión tiene un significado directo y tajante: me dispongo a hacer algo, y ese algo es comer. Alimentarme, un acto que nace solo de mi voluntad. Comeré enseguida, a poco tardar, porque esa es mi intención y mi deseo, porque tengo apetito y dispongo de alimentos suficientes. No todo el mundo tiene la misma suerte, ya que hay –incluso en mi entorno cercano: no hace falta viajar a lugares lejanos– personas a las que les gustaría comer y no pueden porque no tienen qué; y también están los otros, los que carecen de apetito, los enfermos desganados que desearían tener la misma hambre que cuando estaban sanos y que ahora añoran esa sensación molesta (el vacío en el estómago, la debilidad que produce la falta de glucosa en los músculos deseosos de actividad) como un bien que tuvieron y han perdido.

En mi caso, ahora, soy yo quien decide y yo quien come, y lo hago como quien ejerce un derecho fundamental del cual depende la vida, mi vida. Y esa forma de hablar (que es también una forma de pensar) me deja sola ante el acto de comer, un acto individual y solitario. Aunque coma acompañada –casi siempre procuramos comer en compañía porque hacerlo solos suele resultar un poco triste–, yo estoy sola en mi comer: soy yo quien come y, por tanto, soy yo quien lleva la comida a la boca y la mastica, quien la traga y la digiere, quien aprovecha sus nutrientes y desecha lo que mi cuerpo (otra vez yo, otra vez yo sola) no ha podido asimilar. Comemos, por así decirlo, de una manera individualista, como si los otros no tuvieran nada que ver en el acto, a la vez primitivo y refinado, de comer.

Pero probablemente vería ese acto de otra manera si yo perteneciese a otra cultura.

En un blog de un ciudadano japonés que reside en España leo una entrada que empieza así:

> Desde que estoy viviendo en España, he oído cientos de veces a estudiantes de japonés referirse a la palabra *Itadakimasu* como «Que aproveche» o «Buen provecho», hoy me gustaría explicaros que esta interpretación/traducción no es correcta. Hace un tiempo trabajaba en una empresa en Barcelona, y uno de mis compañeros españoles estudiante de japonés siempre que me pillaba almorzando en el comedor me soltaba todo satisfecho: *Itadakimasu!* Aunque no tuve la oportunidad, me hubiera gustado decirle que lo que me estaba diciendo no era correcto. Realmente en japonés no tenemos ninguna manera de decir «Que aproveche» o «Buen provecho».
>
> Entonces, ¿qué significa *Itadakimasu?*
>
> El origen de la palabra *Itadakimasu («Itadaku»)* es la forma humilde de decir «comer» o «recibir» (en japonés 食べる taberu, もらう morau).
>
> Existen dos significados para la palabra *Itadakimasu* para antes de empezar a comer.
>
> El primero es gratitud a las personas que han participado en todo el proceso de elaboración de la comida

desde el campo/mar/granja a tu plato. Representa el sentimiento de gratitud a la persona que te ha cocinado, a quien ha puesto la mesa, a las personas que han cosechado las verduras, las personas que han pescado los peces, en fin, todas las personas que han colaborado para la comida que vas a comer.

El segundo significado es gratitud a los ingredientes, a la comida en sí misma. Creemos que hay vida en la carne y el pescado, en las frutas y las verduras, y les agradecemos a todos ellos que nos dejen comerlos, pensando «Déjame coger tu vida por mí».[1]

Busco en internet la pronunciación de la palabra, que nunca he oído, y resulta ser algo así como *itádakimash* (con la *sh* pronunciada como en inglés; la *u* final no parece que se pronuncie, o por lo menos no suena en las grabaciones que he podido escuchar, o quizás es una forma de representar gráficamente esa pronunciación especial de la *s* a la que sigue). Así que *itádakimash* es la palabra mágica que hace que no comamos solos: voy a comer y ese comer es recibir algo de muchos seres que han precedido a mi comida y la han hecho posible. En mi comida están presentes, acompañándome, todos los que han intervenido para que estos platos lleguen a mi mesa.

Miro mi sencilla comida, ya dispuesta sobre la mesa ante la que voy a sentarme, y la veo ya con otros ojos. Los ojos del agradecimiento hacia tanto esfuerzo y sacrificio derrochado para que los alimentos lleguen hasta mí.

¿Cuántas personas habrán intervenido en el proceso de preparar estos platos que hoy, falta de tiempo, no he cocinado yo, sino que he comprado en un pequeño esta-

1. https://www.espaiwabisabi.com/el-verdadero-significado-de-itadakimasu-y-gochisousama-deshita/

blecimiento de comidas preparadas del barrio? ¿Y cuántas madrugaron y se esforzaron para que los ingredientes llegasen al mercado, a las manos que iban a cocinarlos y, finalmente, a mí? Y, antes de eso, ¿cuántas personas trabajaron para producirlos, recolectarlos y distribuirlos? El cálculo empieza a marearme: para que yo tenga aquí, sobre la mesa, un primer plato, un segundo y un postre, deben de haber intervenido centenares, quizás miles de personas. Su tiempo, su trabajo (casi siempre mal pagado), su cansancio, su sacrificio, su vida esforzada están aquí, encima de la mesa, sobre el plato y entre los cubiertos que voy a utilizar.

El precio que yo he pagado por todo esto empieza a parecerme muy barato: cada una de las personas que han participado en el proceso de darme de comer no habrá recibido ni la centésima parte de lo que yo he pagado por mi almuerzo de hoy. Aquí ha debido de producirse un milagro bíblico como el de la multiplicación de los panes y los peces, aquellos dos panes y dos peces con los que, según cuentan los Evangelios, Jesucristo dio de comer con naturalidad a una gran multitud que había acudido a escucharle predicar.

Y luego están los otros, los pequeños seres vivos que han muerto para que yo coma, para que yo viva: nacieron o brotaron, crecieron un poco y sus pequeñas trayectorias vitales fueron truncadas –con frecuencia, demasiado pronto: cuando apenas eran incipientes, cuando los animales eran el equivalente a un bebé– para mí, para que yo no solo sobreviva, sino que disfrute de una comida sabrosa y saludable.

Cuánto esfuerzo y cuánto sacrificio hay colocados encima de esta mesa ante la que me dispongo a comer. Y, ahora que he reflexionado un poco, qué respeto me produce hacerlo.

GANARSE EL PAN

Hace pocos años que abrió este pequeño establecimiento de comidas preparadas para llevar. Un local pequeño, sin mesas ni sillas: solo un mostrador frigorífico en el que se exponen las comidas ya hechas y se atiende a los clientes. Al fondo se entrevé una cocina un tanto angosta en la que se afanan dos mujeres.

Estábamos en plena crisis económica, la época en que los pequeños locales comerciales del barrio se convirtieron en un carrusel de ilusiones fallidas. De tanto en tanto, abría un nuevo comercio, que a los pocos meses acababa por cerrar. Si no recuerdo mal, en este pequeño local hubo antes una lencería en la que nunca entraba nadie, que dio paso a una perfumería sin clientes, y luego, tras unos meses con el cartel de «Se alquila», alguien tuvo la idea de poner una tienda de productos para animales domésticos que enseguida cerró. Al pasar, apenaba ver en el interior de cada una de las sucesivas tiendas a un hombre o una mujer solos, los primeros días escrutando expectantes a los posibles clientes (bastaba acercarse al escaparate para percibir tras los cristales una mirada ansiosa, una esperanza de que fuésemos su primer comprador de la jornada), luego aburriéndose en el interior de un local cada vez más oscuro, cada vez más triste –la tristeza que produce un comercio poco iluminado porque hay que ahorrar en el recibo de la luz–, hasta que al cabo de pocos meses aparecía el indefectible cartel de «Liquidación total por cierre» y entonces sí, entonces entraban unos pocos clientes deseosos de aprovechar las gangas de una tienda que vendía sus productos casi a pérdidas para deshacerse cuanto antes de la mercancía y tratar de recuperar al menos algo del dinero invertido.

Dolía pensar en la historia que sin duda hubo tras cada una de esas tiendas de barrio fracasadas, comercios de proximidad de los cuales se alejaban los clientes. Tiempos de crisis económica generalizada, de expedientes de regulación de empleo, de despidos de trabajadores que llevaban años en la misma empresa. Muchos de esos antiguos trabajadores por cuenta ajena buscaron una salida laboral convirtiéndose en pequeños empresarios improvisados. Ninguno de los comercios que abrieron en aquellos tiempos tenía más de un empleado, que era a la vez el dueño y el empleador de sí mismo. Capitalizar el dinero del seguro de desempleo y, en lugar de cobrar un pequeño sueldo de parado durante unos meses o un año, tomar el monto total de una vez y emprender una aventura que se veía como única salida al desempleo.

Así que cada tienda que abrió y que cerró escondía en la trastienda la historia de un trabajador que perdió su trabajo, que intentó crear una empresa que fracasó y que, en ese intento, perdió trabajo, ahorros, tiempo y esfuerzo y, sobre todo, la ilusión de ser independiente; arrojado otra vez al azaroso mercado del empleo por cuenta ajena, donde te contratan solo si quieren, cuando quieren y al precio que el empleador establece. El último día echaron el cierre con la sensación de que nadie apreciaba su esfuerzo y nadie quería su trabajo.

Es difícil calcular, sin experiencia previa, cuánta ropa interior, cuántos jabones y perfumes, cuánto pienso para perros y arena para gatos hay que vender para cubrir los gastos de alquiler, seguros, suministros, luz, agua, impuestos, seguridad social, y ganarse la vida además. Los gastos que crecían, los clientes que no compraban y el dinero que se iba de las manos poco a poco, amargamente, día a día, hora a hora, en un local en el que casi nunca entraba nadie. Daban ganas de llorar por ellos; yo hubiera querido entrar en todas las tiendas a comprar cosas inútiles, no ser una sino miles de personas para salvar esos barcos que se hundían, anclados a la acera por la que los transeúntes pasaban siempre apresurados, sin detenerse, sin adquirir nunca nada, sin apenas mirar el escaparate en el que los productos se exhibían primero con primor, luego con desgana, al final con desesperación, con carteles que anunciaban cada vez precios más bajos.

Era por lo menos el cuarto comercio que se asentaba en el mismo pequeño local. Un día, al pasar, vi una mujer pintando con una pequeña brocha el marco de la puerta y del escaparate. Había pintado la fachada de rojo y ahora repasaba los quicios con laca blanca. ¿Quién pinta personalmente la fachada de su comercio? Alguien que prefiere ahorrar desde el principio, que mira mucho lo que gasta en esa primera inversión de abrir un negocio, una inversión que va a consumir la totalidad de sus ahorros y probablemente le obligará a contraer una deuda. Así que la mujer me pareció otra nueva víctima de una ilusión fallida: la dueña del quinto comercio que, en ese mismo lugar, abriría y cerraría al cabo de pocos meses. ¿Y luego qué? En el fondo de mi corazón, le deseé mucha suerte, una suerte que yo misma creía imposible.

Al cabo de unos días, sobre la puerta recién pintada apareció un cartel: «Los Pucheros, comida casera para llevar». Un tipo de comercio que ya había existido (y fracasado) en el barrio. Parecía esperarle un mal futuro.

Milagrosamente, la tiendecita se mantuvo e incluso prosperó. En el mostrador atendía un hombre maduro e inexperto —el marido de una de las mujeres azacanadas en la cocina–, que equivocaba los pedidos, tardaba muchísimo en atender y se liaba al devolver el cambio; a la legua se veía que nunca antes había hecho ese trabajo. Pero la comida que salía de la cocina era sabrosa y limpia, sencilla y sana, sorprendentemente parecida a la que hacían nuestras madres y nuestras abuelas: comida casera para llevar, justo lo que anunciaba el rótulo. Y la gente se la llevaba; los vecinos que –como yo hoy– no tenían tiempo o ganas de cocinar, los dueños y empleados de otros pequeños comercios cercanos que compraban comida hecha para consumirla en la trastienda en una hora de descanso, los ancianos solos que habían perdido la ilusión de cocinar precisamente porque estaban solos y guisar para una sola persona es laborioso y aburrido, incluso peligroso cuando has perdido parte de tus facultades y para hacerte la comida tienes que manejar fuego y cuchillos.

Comida casera, la que desde siempre se ha hecho en casa, sin la sofisticación de la cocina creativa de los chefs con pretensiones (casi todos, hombres), sino con la sabiduría que se transmitieron las mujeres de generación en generación; las recetas que sin duda las dos mujeres habían aprendido de su madre, y esta de su propia madre o de su suegra (las suegras cocineras, que, con cierta suficiencia maternal, exhibían su maestría y su experiencia ante las nueras jóvenes e inexpertas, esas nueras que tenían que aprender a cocinar para el hijo ya casado, para los nietos que habían de venir). La tradición oral de la cocina, la que, como cualquier artesanía, solo se aprende en el ámbito doméstico, por el magisterio de una generación hacia la siguiente.

Hoy, Los Pucheros sigue abierto. Algunos días, a algunas horas, se forma una pequeña cola de clientes que desborda el local e invade parcialmente la acera (el marido dependiente sigue atendiendo despacio y mal), a veces a la puerta veo aparcada una pequeña furgoneta frigorífica de servicio a domicilio con el anagrama de la empresa. Se han mantenido y han prosperado gracias a la sabiduría callada de esas dos mujeres que todavía se entrevén en la cocina, cada vez más atareadas, hasta el punto de que han tenido que contratar a un pinche que las ayude. Aunque ellas no lo saben, tienen algo de la mujer fuerte del libro bíblico de los Proverbios, trabajadora, práctica y comerciante:

> La mujer fuerte, ¿quién la hallará? Vale mucho más que las perlas.
> En ella confía el corazón de su marido y no tiene nunca falta de nada.
> Le proporciona siempre el bien, nunca el mal, todo el tiempo de su vida.
> Ella se procura lana y lino y hace las labores con sus manos.
> Es como nave de mercader, que desde lejos trae su pan.
> Se levanta cuando aún es de noche, y prepara a su familia la comida y la tarea de sus criados.
> Ve un campo y lo compra, y con el fruto de sus manos planta una viña.
> Se ciñe de fortaleza y esfuerza sus brazos.
> Ve alegre que su negocio va bien, y ni de noche apaga su lámpara.
> Coge la rueca en sus manos y hace bailar el huso.
> Tiende su mano al miserable y alarga la mano al menesteroso.
> No teme su familia el frío de la nieve, porque todos en casa tienen vestidos dobles.

Ella se hace cobertores, y sus vestidos son de lana y
púrpura.
Celebrado es en las puertas su marido cuando se sienta
entre los ancianos del lugar.
Hace una hermosa tela y la vende, y vende al mercader un
ceñidor.
Se reviste de fortaleza y gracia y sonríe al porvenir.

Es aquí, en esta pequeña tienda de barrio, aparentemente anodina y trivial, pero revestida de una épica doméstica, donde he comprado mi comida de hoy. *Itadakimasu.*

LO CONTRARIO DE LO CRUDO

La comida que voy a consumir se llama en castellano, simplemente, cocido. Algo tan cotidiano y conocido en España que cualquiera lo sabría identificar solo por el nombre, pese a ser tan genérico: cualquier cosa cocida podría ser un cocido, pero en mi lengua la palabra se refiere a una realidad muy concreta, porque venimos de linajes que se han alimentado durante siglos con cocidos.

Sin embargo, ¿cómo explicaría yo lo que es un cocido a alguien que, por venir de otra cultura, no supiera lo que es, que no lo hubiera visto ni comido nunca?

Lo primero, tendría que decirle que no es un plato solo, sino una comida completa, una serie de platos en cada uno de los cuales se combinan varios ingredientes, y cuya preparación consiste en una sencilla operación culinaria: cocer; o sea, poner los distintos ingredientes (carnes, legumbres, verduras) en una olla llena de agua y hervirlos durante largo tiempo.

El resultado de ese largo cocimiento es, en realidad, un menú completo, porque los ingredientes que se han hervido juntos se separan luego para convertirse en tres platos distintos, que se consumen en la misma comida (lo que se llaman los tres vuelcos del cocido, el producto de volcar la olla tres veces sucesivas): el caldo que lleva la sustancia de las cosas hervidas se ha separado del resto y con él se hace una sopa de pasta. Aparte, se han extraído las verduras y las legumbres, que son el segundo vuelco del cocido. Y el tercer vuelco (o tercer plato del menú) está compuesto por las carnes y huesos de distinto tipo (de gallina, de vaca, de cerdo), que se pueden comer aparte o mezclándolos con las verduras y legumbres.

El antropólogo francés Claude Lévi-Strauss escribió un libro que se titula *Lo crudo y lo cocido*. En él explica que en el lenguaje de los pueblos que desconocen la cocción –es decir, que comen su comida cruda– no hay, como era de esperar, ninguna palabra para designar lo cocido ni la cocción; pero tampoco, significativamente, existe ninguna palabra para expresar el concepto de crudo. Para ellos la distinción entre lo crudo y lo cocido no existe, porque carecen de la experiencia de cocer y, por tanto, tampoco pueden definir su contrario, lo que está crudo. Para acuñar un concepto hay que tener primero experiencia de una cosa y su contraria.

Así que el cocido que voy a comerme entra dentro del universo mental de los que sabemos lo que son las cosas crudas: lo crudo es justo lo contrario de lo que tengo ante mí, sobre la mesa; lo contrario de estos alimentos que han hervido durante horas.

Nada más sencillo que cocer, añadiendo al puchero lo que se tiene a mano, llenándolo de agua e hirviendo la mezcla después. Solo asar es más simple, y también más primitivo, porque para asar lo único que hay que hacer es arrimar los alimentos al fuego y esperar a que se tuesten y requemen con el calor. Para asar hay que saber encender el fuego –o, al menos, preservarlo– y poco más. Cocer requiere un poquito más de elaboración y algo de cultura: la de fabricar recipientes que puedan contener el agua y los alimentos que van a cocerse en ella, pasando de estar crudos a estar cocidos.

Los alimentos cocidos conforman una amplia categoría que en mi lengua se llaman *platos de cuchara,* porque requieren el uso de una cuchara para ser comidos. Guisos de elaboración larga, no porque sean complicados de preparar, sino porque requieren horas de cocción, debido a que sus ingredientes principales (carnes, huesos, legumbres secas) solo se ablandan tras horas de fuego lento. Los platos que, en el medio rural, permitían a las mujeres hacer las tareas de la casa, cuidar a los niños o atender a los animales mientras la comida iba haciéndose sola, al calor del rescoldo; solo de vez en cuando había que asomarse al fogón o al fuego a tierra del hogar, levantar la tapa del puchero y añadir, si hacía falta, un poco de agua fría: lo que se llama *asustar* un guiso. Y, una vez el puchero asustado, la mujer podía volver a su faena, de manera que las dos o tres horas que un cocido requería para irse haciendo en un fuego tradicional era tiempo que quedaba disponible para otras tareas. De ahí la proliferación de cocidos en la gastronomía: el cocido madrileño, leonés, montañés o lebaniego; el botillo del Bierzo (en realidad, botillo es el principal embutido que se mete en la olla, y que acaba dando nombre a todo el guiso); la fabada asturiana, el pote gallego, el puchero andaluz y el valenciano, la escudella catalana, la olla podrida (seguramente de *poderida,* es decir, poderosa, o potente, por lo contundente de sus ingredientes) que aparece incluso en el *Quijote,* el sancochado del Perú, el *pot au feu* de Francia, la *ollada* del Rosellón, el *bollito misto* del Piamonte y Lombardía, que puede ir acompañado de varias salsas, el *cozido* a la portuguesa, el *rasol* rumano, la *adafina* de los judíos sefardíes.

En la novela de Concha Espina *La esfinge maragata,* Florinda, una muchacha de ciudad, va a vivir durante algún tiempo a la casa de unos parientes en un pueblo de la Maragatería leonesa. Las costumbres refinadas de la chica, hija de la clase media urbana, contrastan con las duras condiciones de vida de las gentes de esa región de la España interior, en unas tierras de agricultura pobre de las cuales los hombres emigran para buscar fortuna en América y las mujeres se quedan solas trabajando desde niñas en las tareas de la casa, en el cuidado del escaso ganado y en el cultivo de unas tierras ásperas que apenas producen nada.

El primer día de su estancia, su prima Olalla enseña a Florinda la casa –una vivienda tradicional de campesinos–, en cuyo sobrado hay un palomar; las dos adolescentes pasan un rato extasiadas con las palomas y durante esos minutos Olalla deja de ser la mujer responsable de la casa para comportarse como la niña que es; a solas con su prima, incluso deja caer descuidadamente sobre sus hombros el pañuelo que siempre le cubre el pelo. Pero enseguida siente la llamada de sus obligaciones domésticas, que por un momento ha olvidado:

> –No te pongas el pañuelo –suplicó Florinda, viéndole hacer un vivo ademán para cubrirse la cabeza. Y Olalla, realizando su propósito sin replicar lamentóse:
>
> –¡Las diez sonaron; tendré asurada la olla y la lumbre muerta!...

La olla *asurada,* reseca por haberse consumido el líquido del cocido que hervía en ella. La lumbre muerta, apagada por descuido de quien debía atizarla para que no se apagase. Un rato de asueto femenino, casi infantil, que puede causar una catástrofe doméstica: dejar a la familia sin comida en ese medio rural en el que resulta tan difícil conseguir algo de comer. Así que Olalla se apresura a volver al hogar, a reavivar la lumbre y asustar el puchero:

> Por los penumbrosos corredores del piso bajo hicieron las dos mozas rumbo a la cocina, grande y poco alumbrada, con el llar humillado y el suelo de tierra; taburetes de roble, escaño vetusto, ahumados vasares, mesa «perezosa» y espetera profusa, decoraban la habitación: pendiente de las abregancias, a plomo sobre el llar, esplendía una caldera enorme.
>
> Como Olalla se abismase de hinojos, hurgando la lumbre, soplando en la ceniza y sacudiendo la olla reseca, dijo Mariflor, tímida y sonriente:
>
> –¿Y mi desayuno?
>
> –¡Cierto!... ¡Si hoy no sé lo que hago! –murmura Olalla, impacientándose entre los pucheros–. Mira, aquí tienes sopas... ¿Te gustan?
>
> –¿Sopas? ¿De qué?
>
> –De patatas.
>
> Una salsa con mucho pimentón subía hasta los bordes de la menuda tartera.
>
> –¿Llamáis sopa a este guiso? –preguntó Florinda, colocando otra vez la tapa con pulcritud.
>
> –En el falaje de la tierra se dice así.

Plato de cuchara también para desayunar: patatas con pimentón. Y, para comer, el guiso que cuece en la olla, un plato de cuchara. Eso es lo que hay, cuando hay algo.

La adafina es el cocido de los judíos sefardíes. Se menciona ya en textos castellanos medievales como plato judío y, tras la expulsión de 1492, los sefardíes lo llevaron a su exilio. Hay quien dice que la historia fue al revés: que es la adafina judía el origen del cocido, al que los cristianos añadieron para su consumo elementos prohibidos a los judíos.

Y es que la adafina judía difiere del cocido de los cristianos porque se acomoda a las prescripciones dietéticas del judaísmo, que son estrictas en varios aspectos. Nada de carne de cerdo, ni por supuesto chorizo; y mucho menos morcilla, un embutido en el que confluyen dos elementos prohibidos, puesto que no solo proviene del cerdo, sino que está hecha de sangre, y la sangre de los animales no se puede consumir, porque, como dice el libro bíblico del Levítico, en ella reside la vida. En su lugar, carne y huesos de vaca o de cordero, gallina, garbanzos, verduras, huevos enteros, cebolla también entera, con su cáscara, que da al guiso un agradable color dorado, y un puñado de hierbas y especias, al gusto de cada casa: cilantro, mejorana, azafrán, clavo y canela.

También la forma de prepararla se acomoda a las prescripciones del judaísmo. La adafina era, por antonomasia, la comida del mediodía del sábado, el día festivo semanal. El sabat judío empieza con la puesta de sol del viernes y acaba con la puesta de sol del sábado. Durante ese lapso está prohibido trabajar y, por extensión, hacer cualquier actividad que pueda considerarse trabajo (desde coser o escribir hasta viajar o comprar y vender); tampoco se puede encender fuego, así que el fuego debía quedar encendido al inicio del sabat y durar hasta la noche siguiente.

¿Cómo hacer un cocido sin fuego? Dejándolo cocer lentamente, durante toda la noche, al rescoldo de la lumbre, el *hamín*. Así que la prescripción religiosa impuso una manera de guisar: los ingredientes de la adafina se colocaban juntos en una olla de barro, el viernes por la tarde, y esa olla, bien tapada, se dejaba hasta el día siguiente en las brasas de la lumbre, semicubierta con cenizas ardientes, de manera que los ingredientes iban cociéndose lentamente, al calor suave sin llama de las brasas, durante horas y horas. El guiso, literalmente, se hacía solo, sin exigir trabajo ni labores prohibidas, y los sabores de los ingredientes se iban mezclando poco a poco a lo largo de la noche, de la mañana siguiente, hasta que la familia lo consumía en la comida del mediodía de fiesta.

Precisamente esa costumbre de no encender el fuego en sabat llevó a muchos conversos judaizantes a la perdición, a la cárcel, la tortura y la muerte. Los procesos inquisitoriales de los siglos XVI y XVII están llenos de testimonios de vecinos que sospecharon que la familia de al lado practicaba el judaísmo a escondidas porque los sábados no salía humo por la chimenea de la casa; de criadas que observaron que sus amos no comían nunca carne de cerdo, que sacaban el tendón del interior de la pierna del cordero antes de asarlo o guisarlo, que preparaban la comida del sábado el día anterior, que rezaban a santos raros, como santa Esther o san Moisés; de amigos que observaron que otro amigo guardaba ayuno en unos días del año que no coincidían con ninguna festividad penitencial cristiana. Un ambiente de delación y miedo en el que uno se ve moralmente obligado a denunciar al vecino de toda la vida por los pequeños gestos de la vida cotidiana que pueden delatarlo como judaizante, es decir, como hereje. Y quien no denuncia a un hereje contribuye a encubrirlo, y encubrir la herejía lleva a la condenación eterna y también a un proceso judicial porque tenías que haber estado atento, tenías que haberte dado cuenta de que hay días en que algunas chimeneas no echan humo como debieran, y eso es indicio de que la herejía habita entre nosotros.

EN LA COCINA

Hoy comeré sola en la cocina.

En realidad, únicamente cuando tenemos invitados comemos en la mesa de comedor instalada en una zona del salón; así que nuestras comidas cotidianas las hacemos siempre en la cocina y es la cocina a la vez lugar en el que se preparan los alimentos, en que se consumen y en el que nos reunimos a convivir. *Convivium* es como se dice banquete en latín, pero viene de *cum-vivere*, vivir con alguien. Así que el acto de comer –el banquete o el convite, la comida en común, compartida– es también un acto de convivencia, en el cual nos reunimos en torno a la mesa.

Cuando éramos pequeños, la habitación de estar de los pisos urbanos no se llamaba salón, sino comedor, y los muebles principales eran una gran mesa rodeada de sillas y un aparador en el que se guardaban la vajilla, la cristalería y la cubertería. En el comedor podía haber también sillones, o un sofá, o más frecuentemente otra mesa, una mesa camilla con faldones en torno a la cual se sentaban los miembros de la familia a hacer reunión. El comedor era muchas veces una especie de escaparate doméstico para las visitas, porque la comida y la vida en general se hacían en la cocina.

Las cocinas eran amplias, cálidas en invierno y frescas en verano. Solo en las viviendas de los barrios burgueses había calefacción; las viviendas urbanas de la clase media y de los trabajadores –y no digamos ya las casas de pueblo– eran una sucesión de habitaciones heladoras y pasillos con corrientes, precariamente calentadas en invierno con braseros de cisco y, después, con braseros eléctricos y, más tarde aún, con estufas de butano que dejaban sobre los muebles una leve película de grasa. La cocina era el lugar más caliente de la casa, donde estaba el hogar. Y el hogar, que en principio, en las casas antiguas de pueblo, era un fuego bajo, a ras de tierra, sobre el que se colgaban los calderos con un gancho y una cadena, fue incorporando innovaciones tecnológicas un tanto rudimentarias pero eficaces: la cocina económica, con fuegos de hierro, que se encendía laboriosamente prendiendo con una cerilla un montoncito de astillas de madera y papeles de periódico, abanicados con un soplillo para hacer arrancar la llama; en las casas de pueblo, la cocina económica muchas veces estaba encastrada en un poyo de mampostería, con azulejos, que hacía de mesa para comer, y en torno al cual se colocaban bancos para sentarse. Luego vino la cocina de butano, blanca y reluciente, tan fácil de encender y de apagar.

En torno a esos fuegos se comía, se pasaba el tiempo y se recibía a las visitas de confianza. Los niños hacíamos los deberes escolares en la mesa de la cocina y los bebés pasaban también muchas horas allí, donde sus madres podían vigilarlos mientras ellas preparaban la comida, así que no era infrecuente que en la cocina hubiese un capazo en cuyo interior dormía una criatura acunada por el hervor de la olla, el batir de los huevos o el chisporroteo de la fritura. Cuando mi padre volvía de su trabajo –un trabajo urbano, de empleado de cuello blanco– se sentaba a la mesa de la cocina aunque no fuera hora de comer y, allí sentado, le contaba a mi madre las novedades del día, rodeado de sus hijos.

Luego llegaron los tiempos de cocinas minúsculas, semejantes a un armario. Los pisos de las barriadas de las ciudades, esas viviendas que se hicieron para acoger a la creciente inmigración que llegaba del campo a la ciudad, tenían habitaciones pequeñas, una salita de estar que obligatoriamente se convertía en el lugar para comer, y una cocina exigua con los fogones y algún armario, en la cual era imposible meter una mesa y unas sillas. Las mujeres que venían del campo, de esas casas donde la cocina era una pieza espaciosa y alegre, el centro de la vida doméstica, azacaneado lugar de encuentro, debieron de padecer lo indecible para preparar la comida solas, rebulléndose día tras día con dificultad en un cuartito minúsculo, saliendo, mientras guisaban, de vez en cuando a la sala para vigilar a sus hijos.

A principios de los años ochenta llegué a Vitoria para trabajar como profesora. Buscando un piso de alquiler para instalarme, visité varias viviendas modestas, de barrios de trabajadores, porque mi pequeño sueldo de docente principiante no me daba para un alquiler en un sitio céntrico. Entonces me llamaba la atención que, incluso en los pisos modernos de los bloques de viviendas construidos hacía pocos años, las cocinas no eran pequeñas como las de Madrid, sino enormes, y en cambio los salones parecían escasos y recogidos, apenas un cuartito de estar. Muchos de aquellos pisos se habían construido en régimen de cooperativa por los inmigrantes que llegaron en los años sesenta y setenta, cuando la ciudad cuadruplicó su población en poco más de una década (pasó de 50.000 habitantes a 200.000), y la mayoría de los trabajadores recién llegados procedían de pueblos de Galicia y del norte de Castilla. Gentes de pueblo, que venían de casas donde la cocina era el eje de la vida doméstica. Por eso, cuando se unieron en cooperativa para construir las casas que necesitaban, reprodujeron en ellas el patrón de la cocina grande, donde toda la familia pudiera reunirse para comer, hablar, trabajar, ver la televisión.

En sus lugares de origen sin duda la cocina era también lugar de reunión con los vecinos. Donde, en las noches ya largas de noviembre y en el invierno frío y oscuro, se asaban castañas y boniatos o se cascaban nueces que se consumían entre todos.

Esas cocinas rurales habían sido también el centro de la tradición, de la transmisión oral de saberes: donde se aprendía a tejer o a bordar, a hilar, donde se hacían esfoyazas y filandones. La esfoyaza era la reunión que hacían los vecinos al caer la noche, en una de las casas del pueblo, para exfoliar, para quitarle las hojas a las panojas, las mazorcas de maíz; el filandón, en principio, era la reunión que se hacía mientras las mujeres hilaban lana o lino. Mientras se exfoliaba o se hilaba se charlaba, se hacían chistes y bromas, se contaban cuentos (a veces, cuentos de miedo, que sobrecogían el ánimo de niños y mayores en esos pueblos mal iluminados), se cantaban romances y canciones. En noches oscuras, en lugares rurales de calles sin empedrar, dejando afuera el viento, el frío y la lluvia, las familias grandes, los vecinos, se reunían en torno al hogar, en la cocina, para pasar la hora hablando, haciendo labores juntos, compartiendo la comida, conviviendo.

También, a veces, fue la cocina el último reducto de las lenguas en peligro de extinción.

No se sabe cuántas lenguas hay en el mundo y, por tanto, tampoco es posible saber exactamente cuántas de ellas están amenazadas *(endangered language,* ese es el término inglés que utiliza la Unesco para designarlas). Algunas estimaciones de grupos de investigación lingüística hablan de seis o siete mil lenguas que aún existen, pero están a punto de extinguirse porque tienen pocos hablantes o sus hablantes nativos, los que aprendieron a hablarlas en su niñez, han dejado de utilizarlas; están solo a un paso de convertirse en lenguas muertas, como lo son desde hace siglos el íbero, el latín, el etrusco o el hitita. De muchas no conocemos ni el nombre, porque se mantienen escondidas en lugares recónditos de Asia o África, los continentes donde se hablan (o se hablaban, o se están dejando de hablar) dos tercios de las lenguas en peligro del mundo. De otras sabemos exactamente la fecha de defunción, que es la de su último hablante: en 1777 murió Dolly Penthreat, la última hablante de córnico, una lengua céltica de Cornualles; en 1898 se extinguió la vida de Antonio Udina (que, en su lengua, se llamaba Tuone Udaina), el último hablante de dalmático (o dálmata), una lengua románica que se hablaba en una zona de la costa de Croacia y en parte de Albania; en una fecha tan cercana como 1992 murió un hombre llamado Tevfik Esenç, el último hablante de ubijé, una lengua caucásica que desde el siglo XIX solo sobrevivía en una pequeña zona de Turquía.

En sus últimos años, estos hablantes postreros eran, fundamentalmente, gente que no tenía con quién hablar en su lengua; todos ellos sabían además otros idiomas –si no, no hubieran podido comunicarse con nadie de su entorno– y fueron esas lenguas mayoritarias, más fuertes, con más hablantes, con más proyección, más útiles para la comunicación, más prácticas para la vida, las que acabaron desplazando, arrinconando, la lengua de su infancia. Ellos todavía eran capaces de hablar córnico, dalmático o ubijé, pero al final no tenían ya quien les entendiese.

El último reducto de la mayoría de esas lenguas había

sido la cocina: eran las lenguas de las familias de los últimos depositarios de esa tradición, las lenguas que esos últimos hablantes habían aprendido en su infancia, de sus padres y, sobre todo, de sus madres. Al caer la noche, la familia se recogía en casa, se reunían a comer y a convivir en el único lugar de la casa disponible para ello –precisamente, la cocina–, y la lengua que usaban para comunicarse entre ellos era esa lengua a punto de extinguirse, que casi nadie hablaba ya.

Mi cocina, recién arreglada, tiene la pulcritud de un quirófano: en las paredes, azulejos de un blanco mate, y sobre ellos muebles blancos lacados, y una encimera de piedra artificial también blanca; la mesa es de cristal lechoso, de un color ligeramente azulado o verdoso, como un agua turbia y quieta. Las sillas, con patas de acero, están tapizadas de un verde lima. El suelo, de un marrón muy oscuro, da un toque de calidez que evoca la madera. Por la puerta de cristales que da al tendedero, entra en los días claros el sol a raudales, haciendo brillar toda la estancia.

A la vista están algunos de los objetos que uso y otros que no uso, pero que tengo aquí como recuerdo de una ocasión o de un viaje: el taco de madera con su surtido de cuchillos de cocina, cada uno guardado en su ranura; un mortero hecho –esculpido, más bien– en una sola pieza de mármol macizo, que nunca utilizo, pero que me gusta por sus formas limpias y sólidas; las cucharas, tenedores y espátulas de madera con los que me gusta remover el contenido de las cazuelas; la lechera blanca de cerámica tradicional del País Vasco, donde yo guardo las hojas secas de laurel para los guisos de patatas o de carne; el frutero de paja vietnamita que mi hermana me regaló, y una balanza romana en miniatura –idéntica a aquellas grandes con las que, en mi infancia, aún se pesaban las frutas y las patatas en la verdulería– que compré por capricho en la ferretería de un pueblo de Segovia.

Me gusta estar aquí.

Eso pienso, mientras voy poniendo la mesa para una sola comensal.

MANTELES

«La comida del hidalgo: poco pan y manteles blancos», dice un refrán.

Un refrán antiguo que ya poca gente entiende porque alude a una manera de vivir y de pensar que prácticamente dejó de existir; como no existe ya el concepto de hidalguía que el diccionario de la Real Academia define como «cualidad de hidalgo» y también como «generosidad y nobleza de ánimo».

El hidalgo, la persona que pertenecía al estamento más bajo de la nobleza, que tan importante fue en siglos pasados no solo como elemento social, sino también como referente moral, y que no tiene ya papel alguno en la sociedad de hoy, compuesta, no de estamentos de nobles y plebeyos, sino de ciudadanos con iguales derechos.

El refrán siempre me ha recordado al hidalgo pobre del *Lazarillo de Tormes,* aquel noble empobrecido que pasaba más hambre que su criado indigente –Lázaro de Tormes, un niño de la calle que sobrevivía sirviendo a gentes solo un poco menos pobres que él–, hasta el punto de que acababa comiendo los alimentos que el niño-criado había mendigado por la calle:

–Dígote, Lázaro, que tienes en comer la mejor gracia que en mi vida vi a hombre, y que nadie te lo verá hacer que no le pongas gana aunque no la tenga.

«La muy buena que tú tienes –dije yo entre mí– te hace parescer la mía hermosa.»

Con todo, parescióme ayudarle, pues se ayudaba y me abría camino para ello, y díjele:

–Señor, el buen aparejo hace buen artificio. Este pan está sabrosísimo, y esta uña de vaca tan bien cocida y sazonada que no habrá a quien no convide con su sabor.

–¿Uña de vaca es?

–Sí, señor.

–Dígote que es el mejor bocado del mundo y que no hay faisán que ansí me sepa.

–Pues pruebe, señor, y verá qué tal está.

Póngole en las uñas la otra y tres o cuatro raciones de pan de lo más blanco. Y asentóseme al lado y comienza a comer como aquel que lo había gana, royendo cada huesecillo de aquellos mejor que un galgo suyo lo hiciera.

–Con almodrote –decía– es este singular manjar.

–Con mejor salsa lo comes tú –respondí yo paso.

Así que la comida del hidalgo es eso: una mesa en la que los manteles resplandecen de limpieza, pero en la que la comida es frugal, incluso escasa. Una imagen gráfica para representar toda una mentalidad que obliga a enmascarar la pobreza bajo la apariencia de una digna elegancia, de un lujo fingido.

Aún en tiempos que yo he conocido, había una gran diferencia entre comer con mantel y comer sin mantel. Sin mantel se comía en las tabernas, en mesas sobre cuya madera habían dejado su marca los anteriores comensales: el cerco rojizo de centenares de vasos de vino tinto, las densas manchas de grasa que, en sucesivas comidas, habían ido salpicando el tablero. El tabernero se limitaba a pasar de vez en cuando un trapo húmedo por la superficie de la mesa. En cambio, los restaurantes, aunque fuesen modestos, se caracterizaban por tener siempre manteles de tela, muchas veces de cuadros, que era más sufrida; porque el mantel no solía cambiarse entre un comensal y otro. El uso de manteles de cuadros rojos y blancos elevaba un poco la taberna a la categoría de restaurante modesto. Y los restaurantes con pretensiones se preciaban de tener manteles y servilletas blancos, en los que las manchas resultaban más evidentes y, por lo tanto, obligaban a cambiarlos tras cada uso.

También en las casas de pueblo se comía a diario sin mantel, en la cocina. Allí la mesa de madera solía estar escrupulosamente limpia, fregada con estropajo y lejía para dejarla aseada y presentable; cuanto más hacendosa era el ama de casa –se decía *ser curiosa,* ser cuidadosa y limpia con las cosas del hogar–, más clara acababa siendo la madera del tablero de pino de la mesa, blanqueada por los sucesivos fregados con lejía. En los pueblos, el mantel se ponía solo en las comidas festivas, cuando había algo que celebrar.

Se comía con manteles sobre todo en las casas de las ciudades, en las que el mantel era un signo de la dignidad burguesa. Y por eso, a lo largo de generaciones, las mujeres bordaron manteles.

Desde el inicio de la adolescencia, a veces desde la niñez, las muchachas empezaban a preparar el ajuar de su boda: las sábanas con embozos primorosamente bordados, las toallas de lino y los manteles.

Ya en la escuela, las niñas aprendían a bordar. Todavía yo he vivido eso, en la segunda mitad del siglo XX y en una gran ciudad como Madrid: las tardes escolares de un colegio de niñas, en las que la lectura en voz alta se compaginaba con la elaboración de primorosos o –en mi caso– desastrosos dechados en los cuales practicábamos un muestrario de puntos de costura: sobrehilado, hilván, bastilla, pespunte, dobladillo, vainica, vainica doble, punto de cruz, cadeneta, cordoncillo, nido de abeja, hasta llegar a los más difíciles: zurcidos, ojales y bodoques. Teníamos menos de diez años, pero ya se suponía que a lo largo de nuestra vida, como mujeres que éramos, tendríamos que coser mucho para nuestras familias todavía hipotéticas, esas familias que muchas no tuvimos y para las cuales la mayoría de nosotras nunca cosió, porque mientras tanto los tiempos cambiaron.

Pero en la generación de nuestras madres, las mujeres cosían su ajuar desde la infancia, y en esas largas tardes dedicadas a la costura, bajo la supervisión y dirección de sus propias madres, se aunaban muchos afanes: la ilusión de ser algún día adultas, madres de familia, responsables de un hogar; la necesidad de ser previsoras y preparar con tiempo la boda, esa ceremonia que duraría solo un día, pero que determinaría el resto de sus vidas; la necesidad de ahorrar, porque comprar el ajuar de la casa ya hecho era un lujo inalcanzable para la mayoría, así que las muchachas modestas tenían que emplear su trabajo en preparar la ropa blanca de uso diario para su futura casa, y ese trabajo y ese derroche de tiempo eran un ahorro de dinero, la posibilidad de tener un objeto de lujo artesanalmente elaborado (juegos de sábanas y manteles primorosamente bordados, con sus respectivas servilletas, que se contaban por medias docenas o por docenas) por el precio de la tela y de los hilos (y del propio trabajo, que las mujeres se daban gratis a sí mismas).

Luego, muchos de esos manteles nunca se usaban:

eran demasiado bonitos, demasiado valiosos, habían costado demasiado tiempo y esfuerzo y primor como para que se llenasen de manchas de grasa y de vino, que luego costaba mucho trabajo quitar. Así que los manteles del ajuar se bordaban durante meses, se guardaban y se exhibían, pero a diario se usaban otros más corrientes, industriales o de hechura sencilla, simplemente con un dobladillo cosido a máquina alrededor. Todas las mujeres de mi edad hemos tenido abuelas o madres o tías o vecinas que, en ocasiones excepcionales, nos mostraban las sábanas y los manteles de su ajuar, intactos desde que los bordaron en su adolescencia. Algunas incluso nos dieron, como un regalo muy especial con motivo de nuestra propia boda, una de aquellas joyas de artesanía que habían hecho para sí mismas y nunca utilizaron, y que nosotras mismas tampoco nos atrevimos nunca a usar.

El bordar manteles fue también, durante la dictadura franquista, un instrumento de propaganda política.

La Sección Femenina del movimiento fascista Falange Española mantuvo durante décadas las llamadas «cátedras ambulantes», que recorrían las zonas rurales españolas realizando propaganda formativa. La idea estaba en parte copiada de las Misiones Pedagógicas que existieron durante la Segunda República y que llevaron a los pueblos más olvidados maravillas nunca vistas en el deprimido mundo rural de entonces: sesiones de cine, audición de grabaciones o representaciones teatrales en la plaza del pueblo, en una cuadra o en un corral; exposiciones de pintura con reproducciones de cuadros del Museo del Prado; actividades culturales a las que asistían los campesinos descalzos con la única vestimenta que tenían (la de trabajo) y las mujeres con sayas y con los niños sentados en la cadera. Impresiona ver, en las fotografías de los años treinta del siglo XX, la fascinación de unos rostros de hombres y mujeres prematuramente envejecidos, absortos en la imagen de una pantalla cinematográfica improvisada con una sábana sobre una pared de adobe; la reverencia con la que gente analfabeta se acercaba a una reproducción a tamaño natural del óleo *El sueño de Jacob* de Ribera. Un rayo de luz en aquella España rural tan pobre, tan atrasada y olvidada, a la que llegaban, tras trabajosos viajes, señores y señoritas de ciudad para hacer llegar algo de la cultura que entonces solo era accesible en el medio urbano; un acto que equivalía a decirles a esas gentes de pueblo, de pueblos perdidos, que para ellos eran también el valor y la belleza de la pintura, la música, el teatro, el cine, las nuevas tecnologías.

Tras la guerra civil, la Sección Femenina retomó la idea, pero con muy otra ideología. Un camión llegaba a un pueblo, y con él llegaban también unas señoritas de ciudad (a diferencia de en las Misiones Pedagógicas, solo iban mujeres). Lo primero, una misa solemne oficiada por el cura local. Y, luego, algunas actividades culturales y formativas, que de todas formas venían bien en un medio rural que aún no había salido de su atraso: nociones de higiene, de agricultura y apicultura, de cultura general. Cantos y bailes regionales, tablas de gimnasia (con un cierto toque paramilitar) para niños y niñas. Una buena parte de las actividades estaban orientadas a las mujeres, como no podía ser menos tratándose, precisamente, de la Sección Femenina: ideas sobre puericultura, prácticas higiénicas, cocina o artesanía. Y es aquí donde entraban en juego las mantelerías, ya que en las cátedras ambulantes enseñaban a las niñas y a las mujeres a coser y bordar, y una parte importante del aprendizaje consistía en hacer manteles, normalmente con un bordado concreto, específico de una zona muy restringida de la provincia de Toledo: el bordado de Lagartera, que era a la vez lucido y sencillo de hacer, al alcance de cualquier muchacha, incluso de las menos diestras.

Así que entre los años cuarenta y sesenta, miles de mujeres de las más diversas regiones de España (desde Cataluña a Andalucía, desde Murcia hasta Galicia, desde Extremadura hasta Valencia, desde León hasta Huesca) aprendieron a bordar mantelerías en el estilo propio de un pueblecito de Toledo. De la misma manera que en algunas zonas los cantos tradicionales acabaron siendo desplazados por arreglos de canciones aprendidos en la cátedra de la Sección Femenina, y los bailes populares de siempre, sustituidos por coreografías creadas y dirigidas por mujeres falangistas, las artesanías locales perdieron la batalla contra la estandarización impuesta por las cátedras ambulantes, y el bordado de Lagartera se convirtió en casi el único que supieron hacer generaciones de hacendosas muchachas españolas.

Todavía a mí me enseñaron a hacer bordado de Lagartera en el instituto, y con él logré elaborar un desmañado e inútil mantel de merienda, llamado también mantel de té, pese a que entonces nunca tomábamos té. Elegí el de té porque era más pequeño que el mantel de comer y exigía menos trabajo desesperante, contando hilos sobre un tejido de algodón, de trama muy visible, que se llamaba tela de panamá; se lo regalé a mi madre por el Día de la Madre y ella tampoco supo muy bien qué hacer con él. Creo que solo lo usó una o dos veces, para complacerme.

Hoy, casi nadie regala un mantel.

Mi mantel de hoy es individual. Hace tiempo que, para las comidas cotidianas, me incliné por esa opción, más práctica y que requiere menos lavados y planchados. Lavar el mantel, quitarle las difíciles manchas del festín (de grasa, de salsas coloreadas con azafrán o pimentón, de fruta, de vino) era una tarea a la que nuestras madres dedicaron mucho tiempo y esfuerzo.

En el libro de economía doméstica que me hicieron estudiar durante el bachillerato había una pequeña sección dedicada a cómo quitar diferentes tipos de manchas.

La tipología de las manchas posibles era muy significativa de lo que se esperaba de las lectoras del libro. Púdicamente, no se mencionaban remedios para quitar la suciedad procedente de fluidos corporales –sudor, semen, excrementos–, pero sí las manchas de sangre, con las que sin duda las mujeres íbamos a estar conviviendo durante toda nuestra vida: la sangre del niño que se cae y se hace una pequeña herida, ensuciando su ropita blanca; la sangre de la menstruación que ya había llegado e iba a acompañarnos durante décadas.

También había remedios para las manchas procedentes del ejercicio profesional: tinta, bolígrafo, grasa. Y de la coquetería femenina: manchas de carmín. Y a través de esos tipos de manchas se adivinaba la composición de la familia que estábamos destinadas a formar y que muchas de nosotras nunca formamos: el trabajador que regresa a casa con la ropa de faena sucia de grasa, el marido oficinista que trae una mancha de tinta en el puño de la camisa blanca, la adolescente que por descuido se manchó el uniforme del colegio con tinta de bolígrafo, la madre de familia que un día salió de casa arreglada y, al quitarse la ropa, dejó en la blusa una marca de carmín. A cada miembro de la familia podía corresponderle un tipo de mancha distinto, pero la encargada de limpiar todas esas huellas de la vida cotidiana iba a ser el ama de casa, íbamos a ser nosotras mismas cuando fuésemos mayores, cuando llegásemos a ser como nuestras madres.

Pero sobre todo se explicaba cómo quitar manchas de comida, así que la mayoría de los consejos se encaminaban a limpiar las marcas rebeldes de los manteles y las servilletas, que debían llegar impolutos y luminosos a la mesa (la mayor parte de la lencería de mesa era blanca o de color claro, por lo que las manchas, aun después de haber sido eliminadas, dejaban sobre la tela huellas y sombras perceptibles).

En las agendas impresas para uso de amas de casa y en las revistas femeninas también había algún apartado en el que se explicaban trucos para quitar manchas con bicarbonato, con lejía, con alcohol, sumergiendo el tejido mucho tiempo en agua fría o caliente, frotando o evitando frotar para no castigar el tejido ni impregnar todavía más las partes manchadas. Todo un repertorio de pequeños saberes a los que nuestras madres prestaron mucha atención y que pusieron muchas veces en práctica, con éxito o sin él.

La tarea laboriosa de lavar un mantel, un juego de servilletas: lo prudente era enfrentarse primero con esas manchas rebeldes, difíciles, luchando contra ellas con los remedios aconsejados; luego había que lavar bien el mantel entero, tenderlo y plancharlo. Los manteles de fiesta, muchos de los cuales llevaban encajes y puntillas, requerían antes del planchado un proceso de almidonado para que los adornos calados no quedasen lacios, sino tiesos y pimpantes, y así luciesen más.

El almidón de arroz se vendía empaquetado en papel de estraza, en forma de grandes grumos blancos irregulares, en pastillas o en bolsitas que contenían el producto triturado; las marcas tenían nombres de animales nobles, como El Elefante o El Cisne. Para almidonar se utilizaba un barreño no muy grande, en el que se ponía agua tibia donde se disolvía el producto; el resultado era un líquido de olor agradable, cereal, y del color de la leche, en el que se sumergía la prenda que se quería almidonar, para tenderla a secar después. Con el calor de la plancha, la prenda así impregnada del líquido lechoso acababa de secarse y quedaba lisa y satinada, un poco brillante y más o menos rígida, según la cantidad de almidón que se hubiese puesto en el agua. Si era un mantel, había que doblarlo cuidadosamente para que la próxima vez que se usase saliese perfecto, luminoso, sin una arruga, con todos sus bordados y encajes y puntillas como si se acabasen de labrar.

Nada más empezar la comida, tanto el mantel como las servilletas empezaban a recolectar manchas diversas, producto de la euforia de la celebración –según una creencia muy extendida, las manchas de vino sobre el lienzo auguran futuras alegrías–, y cuanto más disfrutaban los comensales y más rica estaba la comida, más se ensuciaba el mantel, con más frecuencia iban a limpiar la boca las servilletas que luego habría que lavar.

Junto al mantel individual, hoy pongo una servilleta desechable de celulosa. Sin duda, una opción más práctica pero menos ecológica que la de nuestras madres. En esto, como en otras cosas, hacemos lo mismo con menos esfuerzo, atesorando nuestro tiempo, pero generando más residuos, agrediendo un poco más nuestro entorno natural.

CUBIERTOS

Desde pequeña me enseñaron a poner la mesa, porque esa era una de las tareas domésticas que solían encomendarse a los niños de la casa; a los niños en general, no solo a las niñas. Una tarea relativamente fácil y rápida, sin demasiado riesgo (aunque alguno había: que nos cortásemos con un cuchillo, que nos hiriésemos con un vaso o un plato si se rompían), que nos permitía desde muy pequeños participar en la preparación de ese momento en que toda la familia iba a reunirse en torno a la mesa. Porque entonces la vida era dura, pero menos ajetreada, y a las horas de la comida y de la cena toda la familia solía reunirse en casa.

Así que, aunque la mayor parte de las veces comíamos en la cocina, mi madre me acostumbró a disponer los cubiertos y la vajilla de una manera determinada, siempre igual, protocolaria: sobre el mantel –o incluso sobre la formica desnuda de la mesa de la cocina– había que poner en el centro el plato (normalmente, comíamos en un plato solo, en el que se iban echando sucesivamente el entrante, el plato principal y luego las mondas de la fruta del postre); delante del plato, un poco más hacia el centro de la mesa, el único vaso; y –eso era importante, aunque comiésemos en familia, en confianza– la cuchara y el cuchillo a la derecha del comensal, el tenedor a la izquierda y, junto a él, la servilleta doblada y metida en su servilletero; una servilleta de tela que se usaba varias veces, en comidas sucesivas, y por eso cada uno de nosotros necesitaba personalizarla metiéndola en un servilletero en forma de aro, que se distinguía del de los demás por el material de que estaba hecho, por el color o porque estaba marcado con un dibujo o con la letra inicial de nuestro nombre. «¿Cuál es tu servilleta?», se preguntaba didácticamente a los niños muy pequeños para que lo fueran aprendiendo; «La del patito», decía el infante, el niño que apenas sabía hablar, señalando un dibujo grabado en su servilletero.

En otras casas la mesa se ponía más desmañadamente, con los cubiertos y la servilleta todos juntos, arracimados, al lado del plato, igual que se hacía en los pueblos. Pero mi madre había nacido ya en una gran ciudad, solo indirectamente (por sus propios padres) provenía de ese medio rural en el que habían nacido la mayor parte de los padres y madres de mis amigas, y el colocar la cuchara y el cuchillo a la derecha y el tenedor a la izquierda daba a nuestras comidas un cierto aire de refinamiento urbano.

Luego, ya en el instituto de enseñanza pública en el que estudié el bachillerato, aprendí más. Las niñas y adolescentes de entonces recibíamos, por añadidura a la enseñanza reglada que era igual que la de los chicos, un sinfín de asignaturas *femeninas,* integradas en el currículum académico para que, ya desde nuestra formación escolar, nos acostumbrásemos a ser amas de casa ejemplares y buenas madres de familia. Las asignaturas las impartían profesoras de la Sección Femenina de Falange y recuerdo el nombre de algunas de ellas: costura (que constaba de cuatro materias, en cuatro cursos sucesivos: labores, lencería, canastilla y algo llamado «corte y confección», cuyo examen consistía en cortar y coser de principio a fin una blusa y una falda que nos pudiésemos poner), puericultura, cocina (puramente teórica, ya que en todo el curso no veíamos una cacerola ni un fogón, pero aprendíamos cómo se cocinaban, en teoría, el pato a la naranja o el suflé) y un inefable cajón de sastre llamado «economía doméstica», en el que lo mismo nos mostraban cómo llevar las cuentas de la compra que leíamos el elogio de la mujer fuerte del capítulo 30 del libro de los Proverbios, nos explicaban por qué había que tomar vitaminas, cuál es la época de los espárragos y cuál la de las uvas, los consabidos trucos para quitar distintos tipos de manchas o normas básicas de urbanidad y protocolo.

Ahí nos explicaron la existencia de toda una parafernalia de cubiertos y piezas de vajilla que, en su mayoría, no habíamos visto nunca: las copas de vino, de agua, de licor, de champán, de coñac, de cóctel (algunas de ellas sí que las habíamos visto en algún banquete de bodas celebrado en el restaurante de un hotel, un banquete caro); las tazas de desayuno, de té y de café (normalmente en casa solo había tazas de un tamaño); los platos llanos, hondos y de postre sí que nos resultaban más familiares, porque en nuestras casas los había, aunque en las comidas normales solíamos utilizar un solo plato para todo, entre otras cosas porque luego, después de comer, había que fregar a mano la vajilla que se había ensuciado. Pero lo más llamativo eran los cubiertos, de variedad y formas insospechadas: además de nuestros cotidianos cuchillos, cucharas, tenedores y cucharillas de postre, había palas de pescado, tenedores de pescado, tenedores y cuchillos de postre, y las cucharas se subdividían en cucharas de sopa, cucharillas de postre, cucharillas de café y las llamadas «de moka», que eran más pequeñitas todavía. Y entre los cubiertos de servir no solo había el cucharón de sopa que nuestras madres blandían a diario –lo de blandir era a veces literal, ya que tenían cierta tendencia a agitarlo en el aire como un garrote cuando nos regañaban por algo mientras estaban guisando o sirviendo la comida–, sino cucharas de servir verduras, palas y tenedores de servir pescado, cucharas para servir ensalada (con farpas que las convertían en un híbrido entre cuchara y tenedor), cuchillos de trinchar, tenedores de trinchar (en forma de horca), cucharoncitos para salsa, palas para servir tartas, pinzas para pequeños dulces.

A veces, al preguntar a nuestros padres, descubríamos que algunos de aquellos objetos existían en realidad y estaban en nuestra propia casa: formaban parte de una cubertería que alguien les regaló por su boda y que nunca usaban, o de la que usaban solo los elementos más prácticos para la vida cotidiana. Entonces nuestros padres sacaban del interior de un cajón que nunca se abría o del altillo de un armario una caja suntuosa que no habíamos visto antes, forrada de terciopelo o de piel de cabritilla y con unos herrajes dorados que ya habían perdido buena parte de su brillo, la abrían y ante nuestros ojos sorprendidos aparecían, intactos y sin usar, anidados en huecos a medida forrados de un tejido que imitaba raso o terciopelo, algunos de aquellos cubiertos que nos habían enseñado en clase y que aparecían dibujados esquemáticamente en los grabados de nuestro libro de economía doméstica. Brillaban allí, con su baño de plata, aquellas cosas que nuestros padres poseían sin que nosotros lo supiéramos, que dormían su sueño lujoso en espera de la ocasión de ser estrenados. Una ocasión que nunca llegaba y que era la promesa melancólica de una vida mejor, más cómoda, más confortable, menos sacrificada.

Mi madre también me regaló, por mi boda, una cubertería completa. Me dejó escogerla a mí y elegí una de acero inoxidable cuyo diseño, bastante clásico, recordaba un poco al de un juego de pesadas cucharas de plata –quizás, más bien, de alpaca recubiertas con un baño de plata– que había sido de mis abuelos y de las que en mi infancia todavía quedaban por casa algunas piezas descabaladas.

La cubertería de mi boda está compuesta de cubiertos sólidos, un poco grandes para lo que ahora se usa, en un número que resulta totalmente desproporcionado para nuestras necesidades: como todas las cuberterías clásicas, está prevista para doce comensales, pensada en un tiempo en que las familias eran grandes y resultaba fácil que, en ocasiones, se reuniesen más de diez personas a comer. Pero yo no sabría dar de comer a doce personas porque, aunque tengo cubiertos suficientes para ellos, me faltarían platos y, sobre todo, mi batería de cocina carece de ollas, perolas y pucheros con capacidad suficiente para guisar para tanta gente. Así que la mitad de las piezas de la cubertería están sin estrenar, y como los materiales son de buena calidad tampoco hemos tenido ocasión, en casi treinta años, de sustituir piezas deterioradas por otras nuevas. Quizás a mi muerte yo también deje a unos descendientes improbables la herencia tradicional de los ajuares sin usar: las seis cucharas, los seis cuchillos, los seis tenedores, las seis cucharillas de postre, los seis cuchillos de postre, los seis tenedores de postre, las seis cucharillas de café que nunca llegué a estrenar, más toda una parafernalia de piezas de servir, grandes como cubiertos para un gigante, que solo utilicé unas pocas veces. Probablemente no sepan qué hacer con todo eso o tal vez –quiero pensarlo– se encaprichen con esa cubertería ya antigua, aunque no estrenada, y decidan conservarla a su vez.

UN VASO Y UNA COPA

Pondré también, en el pequeño mantelito individual, un vaso y una copa. El vaso, para el agua con la que he llenado una jarra, tomándola directamente del grifo; la copa, porque quiero darme un pequeño homenaje y abrir una botella de vino de la que consumiré solo un poco, una o dos copas, pero que servirá para acompañar mi comida solitaria, dándole un poco de alegría. El vaso y la copa son detalles innecesarios, pequeños lujos que me otorgo.

Podría, muy bien, tomar solo agua o usar un solo recipiente para los dos líquidos, un vaso en el que bebiese alternativamente el agua y el vino. Pero me desagrada que las bebidas tengan que esperar su turno para ser consumidas, tener que apurar la copa de vino para poder beber un sorbo de agua, o llenarme el estómago de agua antes de poder escanciarme un poco de vino.

En mi niñez, cuando se comía en casa se colocaba en la mesa un único vaso por comensal; no solo cuando se comía en familia, francamente, sin protocolo, sino también cuando nos invitaban a comer los amigos u otros familiares, o cuando íbamos a comer a los restaurantes modestos de barrio. La distinción entre el vaso del agua y la copa del vino, o las distintas copas para diferentes bebidas, era cosa de los restaurantes finos, de los banquetes de bodas o de las reuniones sociales de las casas bien. Pero ahora nos hemos hecho más finolis, y lo que hace unas décadas era un uso de las familias burguesas ha pasado a estar tan presente en la vida cotidiana que hasta yo, hoy, comiendo sola en la cocina, pongo con cuidado sobre la mesa un vaso para el agua y una copa para el vino.

Usar un recipiente para beber es un avance evolutivo en la historia del ser humano. Beber volcado sobre la superficie del agua, como hacen los animales, es una postura peligrosa; justamente ese es el momento que aprovechan los predadores para hacer sus presas, atacándolas mientras están absortas en la tarea de beber.

Pocos animales son capaces de recoger agua y trasladarla a otro lugar, aunque hay algunos. Una vez vi en un reportaje de televisión cómo un pájaro africano, la ganga moteada, llevaba agua a sus polluelos: los adultos volaban hasta una charca, en la que se sumergían parcialmente para, esponjando las plumas del vientre y del pecho, empaparlas de agua. Luego, cargados con el peso del líquido recogido, volaban hasta el nido, situado a varios kilómetros, en medio del desierto, y daban de beber a los pollos sedientos. En el camino, los machos y las hembras adultos se jugaban la vida, pero eso les permitía mantener los nidos lejos de los depredadores que rondan en torno a las charcas.

De la misma manera, para los primeros humanos el usar un recipiente para recoger agua supuso poder beber al abrigo de un lugar seguro y dar agua a quienes no podían ir a abrevar, a abrevarse: los niños, los enfermos, los ancianos. Debieron de usar para ello lo que encontraron a mano: al principio, el cuenco natural de una fruta vaciada y desecada, quizás el cráneo de un animal, una concha;

luego comenzaron a fabricar sus recipientes con materias vegetales, con barro, más tarde con los metales que aprendieron a extraer y fundir.

Esos recipientes para llevar agua fueron construyendo las bases de la solidaridad humana, de la ayuda mutua, de la sociabilidad. Hay individuos del grupo que no pueden ir a beber, y quien no bebe muere. Así que el recipiente lleno de un agua traída desde lejos estrecha los lazos entre los miembros del grupo, reparte las tareas (los que van a por agua, los que la reciben y consumen), establece jerarquías y dependencias (tú morirías si yo no trajese agua para ti), y pone los fundamentos para la gratitud: el agradecimiento de los que viven gracias a que otros emprenden la tarea arriesgada de ir a las fuentes, a los ríos o a las charcas y volver por los caminos peligrosos un poco más lentamente que como se fueron, abrumados por la carga del líquido del que depende la vida, más vulnerables, pero valerosos ante esos peligros que arrostran por el bien del grupo.

Así, con esas pequeñas cosas –un recipiente vacío, un camino largo, el riesgo de la ida y de la vuelta, la generosidad de arriesgar la propia vida para llevar vida en un cuenco–, fue construyéndose una sociedad solidaria: la que permitió a los seres humanos sobrevivir, multiplicarse, convertirse en una especie dominante; sin duda, demasiado dominante, pero esa es otra historia.

En caso de necesidad, puede utilizarse como vaso casi cualquier cosa. Por ejemplo, un sombrero.

Así lo cuenta el *Cantar de mio Cid*, el primer poema de la épica castellana, compuesto seguramente en el siglo XIII, aunque los hechos que narra se refieren a personajes del siglo XI.

Rodrigo Díaz de Vivar, el Cid, se encuentra en el auge

de su buena fortuna: acaba de conquistar Valencia a los musulmanes y de recobrar el favor de su rey, Alfonso VI, quien lo había desterrado. Su carrera deslumbrante culmina cuando logra casar a sus dos hijas con dos jóvenes de la alta nobleza, los infantes de Carrión.

Después de las bodas, los infantes, que se sienten humillados por lo que consideran un mal matrimonio con las hijas de un mero hidalgo, deciden vengarse maltratando a sus mujeres. En el viaje en el que las recién casadas son llevadas a la casa familiar de sus maridos, hacen un alto en el camino y acampan en el robledo de Corpes, un bosque mediterráneo espeso y desierto. Los infantes despiden a su comitiva, mandándoles que se adelanten, y se quedan a solas con sus mujeres, a las que desnudan, azotan con las correas de sus caballos y hieren con las espuelas, para luego abandonarlas, atadas, semidesnudas y heridas; confían en que las fieras –los lobos y los osos que poblaban los bosques de la península ibérica en la Edad Media– las devoren cuando caiga la noche.

Hay que imaginarse a las hijas del Cid, que en el poema se llaman Elvira y Sol, como muchachas muy jóvenes, casi niñas, apenas entradas en la adolescencia, en manos de unos maltratadores acostumbrados, como todos los jóvenes nobles de la época, a ejercitarse en la lucha y en la caza y, por tanto, fuertes y vigorosos. De las heridas de las muchachas indefensas mana una sangre fluida y abundante que empapa los ricos vestidos de ciclatón, una tela tejida con hilos de oro y plata que probablemente era la de sus trajes de bodas:

es'hora las compiezan a dar   los ifantes de Carrión,
con las cinchas corredizas   májalas tan sin sabor;
con las espuelas agudas,   d'on ellas han mal sabor,
rompíen las camisas e las carnes   a ellas amas a dos.

Limpia salié la sangre sobre los ciclatones,
ya lo sienten ellas en los sos corazones.

Hecho el daño, los infantes se marchan dejando abandonadas a sus mujeres. Menos mal que al cabo de un rato llega un primo de las muchachas, Félez Muñoz, que ha seguido a la comitiva por encargo del Cid –parece que Rodrigo Díaz no acababa de fiarse de sus yernos, y por eso manda a un sobrino para que compruebe que todo va bien–, y las encuentra inconscientes y medio muertas:

falló sus primas amortecidas amas a dos.
Llamando –¡Primas, primas!– luego descabalgó,
arrendó el caballo, a ellas adeliñó:
–¡Ya primas, las mis primas, doña Elvira e doña Sol!
Mal se ensayaron los infantes de Carrión.
¡A Dios plega e a Santa María que d'ent prendan ellos
mal galardón!

Vemos el nerviosismo de Félez Muñoz, seguramente también muy joven, intentando que las mujeres desmayadas vuelvan en sí antes de que caiga la noche, la hora peligrosa en la que las fieras salen a cazar para alimentarse. Son tres adolescentes en mitad de un bosque solitario, Félez Muñoz no tiene nadie a quien pedir auxilio (si se alejase para ir a solicitar ayuda, dejaría a sus primas solas y heridas a merced de los animales salvajes o de sus no menos salvajes esposos, que pueden volver), así que casi sentimos su apuro y su desesperación tratando de reanimarlas él solo, con sus escasos medios, confiando en que no estén muertas todavía, luchando contra el tiempo que avanza hacia la noche, sintiendo cómo se le desgarra el corazón («las telas del corazón», dice el texto) de dolor y de angustia:

Valas tornando a ellas amas a dos,
tanto son de traspuestas que nada dezir non pueden.
Partiéronse las telas de dentro del corazón
llamando: –¡Primas, primas, doña Elvira e doña Sol!
¡Despertedes, primas, por amor del Criador,
mientras que es de día, antes que entre la noch,
los ganados fieros non nos coman en aqueste mont!

Por suerte, ellas van recobrando el conocimiento, mientras su primo las apremia: en el bosque, los tres están en peligro, entre otras cosas porque los infantes de Carrión pueden regresar y rematarlos:

Van recordando doña Elvira e doña Sol,
abrieron los ojos e vieron a Félez Muñoz.
–¡Esforzadvos, primas, por amor del Criador!
De que non me fallaren los infantes de Carrión,
a gran priesa seré buscado yo.
Si Dios non nos vale, aquí morremos nós.

Por fin una de ellas habla, y habla precisamente para pedir agua, atormentada por la sed de la sangre que ha perdido. Pero Félez Muñoz no lleva consigo, al parecer, ningún recipiente para poder tomar agua de alguna fuente o de algún riachuelo y saciar la sed de las muchachas malheridas. Así que, haciendo de la necesidad virtud, utiliza para traer agua su propio sombrero; el juglar, súbitamente preocupado por la higiene, se encarga de aclararnos que el sombrero era nuevo, lo había estrenado Félez Muñoz aquella misma mañana, cuando salió de Valencia en pos de la comitiva que llevaba a sus primas recién casadas.

–¡Sí vos lo meresca, mio primo, nuestro padre el
[Campeador,

dadnos del agua,   sí vos vala el Criador!–
Con un sombrero   que tiene Félez Muñoz
(nuevo era e fresco,   que de Valencia le sacó)
cogió del agua en él   e a sus primas dio.

Así ellas beben hasta saciarse y el agua vivificante les permite recobrarse un poco, ponerse en pie y subir al caballo de su primo que, llevando al animal por las riendas, las saca del bosque proceloso cuando todavía hay algo de luz («entre noche e día salieron de los montes») y las lleva a lugar seguro. El sombrero –fresco, recién estrenado, apenas usado durante un rato aquel mismo día– convertido en improvisado recipiente para llevar agua, en vaso para saciar la sed de quien ha perdido mucha sangre, es el instrumento de su salvación.

Recuerdo que en el joyerito de cerámica en el que mi madre solía guardar los pendientes que se ponía cada día, había también una venera de plata minúscula, del tamaño de la yema de mi dedo de niña. La vieira de plata tenía, como las de verdad, dos partes: la concha cóncava y su cubierta plana, en forma de abanico; ambas estaban unidas por un remache que hacía de bisagra y que permitía girar lateralmente la parte plana, de manera que quedaba expuesto el interior, en el que se mostraba, en relieve, una imagen del apóstol Santiago. Era, sin duda, un recuerdo que alguien había traído de Santiago de Compostela, hacía muchos años, porque la plata estaba oscurecida por el óxido de los metales nobles cuando envejecen.

Un tiempo después –un tiempo que a mí me pareció largo, pero que debieron de ser solo cuatro o cinco años– fui a pasar el verano a una casa de colonias para niñas en O Grove, que entonces era un pequeño pueblecito de pescadores; las colonias formaban parte de la obra social de la empresa en la que mi padre trabajaba, y permitía a los hijos de los empleados pasar un mes de descanso al aire libre, en una época en la que la mayor parte de las familias no podía pagarse un veraneo. Uno de los paseos habituales de las tardes era ir andando desde O Grove hasta la isla de La Toja, unida a la costa por un puente que las niñas cruzábamos disciplinadamente en fila de dos en fondo, bajo la estrecha vigilancia de unas monjas de la congregación de San Vicente de Paúl, ásperas y estrictas como sargentos.

En La Toja, aparte del balneario inaccesible para nosotras, había un parque en el que nos dejaban jugar y una pequeña ermita que me encantaba, porque toda su superficie exterior (las paredes, el techo y hasta las jambas de la puerta de entrada) estaba recubierta de conchas de vieira. Debía de haber miles de conchas de molusco, sistemática y ordenadamente encajadas en la argamasa que recubría la iglesia.

La venera o vieira, la concha del molusco bivalvo (es decir, que tiene dos valvas o piezas de concha, que encajan una con otra), de la familia de los pectínidos, cuyo nombre científico es *pecten jacobeus; jacobeus,* de Iacobus, el nombre del apóstol Santiago (Sant Iacobus, San Iacob, Sant Iago, Santiago; o sea, San Jacob), porque era la concha de los peregrinos; en francés se llama, muy justamente, *coquille Saint-Jacques.*

El molusco, todavía hoy relativamente abundante, debía de ser abundantísimo en otros tiempos, lo que permitió que durante siglos, miles, cientos de miles, millones de peregrinos las llevasen como parte de su equipaje. De su equipaje de vuelta, se entiende, ya que sin duda las obtenían cuando llegaban a Galicia y regresar con una concha de vieira prendida en las ropas era una prueba de que el peregrino había llegado hasta allí, hasta el fin de su peregrinación. Era, a la vez, un trofeo y un instrumento práctico, porque la parte cóncava de la vieira servía de vaso o de taza –un vaso venerable por su origen– para recoger en ella el agua de las fuentes del Camino, ese camino de regreso que sin duda se hacía cansino y lento, porque a los peregrinos se les acumulaba el cansancio del viaje y se movían sin la ilusión de alcanzar una meta, un destino elevado: simplemente, regresaban a casa, a la cotidianidad que durante unas semanas, meses o incluso años habían abandonado para emprender su camino espiritual.

En las iglesias del camino de Santiago, las imágenes de bulto que presiden altares y fachadas representan al apóstol vestido de peregrino de sí mismo, con su capa aguadera de esclavina, su bordón del que pende una calabaza hueca que servía para llevar el agua –una cantimplora vegetal– y, sobre el pecho, la venera que recogió en su destino y que es la prueba de su peregrinaje: sin duda, el santo regresa de peregrinar a su propio sepulcro.

Así que como vaso puede usarse casi cualquier cosa, desde un cuenco vegetal hasta una concha o un sombrero, pero el vaso y la copa de vidrio constituyen un refinamiento que en un principio solo debió de estar en las mesas elegantes.

Mi vaso y mi copa son totalmente transparentes, de un vidrio industrial moderno, que casi no se ve; permiten apreciar en toda su pureza el color de los líquidos que vierto en ellos, dándoles solo un poco más de brillo: el agua del grifo, tan limpia que casi resulta invisible. El vino tinto de alegres reflejos del color de sus taninos, en una gama de tonos de lo más claro a lo más oscuro: teja, cereza, granate, púrpura, violáceo.

Sin embargo, no siempre fue así. Los vasos de cristal transparente son una rareza contemporánea y, en tiempos, fueron una exquisitez cara, difícil de obtener. Lo más normal eran los vidrios traslúcidos, turbios, opalescentes, coloreados de distintos tonos según los minerales de su composición: del verde aguamarina al azul lavanda, pasando por el ámbar, el amarillo dorado, el índigo, distintos tonos pardos y grises, y ese color verde oscuro que todavía hoy llamamos verde botella.

En las excavaciones arqueológicas de yacimientos romanos suelen aparecer los restos de las vajillas domésticas y de los recipientes comerciales de la época: miles de pedazos de cerámica de barro rojo *(terra sigillata,* la llaman) y también miles de trocitos de recipientes de vidrio hechos añicos, tan fragmentados que resulta imposible reconstruir con ellos el objeto original. Son los desechos de la excavación, lo que solo se describe en una línea en los informes, lo que no dice a los arqueólogos nada, o nada que no sepan o que no puedan averiguar por otros indicios: que allí hubo una población en la que seres humanos hacían su vida cotidiana. Los pedacitos de vidrio desmenuzado fueron un día vasos, copas, recipientes fabricados con mimo, adquiridos con ilusión, contemplados con gusto y quizás exhibidos con orgullo ante los visitantes, muestras de ostentación o de hedonismo: el placer de beber en una hermosa copa, una copa preciada que ha sobrevivido a sus usuarios reducida a múltiples pedazos minúsculos.

Tengo unos pendientes y un pequeño colgante hecho con fragmentos de esos vidrios romanos, engastados en plata. Es un tipo de artesanía que se elabora en Israel, donde el territorio está plagado de yacimientos arqueológicos. Los fragmentos inservibles de lo que hace dos mil años fue un objeto cotidiano lucen ahora en mis orejas y sobre mi pecho convertidos en pequeñas joyas. Recobran así, con otro uso, su carácter de objetos preciados.

Mi vaso, mi copa. Recipientes que me pertenecen, que son solo para mí, al menos mientras dure la comida. Cuando comemos en grupo, cada comensal tiene su vaso, su copa, que no comparte con nadie; compartir el recipiente en que se bebe es para nosotros un signo de estrecha familiaridad: la madre que da de beber a su hijo un poco de agua de su propio vaso, o que cata la leche antes de dársela al bebé, para comprobar que no esté demasiado fría o demasiado caliente; los esposos o amantes que, sentados a la misma mesa, consumen distintas bebidas y se las dan a probar mutuamente, como si se dieran un beso por vaso interpuesto.

Pero en otros tiempos, menos obsesionados por las bacterias, a lo largo de la comida el recipiente de beber iba de mano en mano, y cada comensal acercaba sus labios al borde, bebía un poco y lo pasaba al siguiente. Aunque, por lo visto, se respetaba una cierta cortesía higiénica: ir girando ligeramente el vaso o la copa, de manera que no se ponían los labios en el mismo sitio del borde en que se habían puesto los labios de otro. La copa, el vaso, el cuenco, la taza (sí, se bebía el vino en tazas o tazones, igual que se sirve todavía el ribeiro en las ferias de Galicia) eran como un planeta que iba haciendo su ronda con un movimiento a la vez de traslación (la órbita en torno a la mesa) y de rotación sobre sí mismo, ya que cada comensal lo giraba un poco para no beber por el mismo sitio que el anterior.

En el *Quijote,* el capítulo XI de la primera parte cuenta «lo que le sucedió a don Quijote con unos cabreros». El caballero andante y su escudero son acogidos para pasar la noche por unos pastores de cabras; con rústica hospitalidad, los cabreros también les ofrecen su modesta comida, un guiso de carne de cabra (como no podía ser menos). Todos comen sentados en el suelo sobre pieles de oveja, salvo don Quijote, a quien respetuosamente ofrecen el mejor asiento que tienen: un dornajo (es decir, un recipiente pequeño y redondo de madera, que servía entre otras cosas para dar de comer a los animales) puesto del revés, a manera de taburete. Es una muestra de fina cortesía, ya que, al disponer de ese asiento, don Quijote no tendrá que comer sentado en el suelo como los demás, sino en una posición más cómoda y, sobre todo, más elevada, lo cual quiere decir (incluso en una choza como aquella) un asiento de más honor. Sancho se queda de pie a su lado para servirle.

> Sentóse don Quijote, y quedábase Sancho en pie para servirle la copa, que era hecha de cuerno. Viéndole en pie su amo, le dijo:
>
> –Porque veas, Sancho, el bien que en sí encierra la andante caballería y cuán a pique están los que en cualquiera ministerio della se ejercitan de venir brevemente a ser honrados y estimados del mundo, quiero que aquí a mi lado y en compañía desta buena gente te sientes, y que seas una mesma cosa conmigo, que soy tu amo y natural señor; que comas en mi plato y bebas por donde yo bebiere, porque de la caballería andante se puede decir lo mesmo que del amor se dice: que todas las cosas iguala.

Una situación ridícula: un hombre mayor, al que por su porte y su manera de hablar se le nota que es de origen noble, que aparece extravagantemente vestido y se encuentra ahora rodeado de cabreros, en una choza de pastores, sentado sobre un cacharro que sirve para dar de comer a los animales, y que empieza a hablar solemnemente, en un lenguaje anticuado, de algo que ya no existe más que en los libros: la caballería andante. Pero en su discurso hay un mensaje moral y una promesa de prosperidad para el rústico que le sirve: gracias a esa mentalidad caballeresca, tú también eres como un señor, mereces ser honrado con lo mejor que hay; comer sentado, compartir el plato conmigo y, con respecto al vaso, «beber por donde yo beba».

AGUA

Pondré también, sobre la mesa, una jarra de agua.

Tomo la jarra en la mano, me dirijo al fregadero y abro el grifo; entonces, ocurre un prodigio: llega hasta mí, sin que yo tenga que ir a buscarla, agua limpia, fresca, sin impurezas, lista para beber; agua que no me producirá ninguna enfermedad si la bebo, libre de cualquier carga peligrosa de bacterias y parásitos. Me llega en un chorro pródigo, abundante, sin límite; tan sin límite que podría desperdiciarla si quisiera. La llaman *agua de boca* porque está destinada a ser bebida y antes de que llegue hasta mí ha sido depurada, analizada y guiada hasta mi casa por conducciones limpias y seguras.

Para lograr esta agua que no solo me permite lavarme y lavar mis cosas, sino también saciar mi sed, solo he tenido que andar unos pocos pasos en el interior de mi propia casa y hacer un pequeño gesto, el de abrir la espita. Y ni siquiera –suerte que tengo– he corrido el riesgo de ser violada.

En los países pobres son las mujeres las que van por agua. Siempre ha sido así; es la costumbre, una costumbre que esclaviza a las mujeres, obligándolas a dedicar parte de su jornada a ir al río, al pozo o a la fuente y volver a casa con las vasijas llenas de un líquido a veces turbio, contaminado e insalubre, que enferma a toda la familia. África estaría llena de pozos si fueran los hombres los encargados de llevar agua a las casas, pero son las mujeres las que tienen a su cargo las tareas domésticas, y entre esas tareas están buscar leña y traer agua. No merece la pena horadar pozos para aliviar el trabajo de las mujeres.

En países progresivamente desertizados, el agua está cada vez más lejos y con frecuencia hay que andar kilómetros con las cántaras y bidones vacíos, y regresar cargando con ellos llenos, una carga de decenas de kilos durante kilómetros. Un camino peligroso en el que pueden apostarse los hombres, predadores de carne de mujer. Ellas procuran ir en grupo para protegerse; la mujer que se atreve a ir sola a por agua se ve abocada a una casi segura violación. Y aun así, yendo en grupo, a veces no pueden evitar que los hombres las ataquen también en grupo. No sabemos, no sabremos nunca, cuántas mujeres ni cuántas niñas han sido violadas en los caminos que llevan a los pozos, a las fuentes y a los ríos del mundo. El agua, aun de mala calidad –un agua que nosotros no consideraríamos nunca *agua de boca*–, tiene un alto coste de esfuerzo y de trabajo, pero también de humillantes vejaciones. Por eso llevar agua a los poblados, abrir fuentes y pozos públicos en lugares habitados, es una mejora sanitaria, pero también contribuye a preservar a la dignidad de las mujeres.

Lo que ahora pasa solo en países pobres, no hace mucho tiempo que pasaba en todos los lugares. En la literatura popular europea la fuente, el río, son lugares de encuentro sexual. Un encuentro que a veces es forzado, otras voluntario y en otros casos no se sabe bien hasta dónde llega la voluntad y dónde empieza la violencia.

El cántaro que se rompe es un motivo folklórico universal que representa la pérdida de la virginidad. La doncella va a buscar agua a la fuente, con el cántaro de barro apoyado en la cadera o sostenido en equilibrio sobre la cabeza, en un gesto que casi duele ver, porque es imposible no pensar el efecto que ese peso puede hacer en las vértebras cervicales a lo largo de años de acarreo. El cántaro, de momento, va vacío. Y allá, en la fuente, se produce un episodio confuso de violencia, no sabemos hasta qué punto consentida, de resultas del cual el cántaro acaba roto y la doncella desvirgada: «Tanto va el cántaro a la fuente, que al final se rompe», dice un refrán, que avisa precisamente del riesgo que entraña repetir una conducta peligrosa. Una conducta peligrosa como la de ir a la fuente a buscar agua para beber, agua de boca.

Por eso el agua fecunda no solo la tierra que riega, sino a las mujeres que beben de ella. Una canción de bodas sefardí de Marruecos describe el poder fecundante del agua de la fuente:

> Decía el aguadero:
> –Arriba, hermana,
> que allí hay una fuente de agua clara.
> Mujer que de ella bebe, al año es preñada.
>
> Decía el aguadero:
> –Arriba, prima,
> que allí hay una fuente de agua fría.
> Mujer que de ella bebe, al año es parida.

Otras veces, cuando no hay pozos ni fuentes, las mujeres bajan al río. Descienden hasta el mismo cauce y hunden en la corriente (a veces turbia) las vasijas para recoger el agua. En ese momento, fieras u hombres pueden atacarlas, como el león ataca a las gacelas mientras abrevan.

El cuento popular más famoso en España es el de Juanillo el Oso, la historia de un muchacho de fuerza descomunal que, precisamente gracias a su fuerza y a su valentía, es capaz de superar pruebas difíciles y realizar grandes hazañas, como desviar el cauce de un río o echarse a las espaldas una montaña. Es, por tanto, una especie de Hércules hispánico. Juanillo debe sus cualidades a que es hijo de una mujer y un oso y ha heredado la fortaleza de su padre. El cuento tiene un principio que solo se contaba a los adultos, y que los padres y abuelos (sobre todo, las madres y abuelas) omitían cuando había niños delante: había una muchacha que bajaba todos los días al río a coger agua; y un oso, que bajaba también al río a beber, la vio, se prendó de ella, la raptó y se la llevó a vivir a su guarida. De esa coyunda contra natura entre la mujer y el oso nació un niño grande y hermoso, que tenía la misma fuerza de su padre, y al que todos llamaban Juanillo el Oso.

Así que en el principio del cuento está la percepción de un peligro real: el ataque sexual de la bestia a la doncella que baja con su cántaro al río. Como todas las narraciones populares, el cuento es también un aviso, en este caso una advertencia para las muchachas confiadas.

Pero los lugares de agua –los ríos, los lagos, los pozos– son también peligrosos para los hombres. En ellos habitan ninfas y xanas, rusalki y paitidas, divinidades femeninas, vírgenes castas o ávidas, que castigan a los hombres que se atreven a violar sus aguas, o que los atraen para desposarse con ellos en las profundidades oscuras de las corrientes y las aguas estancadas, donde solo hay seres sobrenaturales femeninos sin varón: la diosa Diana, sorprendida por el cazador Acteón mientras se bañaba en el río, castiga al enamorado de su pecado de voyeurismo haciendo que sus propios perros lo persigan y lo devoren como una pieza de caza. Lorelei, la sirena maligna del Rhin, atrae con su canto a los navegantes hacia las rocas donde los barcos encallan y los hombres mueren ahogados. Las rusalki viven en el fondo de los ríos y salen de noche a bailar a las praderas, ávidas de hombres que las fecunden; si ven a un varón hermoso, lo secuestran para desposarse con él en el fondo de las aguas y el varón muere ahogado.

En ocasiones, la muerte provocada por estas diosas del ahogamiento puede parecer un simple accidente. Los sefardíes de Salónica cantaban, como canto luctuoso, un romance que es en realidad una traducción al judeoespañol de una balada balcánica. En la balada, siete hermanos salen a un largo viaje; no sabemos de dónde salen ni hacia dónde van, pero no importa: lo importante es el viaje, largo, azaroso, peligroso; en mitad del camino se encuentran sin agua, pero afortunadamente –parece que afortunadamente, aunque luego sea desgraciadamente– allí cerca hay un pozo: el pozo Airón, el nombre de los pozos malignos en la tradición oral hispánica.

> Ya se van los siete hermanos,   ya se van para Aragón;
> los calores eran fuertes,   agua no se les topó.
> Caminaron más arriba,   toparon un pozo Airón.

Como nadie quiere bajar al pozo peligroso, los hermanos echan suertes, y le corresponde al más pequeño; en los cuentos populares (y el romance es un cuento en verso) pasan con frecuencia estas cosas: que el hermano menor, el más débil e inexperto, el menospreciado por los mayores, acaba siendo el encargado de emprender las mayores hazañas. Aquí la hazaña es solo bajar al pozo atado con una cuerda cuyo cabo sujetan los hermanos desde arriba y subir un poco de agua para mitigar la sed de todos.

Ya echaron pares y nones, al más chico le cayó.
Ya lo atan con la cuedra, ya lo echan al pozo Airón.

Pero la cuerda se rompe y el muchacho queda atrapado en el fondo del pozo; lo último que oímos en la balada es la voz del joven, que aún habla desde la cavidad oscura del pozo, a punto de morir o quizás ya muerto, capturado por unos seres malignos (serpientes y escorpiones, bestias rastreras símbolo del mal), que encarga a sus hermanos que lo despidan de todos los que le amaron; pero los hermanos no están ya allí, asomados al brocal, escrutando el interior del pozo, porque han regresado compungidos a casa y no sabemos si han llegado a escuchar las últimas palabras del joven que ya no volverá:

Por en medio de aquel pozo la cuedra se les rumpió.
El agua se les hizo sangre, las piedras culebros son,
culebros y alacranes que le comen el corazón.
Ya tornan los seis hermanos amargos de corazón.
–Si vos pregunta el mi padre, le dirés: «Al pozo Airón»;
si vos preguntan mis hijos, les dirés: «Huérfanos sois»;
si vos pregunta mi mujer, le dirés: «Viuda quedó»;
si vos pregunta mi madre, le dirés: «Atrás quedó.»

El cántaro roto y el agua que se derrama son símbolos de esa violencia sexual que, cerca de los lugares de agua, amenaza a los hombres y, sobre todo, a las mujeres. Pero son también la representación de un pequeño desastre doméstico, cotidiano, frecuente: la mujer que emprende un largo camino hasta la fuente y, cuando vuelve cargada, resbala o tropieza, el recipiente cae y el líquido se esparce sin que sea posible recogerlo. Trabajo y tiempo perdidos, con el agravante de que el recipiente roto no podrá volverse a utilizar y quizás no hay en la casa –en esas casas rurales y antiguas sobriamente equipadas, en las que cada utensilio tiene su función– otro cántaro de repuesto.

Me viene a la memoria una imagen que todavía era frecuente en Galicia cuando yo tenía diez u once años, durante aquellos dos veranos en que mis padres me enviaron a unas colonias de vacaciones para niñas. Yo no había estado nunca en Galicia, que entonces era una región mucho más rural y tradicional de lo que es ahora, y recuerdo que me fascinaba ver a las mujeres andando muy erguidas por los caminos de las aldeas o por las trochas que se abrían entre los sembrados, llevando sobre la cabeza un rodete de tela y encima la cesta llena de viandas, una lechera de aluminio, cualquier utensilio doméstico (incluso una máquina de coser) o el balde de madera lleno de agua.

Veo en la televisión un reportaje sobre un hombre que todavía fabrica esos baldes de madera; debe de ser el último que lo hace. El hombre explica cómo se hace una sella, cómo se cortan primero las duelas de madera de roble o de castaño y se insertan a golpes de mazo en tres aros metálicos de tamaño decreciente. Resulta así un recipiente de forma troncocónica, compacto, por cuyas junturas no se escapa el agua porque, cuando el balde se llena, la madera se hincha con la humedad, contribuyendo así a ensamblar y unir las piezas.

Explica el hombre que la sella tiene la cualidad de dar un sabor especial al agua, un sabor de madera de árbol; pero que sobre todo se hacía por las mujeres, que tenían que subir y bajar por terrenos accidentados y llenos de barro para llevar el agua a casa y, si resbalaban o caían, solo perdían el agua, pero no el recipiente que la contenía.

Ahora bien, «el balde –dice el artesano, el último fabricante de sellas– tiene también un punto débil, como nosotros»; y, dicho esto, deja caer de golpe la sella, de forma que su parte más estrecha, donde está la boca del recipiente, golpee sobre una superficie dura. En un instante, con el golpe seco contra el suelo, las duelas se liberan de la opresión de los aros metálicos, vuelan cada una en una dirección igual que las cartas de una baraja lanzada al aire y el balde se desmonta ante nuestros ojos como si nunca hubiera estado ensamblado.

Recuerdo, hace solo cosa de quince o dieciséis años, haber escuchado una conversación sobre el agua en la misma pequeña ciudad en la que vivo.

Estábamos varias mujeres esperando cola ante el mostrador de la frutería. Era un comercio tradicional, en el que los clientes no escogían ellos mismos los productos para pesarlos en una balanza electrónica, sino que tenían que esperar turno para que el frutero les atendiese personalmente. La espera propiciaba la conversación, tanto la del tendero con la clienta a la que estaba atendiendo como entre las parroquianas mismas.

Dos mujeres que me parecieron solo un poco mayores que yo entablaron una charla sobre cómo era el pueblo –un pueblo en las faldas de la sierra de Guadarrama, hoy convertido en pequeña ciudad de la periferia de Madrid– cuando ellas eran jóvenes recién casadas. Al parecer, lo que hoy es la calle principal, la Calle Real, estaba recorrida por las vías de un ferrocarril que transportaba granito desde un berrocal cercano (donde estaba la cantera hay ahora una rotonda y un centro comercial). El barrio en el que vivo, aledaño a la estación de tren, estaba sin construir, ocupada su superficie por un inmenso almacén al aire libre de las maderas de la Compañía Belga de los Pinares de Valsaín (por eso mi barrio se llama popularmente «los Belgas»). Nada de lo que yo, recién llegada, conozco existía en los tiempos en que estas mujeres empezaban su vida adulta como amas de casa recientes.

Y luego estaba la cuestión del agua: no había agua corriente en el pueblo y las jóvenes amas de casa de las viviendas que no tenían pozo tenían que ir a la fuente. Dos fuentes había: la que estaba ante la estación de ferrocarril valía para lavar la ropa y los cacharros, para fregar y bañar a los niños; pero el agua de beber, el agua de boca, había que ir a buscarla a un manantial en un altozano cercano al cementerio del barrio de la estación.

Así que, mientras yo estudiaba el bachillerato en un instituto de Madrid y vivía en una casa sin demasiadas comodidades, pero en la que uno podía abrir el grifo y obtener fácilmente agua clara y apta para cualquier uso, aquellas mujeres, nacidas solo unos pocos años antes que yo, iban con cántaros o bidones o cubos a la fuente y volvían cargadas a sus casas, donde el agua estaba tasada porque había que economizar el tiempo y el esfuerzo. No eran pobres, simplemente vivían de otra manera, y entre mi vida urbana y su vida rural existían diferencias que parecían separar las ciudades y los pueblos no solo por kilómetros, sino por siglos de distancia.

Cuánto trabajo para traer el agua. El trabajo de las mujeres que acarrean cántaros y baldes. Pero también el trabajo de ingeniería de los hombres que se afanaron, hace más de dos mil años, en llevar agua a las ciudades. Porque no puede haber ciudades si no hay agua.

Aunque nunca he estado allí, lo he visto en varios reportajes, así que lo conozco como si lo hubiera visitado; o quizás, mejor, porque en los reportajes que he visto la iluminación del realizador y la cámara buscaban detalles, relieves, junturas, que sin duda me hubieran pasado desapercibidas en una visita real, con menos luz y menos tiempo para detenerme en apreciar detalles sutiles. De modo que la realidad virtual del lugar fotografiado probablemente me permite hacerme una idea de cómo es ese sitio con más exactitud que la que me proporcionaría la realidad de mi propia experiencia.

Nemi es una pequeña localidad del Lazio, cerca de Roma. La ciudad está encaramada en los montes Albanos, unas colinas volcánicas a cuyo pie se extiende un lago que se llama como la ciudad, el lago de Nemi. En algún lugar de esos montes Albanos se abre una especie de pórtico de piedra, apenas un agujero en la roca volcánica. Es evidente que no se trata de una formación natural, ya que la boca de la entrada es abovedada y se refuerza con sillares, pero podría pensarse que es una cueva natural cuya entrada ha sido adecentada para que sirva de refugio o de almacén. La cámara del reportaje se interna en el túnel y va abriéndose paso en la oscuridad, y entonces, gracias al objetivo que, paradójicamente, nos proporciona una visión subjetiva, desfila ante nuestros ojos un pasillo largo, de paredes sólidas, tallado en la piedra y con un suelo regular. El largo corredor tiene casi kilómetro y medio de longitud y atraviesa el corazón de una masa de piedra para salir al otro lado de la montaña. Resulta claro que se trata de una obra de ingeniería y nos imaginamos enseguida a una legión de obreros del siglo XIX abriéndose paso a golpe de pico contra la piedra maciza, sacando en vagonetas sobre raíles los materiales extraídos con palas, mientras los ingenieros, a pie de obra, dirigen el trabajo consultando los planos que han levantado con ayuda de los topógrafos. Tal vez construyen un túnel para el ferrocarril.

Sin embargo, la escena de ingeniería decimonónica que hemos construido en nuestra imaginación es falsa: teníamos que habernos imaginado, sí, una legión de hombres trabajando con picos y palas, pero no sabemos si eran hombres libres o esclavos; deben desaparecer de la escena, también, los topógrafos, aunque no los ingenieros ni probablemente los planos. La escena se aleja, también, en el tiempo: no es un túnel del siglo XIX, sino del siglo V antes de Cristo. Una de las grandes obras de la ingeniería romana.

No sabemos cuánto tiempo duró la construcción, ni cómo fueron capaces cientos o miles de hombres de trabajar excavando en la roca, a oscuras, con la mera luz de antorchas o de candiles de aceite, ni con qué tecnología lograron que el túnel saliera recto, solo con una ligera inclinación (un desnivel de doce metros a lo largo de los más de mil quinientos de longitud que tiene el pasadizo). Y –lo que todavía resulta más asombroso– parece que no trabajaron empezando por un extremo y acabando por el opuesto, sino que dos equipos diferentes empezaron a socavar, cada uno desde un lado de la montaña, para encontrarse a medio camino, uniendo en el corazón de la piedra los dos túneles por los que habían ido avanzando cada cual desde su lado. Con nuestra avanzada tecnología de hoy, nos resulta imposible saber cómo lo consiguieron.

En el siglo V antes de Cristo, la finalidad de un túnel como este no podía ser que pasase el tren. Era una galería para que pasase el agua. Cuando subía el nivel del lago Nemi, la galería se inundaba, el agua corría por ella y salía al otro lado de la montaña, para verterse en un acueducto que la llevaba muy lejos. Tanto trabajo y tanto ingenio para conducir el agua. Pero llevar agua era llevar no solo suministros, sino paz a las poblaciones, mantener el orden público en las ciudades, evitando los desórdenes y la violencia que causa la lucha por el agua.

Las guerras del agua.

No solo guerras primitivas, sino muchas guerras modernas han sido provocadas por el acceso a las fuentes de agua. Hay un poema de Dulce Chacón que resume muy bien esa idea del agua como fuente de conflicto, la posesión del agua como signo de poder, la sed como epítome de la exclusión, la desesperación de los condenados a vivir en la sequía:

> Vine sediento.
> Estabas
> junto al pozo con tus hijos.
>
> Vine solo y sediento.
> Al verme
> construiste un muro alrededor del pozo.
>
> Colgaba de mis hombros una sed muy antigua.
> Tú tenías
> un arma en la cintura.
>
> En la tierra que dejé
> lloran de sol.
> Cae de los ojos de mi hermano,
> de los labios de mi esposa.

Lloran de sol.

Yo les dije:
Allí
detrás de las montañas
hay un pueblo
donde ha llovido mucho.

Todos mis hijos buscaron ya su sitio
en las estrellas.

Los reclamaron con urgencia.
Mi esposa se pregunta
por qué.

Por qué se fueron antes de que sus pezones
se hicieran en sus bocas.

¡Los dioses prometieron tantas veces
en su vientre!

Y ella pronuncia la lluvia
y a la boca le asoma un recuerdo
que no le pertenece.

Me mira y se pregunta por qué.

Yo le dije:
Detrás de las montañas hay un pueblo
donde ha llovido mucho.

El poema se publicó en un libro para conmemorar el 25 aniversario de la Constitución española de 1978, es decir, del estreno de unas libertades hasta entonces vedadas.

Sin embargo, yo no lo he leído en el libro, sino en una foto en la que se ve una valla metálica situada en algún lugar al aire libre; sobre esa valla, alguien ha prendido con una brida de plástico un folio mecanografiado metido en una funda transparente. El texto de ese folio es el poema o, mejor dicho, el fragmento que acabo de copiar, y al final de la hoja una anotación a mano pone «Sigue» y una flecha, remitiendo sin duda a un segundo folio que ni está en la foto ni parece haberse conservado en ninguna parte. Ese segundo folio (que sin duda estuvo allí) se ha perdido irremisiblemente, y, con él, el final del poema.

El folio es una ofrenda. La valla es la de una de las estaciones del tren de cercanías de Madrid en las que, el 11 de marzo de 2004, se cometió uno de los atentados terroristas más atroces de la historia reciente de Europa: una serie de bombas coordinadas, colocadas en trenes de cercanías en hora punta, que produjeron casi doscientos muertos y cerca de dos mil heridos.

Inmediatamente surgió un movimiento espontáneo de solidaridad con las víctimas. Ciudadanos anónimos colocaron ofrendas en los lugares de los atentados: flores, velas, juguetes, estampas, fotografías, objetos (desde bufandas de equipos de fútbol hasta imágenes religiosas o elaboradas composiciones artísticas); y también muchos textos escritos: cartas, hojas arrancadas de libros, poemas compuestos ex profeso y otros de los autores más diversos.

Alguien, algún ciudadano cuyo nombre nunca sabremos, consideró que ese poema de Dulce Chacón –poco conocido, difícil de encontrar– era la mejor ofrenda que podía aportar al monumento efímero que poco a poco se iba construyendo en las estaciones, con las aportaciones de todos; fue a su casa y se molestó en mecanografiar pulcramente el texto, en buscar un par de fundas de plástico para meter los folios y protegerlos así de la intemperie, en llevarlos a la estación y sujetarlos a una de las vallas. Esa era su ofrenda: un poema que hablaba de violencia, de exclusión, de la negación de un derecho fundamental como es el agua, porque el agua es la vida.

Siempre ha sucedido: quien puede, atesora agua bajo sus pies. Tener un depósito de agua para uso doméstico es uno de los grandes avances de las casas romanas, luego incorporado a la arquitectura árabe. Todavía en las ciudades de Andalucía hay muchas casas con aljibe, el heredero del *impluvium* romano.

En tierras soleadas, la lluvia es un bien escaso. Por eso conviene atesorarla. La casa se organiza en torno a un patio central, rectangular, cuyas paredes se dan sombra unas a otras en las distintas horas del día; bajo las baldosas del suelo hay un amplio hueco que alberga un depósito. Los días en que llueve, el agua de lluvia resbala por el tejado, se decanta en las tejas de barro y desciende desde cada esquina por tubos bajantes de zinc o de cobre hasta el aljibe. Allí el agua se conserva y duerme, con el tiempo los sedimentos que arrastra descienden hasta el fondo y sobre ellos queda el agua limpia y fresca; quizás alguna salamandra negra, con manchas amarillo cadmio, anida y desova en sus aguas, pero la salamandra se considera un animal benéfico, que no contamina las aguas. En el centro del patio, un brocal marca la boca del pozo, oscura y húmeda, con su polea y su soga para bajar el balde hasta el nivel del agua y subirlo luego lleno. El aljibe ofrece agua al alcance de la mano y su humedad refresca el piso en horas de calor.

Ha empezado a llover y la lluvia lava las calles, sume por las alcantarillas que, si no están bien limpias, pueden obstruirse y rebosar basura acumulada.

Hace solo unos meses saltó a las noticias de los periódicos la existencia de lo que llaman un *fatberg,* una inmensa montaña de detritus, de cerca de 250 metros de longitud y unas 130 toneladas de peso, que obstruía las alcantarillas del este de Londres. Más largo que el puente de la Torre de Londres, más pesado que dos grandes aviones llenos de pasajeros, este inmenso *fatberg* no está solo: en la misma ciudad de Londres hay otros más, y tiene hermanos en casi todas las grandes ciudades del mundo.

El nombre de *fatberg* (algo así como «montaña de grasa») es engañoso porque hace pensar en una acumulación de grasa, que podría disolverse con calor o con disolventes apropiados. Pero *fat* o *grasa* son eufemismos que utilizan los operarios de las infraestructuras de alcantarillado y depuración de aguas para no usar otra palabra más contundente: mierda. A nadie le gusta trabajar con mierda, así que los trabajadores prefieren llamar grasa a toda la porquería acumulada, insoluble e irreciclable, que produce nuestra vida cotidiana: las toallitas húmedas que sirven para desmaquillarse o para limpiar el culito de los bebés; pañales, compresas y tampones; envases y plásticos que no se depositaron en el contenedor de reciclaje; colillas; objetos diversos que se echaron descuidadamente a la boca de una alcantarilla. Todos esos detritus se acumulan, se compactan y acaban formando montañas bajo nuestros pies, unos tapones monstruosos que pueden hacer rebosar o reventar las conducciones de aguas residuales, sobre todo cuando llueve torrencialmente y caen del cielo muchos litros de agua en poco tiempo.

Alguien tuvo la idea de llevar un pequeño pedazo de *fatberg* a uno de los principales museos de Londres y exponerlo allí durante varios meses. Por razones sanitarias, fue necesario construir una doble urna hermética para custodiar y exponer la porquería. En el curso de los meses, los visitantes contemplaron atónitos una muestra de sus propios detritus irreciclables, el monstruo imperecedero que ellos mismos habían contribuido a crear. Mientras tanto, dentro de la doble urna, el *fatberg* siguió su propia evolución: de los huevos depositados por insectos surgieron larvas y moscas, se desarrollaron mohos y hongos y, pese a la protección hermética, empezó a intuirse en torno al objeto expuesto un aroma de basura o de cloaca.

Yo solía pasar en autobús por un gran espacio libre a las afueras de la ciudad en el que siempre había máquinas de construcción. En el solar, unos grandes carteles anunciaban «Construcción del estanque de tormentas de Arroyofresno».

¡Estanque de tormentas! Un nombre fascinante que evocaba naumaquias con efectos especiales de lluvia y rayos. Me imaginaba el estanque de tormentas como un lago artificial en el que representar batallas navales, como se hacía en los siglos XVI y XVII, con sus barcos que disparaban cañones y bombardas, antenas rotas y velas rasgadas, artificios teatrales que imitaban una tempestad.

Sin embargo, cuando busqué en internet, el estanque de tormentas se reveló como algo mucho más prosaico y vulgar, muy alejado de la escenografía barroca que me había imaginado.

Un estanque de tormentas no es más que una infraestructura de alcantarillado; un gran depósito subterráneo al que se desvía el agua de lluvia, precisamente cuando hay tormentas. Cuando llueve torrencialmente, el agua que discurre por las alcantarillas se convierte en un torrente que podría desbordarse y provocar inundaciones; pero si existe un estanque de tormentas, la misma fuerza del agua abre unas compuertas que desvían la corriente hacia el depósito subterráneo, donde se almacena y desde donde se puede reenviar a la depuradora más cercana. Se evita así que se inunden las zonas pobladas y que la contaminación y los residuos de las calles acaben vertiéndose en los ríos.

La decepción que me produjo saber que un estanque de tormentas es algo tan trivial (aunque también tan necesario) se palió un poco cuando supe los nombres fascinantes de los estanques de tormentas de Madrid: Arroyofresno, Abroñigales, La China, Cantarranas, Cuesta de San Vicente, Ermita del Santo, Delicias, Viñuelas, San Ambrosio. Topónimos que remiten a una historia castiza de un Madrid antiguo, en parte ya desaparecido.

El ciclo del agua. El complejo ciclo de la naturaleza que hace posible que el agua circule por la Tierra en varios estados (líquido, gaseoso, incluso sólido, cuando se hiela o nieva) y haga posible la vida. También que el agua llegue hasta mí y me permita vivir, no morir de sed.

Ningún texto literario explica ese ciclo de forma más clara y sintética que la canción «Mi agüita amarilla», del grupo de la movida madrileña Los Toreros Muertos. Canallas pero cultos, Los Toreros Muertos empiezan su canción con una observación que es a la vez dietética y fisiológica: la cerveza como diurético.

> Y creo que he bebido más de cuarenta cervezas hoy
> y creo que tendré que expulsarlas fuera de mí
> y subo al water que hay arriba en el bar
> y la empiezo a mear y me echo a reír:
> sale de mí una agüita amarilla, cálida y tibia.

Y a continuación esa orina, el 95 % de cuya composición es agua (el resto es ácido úrico y sales minerales: nada especialmente asqueroso), comienza su periplo por el mundo, circulando primero por las cloacas de la ciudad:

> Y baja por una tubería,
> pasa por debajo de tu casa,
> pasa por debajo de tu familia,
> pasa por debajo de tu lugar de trabajo...

Las cloacas –esto conviene tenerlo muy en cuenta para entender cómo se contaminan las aguas superficiales– acaban desembocando en un río, donde la «agüita amarilla» es utilizada para beber por animales y personas y para regar los campos de cultivo:

> Y llega a un río,
> la bebe el pastor,
> la beben las vaquitas,
> riega los campos...

El río, como era de esperar, acaba desembocando en el mar, con lo cual la «agüita amarilla» de la voz cantante llega a los animales marinos, incluida la pesca para consumo humano:

> Y baja al mar,
> juega con los pececillos,
> juega con los calamares,
> juega con las medusas
> y con las merluzas
> que tú te comes...

Y, desde el mar, la evaporación del agua por efecto del calor solar, su posterior condensación en las nubes y la precipitación en forma de lluvia cierran el ciclo del agua, esa agua que cae del cielo, que nos baña y riega las calles; el agua que, al final, bebemos (incluso el agua que sirve para fabricar la diurética cerveza):

> El sol calienta mi agüita amarilla,
> la pone a cien grados,
> la manda para arriba,
> viaja por el cielo,
> llega a tu ciudad
> y empieza a diluviar.
>
> Moja las calles,
> moja a tu padre,
> tu madre lava,
> lava la vajilla
> con mi agüita amarilla.
> Moja el patio del colegio,
> moja el ayuntamiento...

No cabe mirar con aprensión esta jarra que acabo de llenar al chorro del grifo de mi cocina. El agua que contiene, provenga de donde provenga, ha pasado por un proceso de depuración natural (el sol que evapora la superficie del mar, elevando solo vapor de agua y dejando en el mar las sales minerales) y también por un tratamiento físico, químico y biológico que hacen posible que llegue hasta mí en perfectas condiciones de potabilidad. Estremece pensar cuántos procesos naturales, cuánta técnica, cuánta ciencia y cuánto trabajo humano han hecho posible que yo me beba hoy un vaso de agua.

SABORES

Sobre la mesa he colocado también lo que suele llamarse unas vinagreras o unas aceiteras o, más modernamente, un combo. Es decir, un utensilio compuesto por una bandejita con un asa, un frasquito de cristal con asa y pitorro (lo que en catalán se llama un *setrill)* para el aceite, otro igual para el vinagre, un salero y un pimentero. Los condimentos que se consideran indispensables para aderezar una comida, potenciando sus sabores.

«La ensalada, salada; muy aceitada y poco avinagrada», decía mi padre cuando, al principio de la comida, aderezaba la fuente de ensalada puesta en el centro de la mesa para toda la familia; una tarea de la que, no sé por qué, se encargaba siempre él, nunca mi madre.

El dicho resume el aliño ideal de una ensalada mediterránea: alegremente generosa con la sal y con el aceite, parca con el vinagre, que si es demasiado agresivo resulta presente en exceso y puede anular los sabores delicados de las hortalizas. Hay que aliñar con tiento.

Hoy coloco sobre la mesa las vinagreras casi por costumbre, porque no es previsible que vaya a utilizar su contenido. Si acaso, aliñaré con un poco de aceite de oliva las verduras del segundo vuelco del cocido. Solo mirando el líquido traslúcido de la aceitera, de un hermoso color verde dorado, podría contar mil historias.

Algunos veranos viajábamos en tren hacia el sur para visitar a mi abuela. Era un viaje largo, que duraba desde la tarde de un día hasta el mediodía del siguiente, en trenes incómodos y mal acondicionados, ruidosos, con compartimentos de ocho asientos, sin camas ni literas, en los que pasábamos la noche mal dormidos, en compañía de cuatro o cinco desconocidos con los que enseguida se entablaba conversación y se compartían bebidas y viandas. El vagón restaurante, si lo había, era caro, así que todos llevábamos la cena en tarteras o en bocadillos cuidadosamente envueltos en papel encerado; la gente menos fina envolvía los bocadillos en papel de periódico, que supongo que daba a los alimentos un cierto aroma de tinta; todavía no existía el papel de aluminio.

Entre el sueño y la vigilia, notábamos que el tren se detenía en una u otra estación (las paradas eran frecuentes y largas, tan largas que a algunos hombres les daba tiempo a bajar del convoy para fumarse un pitillo), oíamos el bullicio de los que descendían del tren o subían a él y, a veces, a vendedores ambulantes que pregonaban desde los andenes sus mercancías (agua fresca; tortas, rosquillas y frutas que portaban en canastas de mimbre) para que los viajeros las comprasen sin bajar de los vagones, sacando el brazo por la ventanilla, con unas monedas en la mano.

Cuando ya había amanecido y empezábamos a despertar, alguno de los viajeros levantaba la cortinilla que durante la noche había oscurecido la ventana del compartimento, bajaba el cristal de guillotina para airear un poco el recinto –aquel ambiente enrarecido y maloliente por ocho personas que habían viajado durante muchas horas, durmiendo vestidas en plena canícula– y, aliviada por el aire fresco de la mañana, yo, soñolienta y con hambre, un poco mareada por el desvelo de la noche y por el traqueteo del tren, veía pasar el paisaje.

Eran olivos. Eran llanuras y colinas y hasta montañas escarpadas, suavemente recorridas por árboles de tronco retorcido y hermoso porte, que se adaptaban al paisaje alineados con orden y elegancia centenarios. Yo, niña de ciudad, sabía reconocerlos porque mi madre me lo había dicho: «Mira, los olivares.» Faltaban aún varias horas para llegar a nuestro destino, pero aquellos olivares que se extendían hasta donde se perdía la vista, convirtiendo los campos en una crencha bien peinada, me daban noticia de que ya habíamos llegado a Andalucía, la tierra de mi padre, donde estaba la casa de mi abuela.

El escritor Antonio Muñoz Molina recordaba en un artículo cómo, de adolescente, iba con sus padres a la recogida de la aceituna. Salían de madrugada, bien abrigados todos –la oliva se recoge entre noviembre y enero, en tierras del interior donde las madrugadas invernales son frías– con prendas gruesas y usadas que no importase estropear con el trabajo del campo. Iban todos, hombres, mujeres y niños, a un trabajo duro y, entonces, completamente artesanal, ya que a mano vareaban los hombres las ramas de los olivos para hacer caer el fruto, y a mano (doblando la cintura durante horas en medio del campo) recogían las mujeres las olivas de las mantas para llenar los capachos de esparto que se llevaban al olivero a lomos de caballerías. Todavía se hace así en las tierras más escarpadas, donde la inclinación del terreno impide que puedan entrar las máquinas. En los otros, en los olivares de tierras llanas o suavemente onduladas, hoy se usan máquinas manejadas por una sola persona que, en el mismo olivar, varean, recogen y hasta sacan las olivas ya despalilladas; pero tradicionalmente la recogida de la aceituna ha sido un trabajo colectivo, en el que colaboraban todos los miembros de las familias y donde, con frecuencia, se formaban nuevas parejas jóvenes; como dice la canción popular:

> Apañando aceitunas
> se hacen las bodas
> y el que no va a aceitunas
> no se enamora.

Aquellos paisajes que yo, niña, veía desde el tren siguen existiendo en toda la Europa mediterránea.

El nombre científico de la planta es *Olea europaea,* y la variedad mediterránea es *Olea europaea europaea.* O sea, es un árbol que lleva dos veces la palabra *europeo* en su nombre; pero en algunos momentos la normativa agrícola de la Unión Europea ha puesto en peligro su pervivencia. Por ejemplo, cuando se ha planteado la necesidad de reducir la producción europea de aceite, lo cual implicaba la prohibición de plantar renuevos de olivo o la obligación de suprimir olivares. Hace solo unos años se llegó a barajar la idea de que en todos los países de Europa fuese obligatorio rotar los cultivos, algo que puede ser útil para las patatas, los girasoles o la colza, pero que constituye un asesinato para la vid y, desde luego, para los olivos, unos árboles que tardan años en crecer y llegan a ser centenarios e incluso milenarios.

Un olivo no produce aceitunas hasta que tiene entre tres y doce años, dependiendo de la variedad. Así que la propuesta consistía, ni más ni menos, que en arrancar olivos que habían tardado décadas, siglos, en crecer para plantar en la misma tierra otro cultivo y, al cabo de unos pocos años, volver a plantar renuevos de olivo que nunca llegarían a alcanzar edad suficiente como para dar buen fruto, y luego volver a arrancarlos, y así sucesivamente. La devastación del paisaje mediterráneo.

En una de esas ocasiones de amenaza normativa, la entonces ministra de Agricultura de España invitó a un comisario europeo a visitar los olivares de Córdoba con la intención de convencerle de su valor patrimonial. Ante las cámaras de la prensa, el comisario quiso tener un gesto simpático: de la rama de un olivo arrancó una aceituna y se la llevó a la boca, haciendo ademán de morderla.

Sin duda el hombre había comido más de una vez aceitunas y pensaba que caen de los árboles igual que salen del bote: perfectamente aliñadas; lo mismo que esos niños que creen que los pollos se crían en los lineales frigoríficos de los supermercados. Ignoraba el funcionario, por lo visto, que para que las aceitunas pierdan su amargor y sean comestibles hace falta tenerlas durante semanas en salmuera y lavarlas varias veces cuidadosamente. El gesto del comisario europeo vendimiando olivas de una rama –en lugar de varearla para que caigan solo las más maduras– y llevándoselas a la boca sin más precauciones es la escenificación de una brecha cultural entre la Europa del norte y la del sur.

En aquel tiempo, la ciudad recién fundada todavía no tenía nombre. Pero una ciudad sin nombre no es nada, es como si no existiera. Los viajeros, los mercaderes y los navegantes llegan a las ciudades preguntando por ellas en los caminos, en los santuarios, en los puertos en los que atracan sus naves, en las plazas y las calles de otras ciudades; desde allí se encaminan a la ciudad por la que preguntaron. Pero ¿quién puede preguntar qué camino lleva a una ciudad sin nombre?

Por eso los ciudadanos pidieron a su rey, Cécrope (a quien también llamaban Erecteo), que diera nombre a la ciudad. Y Cécrope, sabiamente, decidió darle el nombre del dios que prometiese proteger la urbe recién creada.

Dos dioses ofrecieron protección a la ciudad: uno era Poseidón, el dios del mar, que ambicionaba extender sus dominios también por la tierra seca y pensaba llevar las de ganar porque la ciudad innominada había sido fundada por navegantes que buscaron un refugio seguro tierra adentro, a poca distancia del mar. La otra era Atenea, la diosa de la sabiduría y la justicia.

En aquellos tiempos los dioses estaban sometidos a las mismas pasiones que los hombres, así que lo primero que intentaron tanto Poseidón como Atenea fue sobornar a los ciudadanos, ofreciéndoles regalos para inclinar su voluntad hacia su partido.

Poseidón subió a la colina que dominaba la ciudad, clavó en tierra su tridente y de la piedra brotó un manantial; ofrecía así agua abundante para la población recién fundada. Pero cuando los ciudadanos probaron el agua del manantial que Poseidón había creado la encontraron amarga y de mal sabor, porque era agua de mar.

Luego llegó Atenea y ofreció su regalo: junto a la fuente de Poseidón hizo brotar un olivo. Los ciudadanos consideraron que aquel era el mejor regalo y, desde entonces, la ciudad se llama Atenas en honor a su diosa protectora.

Con aceite se coronaron también reyes.

Saúl era un joven de la tribu de Benjamín, de extraordinaria belleza y apostura. Dice el libro de Samuel que no había entre los israelitas nadie más hermoso que él, porque sobrepasaba en estatura a todo el pueblo. El buen mozo era hijo de Quis, un terrateniente.

Un día a Quis se le escaparon unas burras y dijo a su hijo Saúl: «Toma contigo a uno de los criados y, anda, vete a buscar las burras.» Y Saúl, obediente, partió con el criado en busca de las pollinas perdidas; se alejaron mucho de la casa de su padre y las burras no aparecían, hasta que al fin Saúl dijo a su criado: «Volvámonos, no sea que mi padre se haya desentendido ya de las burras y esté inquieto por nosotros»; como buen hijo, comprendía que a su padre le preocupaba más él mismo que las asnas extraviadas y que quizás estaba angustiado pensando que a él y al criado les había pasado algo.

En el camino de vuelta, casualmente, pasaron por la ciudad donde vivía Samuel, el profeta. Este profeta era ya anciano y había aconsejado y amonestado al pueblo de Israel durante largos años, en el tiempo en que Israel no tenía reyes, sino que era gobernado por jueces locales. Los israelitas estaban en guerra con los filisteos y, viendo que otros pueblos de su entorno tenían rey, no quisieron tener más jueces y le dijeron a Samuel: «Ha de haber un rey sobre nosotros, para que seamos también nosotros como todas las naciones y nos gobierne nuestro rey y salga al frente de nosotros y combata en nuestros combates.» Samuel consultó al dios de los judíos y Dios le dijo: «Escucha su voz y nómbrales un rey.»

Como antes no había habido reyes en la tierra de Israel, Samuel no sabía a quién nombrar. Y en eso llegó Saúl, que volvía con su criado después de haber buscado infructuosamente las pollinas.

Saúl se presentó ante Samuel y, nada más mostrarse en su presencia, el profeta recibió una revelación divina: «He aquí el varón que te anuncié. Este reinará sobre mi pueblo.» Y Samuel invitó a Saúl a comer, sentándole en un lugar de honor en el banquete, y le dio de comer la mejor tajada del animal que habían sacrificado. Cuando acabó la comida y el invitado ya se iba, Samuel lo acompañó y en el camino tomó un frasco de aceite que llevaba y lo derramó sobre la cabeza de Saúl, lo besó y le dijo: «Dios te ha ungido como príncipe sobre tu pueblo. Tú has de gobernar al pueblo de Dios y tú lo librarás del poder de sus enemigos.» Luego Saúl volvió a casa de su padre, comprobó que las burras habían sido ya encontradas, y regresó junto a Samuel para ser el primer rey de los judíos. Y desde aquel día Israel tuvo un rey y los reyes de Israel se designaban derramando aceite de oliva sobre su cabeza.

Poseidón intentó sobornar a los atenienses con una fuente de agua salada, pero los ciudadanos de Atenas prefirieron el olivo al manantial amargo.

La primera vez que vi unas salinas fue en mi adolescencia, durante unas vacaciones con mi familia. Mis padres, deseosos de combinar el turismo de sol y playa con la formación cultural de sus hijos, nos llevaron a mis hermanos y a mí a visitar las salinas de Torrevieja. De aquella visita solo recuerdo una sensación de deslumbramiento: el cielo de un azul tan claro que resultaba casi blanco, el sol en su cénit, un calor húmedo y salado, agobiante, las eras de la sal brillantes como espejos, extendidas hasta el horizonte duplicando en su reflejo el brillo del cielo, y la sal hacinada en grandes montañas de un blanco tan deslumbrante que hacía daño a la vista. Había tanta luz que el paisaje no parecía real: era como cuando, en los sueños, visitamos lugares imposibles.

Para guisar mi madre solo usaba la sal marina, la que provenía de salinas deslumbrantes como la que vimos en aquel viaje: sal gruesa, en grandes escamas, para salar los guisos; y luego la otra, la sal fina de mesa, molida y procesada, más blanca aún, que era la que se echaba en el salero para aderezar los platos en la mesa.

Yo no sabía entonces que había otros tipos de sal, que también se extraía sal de debajo de la tierra, de minas en las que predomina el cloruro potásico sobre el cloruro sódico. Una sal más amarga, que ahora recomiendan para las personas hipertensas. Cuando la probé, entendí por qué en los textos antiguos había leído a veces una expresión para mí rara, incomprensible: «amargo como la sal».

Además de las minas de sal, hay otras sales de tierra adentro: las que provienen de manantiales de agua salada, de trozos de mar cautivos bajo tierra, como la fuente que hizo manar Poseidón en la ciudad anónima que luego se llamó Atenas.

En el principio, solo había un mar. En el principio, solo había un continente. Al continente único lo llamamos Pangea (es decir, «toda la tierra») y al mar único le hemos dado el nombre de Panthalassa (o sea, «todos los mares»).

Pero nosotros, los seres humanos, nunca llegamos a conocer ese mar ni ese continente: solo los tenemos en nuestra imaginación. Existieron hace trescientos millones de años (o, por decirlo de manera un poco más espectacular, más abrumadoramente llena de ceros, estaban allí hace 300.000.000 años) y los homínidos empezaron a existir hace poco más de 230.000 años. Cuando empezaron a existir nuestros antepasados –todavía no totalmente humanos– hacía millones de años que ni Pangea ni Panthalassa existían: se habían ido fragmentando, dividiéndose en distintos mares y continentes, en una sucesión de cataclismos de los cuales los homínidos no fueron testigos. Pangea y Panthalassa son los nombres que damos a una geografía imaginada.

Me recuerdo, de niña, en el instituto. Aburrida mientras la profesora explicaba la lección, yo me entretenía en mirar atentamente el mapa universal colgado (con doble finalidad decorativa y didáctica) en una de las paredes del aula.

Era un mapa eurocéntrico, en el que España y África ocupaban la franja central de una carta rectangular. Desde España hacia la derecha se desplegaban Europa y el mar Mediterráneo, con todos sus pequeños países, y en la parte inferior estaban representados los estados africanos, mucho más grandes, con sus extrañas fronteras rectilíneas, como si en África no hubiera accidentes naturales y los estados formaran un rompecabezas de piezas sólidas. Todavía más a la derecha, Asia se extendía en lo que parecía ser una llanura interminable; llanura surcada por las venas azules de largos río, en la que las gigantescas cordilleras asiáticas no estaban representadas, porque se trataba de un mapa político. La engañosa llanura acababa desflecándose en multitud de islas en el Extremo Oriente. Australia aparecía abajo, flotando en un mar azul, dibujada en un tamaño que creo que no hacía justicia a su grandeza.

A la izquierda de la península ibérica y de las costas orientales de África se extendía un amplio mar, solo levemente salpicado de algunas islas, y al otro lado de este mar emergía una América desproporcionada, en la que Canadá parecía ser tan ancha como África y México resultaba solo un poco mayor que España. Al otro lado de las costas orientales de América no había nada: solo un mar azul claro sobre el que flotaban las letras «Océano Pacífico» y en el que no parecía haber ninguna isla; la mayoría de las islas del mundo estaban a la derecha del mapa, en otro mar que, curiosamente, también se llamaba «Océano Pacífico». Así que, según aquel mapa, el mundo resultaba plano y rectangular (pese a que en clase de geografía nos insistían siempre en que la Tierra era redonda) y estaba enmarcado por dos extensiones de agua contrapuestas, una a la derecha y otra a la izquierda, que llevaban, las dos, el mismo nombre.

Pese a la desproporción de la proyección, que nos daba la imagen de un mundo en el cual nuestro país ocupaba el centro, una cosa resultaba evidente: los continentes parecían un puzle medio deshecho, en el que las piezas se encontraban separadas entre sí, pero aún podía verse cómo habían encajado antes. Desde Marruecos a Nigeria, África se combaba en una curva que podía encajar en el Caribe, mientras que Brasil cabía perfectamente en la concavidad que se extendía desde Nigeria hasta Sudáfrica. Por el este, Somalia y la India parecían dos colmillos a punto de cerrarse sobre la península de Arabia. Australia era una pieza suelta, pero si se la sometía a un giro de 90 grados, podía encajar entre la India, Ceilán y Tailandia, ocupando el hueco del golfo de Bengala.

Recuerdo haber comentado mi hallazgo a una compañera de clase, y las dos estuvimos de acuerdo: si uno miraba atentamente el mapa, unos continentes parecían encajar en otros.

A esa edad –unos trece o catorce años– nadie nos había hablado de la tectónica de placas ni de la deriva continental, ni por tanto nos había explicado que en tiempos todos los continentes estuvieron unidos en uno y todos los mares eran un mar único, ni nos habían dicho que a lo largo de millones de años fueron abriéndose grietas por las que el agua del único mar se colaba entre los territorios, creando nuevos mares (como el mar de Tetis, que dio origen al Mediterráneo), mientras los continentes se movían a la deriva sobre las aguas, no flotando suavemente como hojas o cortezas de árbol, sino violentamente arrancados por terremotos, erupciones volcánicas, derrumbes, inmersiones y emergencias violentas de tierra sobre el mar. Hubo mares que se vieron cortados por cadenas de volcanes que surgían de sus profundidades, fondos del océano que acabaron configurando las cumbres de las montañas. Hay fósiles de animales marinos en la cima del Everest, a más de ocho mil metros de altitud: hasta allá arriba se elevó el fondo del mar, mientras a su lado se derrumbaban montes.

También algunos mares quedaron soterrados. Restos de mares primitivos, de Panthalassa o de algunos de los mares que surgieron después, producto de la división de ese gran mar, permanecieron durante millones de años bajo tierra, ocultos bajo montes y campos de labor.

Lo que yo no sabía era que, casi cuarenta años después de aquel descubrimiento intuitivo de la deriva continental, iba a poder tocar la sal de uno de esos antiguos mares sumergidos.

Como una burbuja de aceite que, atravesando el agua de un vaso, asciende desde el fondo hasta la superficie, así ascendieron los materiales del viejo mar soterrado hasta las capas superficiales de la corteza terrestre. Fue, sin duda, un movimiento lento, no catastrófico, pero que implicó un gran desplazamiento de rocas. Las sales cristalizadas que se habían formado en el fondo de las antiguas aguas subieron muy poco a poco, creando una intrusión que flotó entre las rocas más pesadas que lo rodeaban. Se llama un diapiro, literalmente, «algo que atraviesa». Luego el agua de lluvia, al filtrarse a través de la tierra, fue disolviendo la roca salina y del suelo emergieron manantiales de agua salada en aquella comarca interior, muy lejos de la orilla del mar actual.

La primera vez que lo vi, caía ya la tarde. Estaba yo recién llegada a la ciudad del norte en la que pasaría dieciocho años de mi vida. Mis nuevos amigos, todos ellos compañeros de mi también nuevo trabajo, propusieron una excursión en coche para enseñarme la zona.

Volvíamos ya a casa cuando nos detuvimos un momento en la carretera que atravesaba un pequeño pueblo, Añana. Desde el margen de la ruta, a la luz incierta de un atardecer temprano de otoño, vi una serie de terrazas escalonadas en la ladera de los montes fronteros. Las terrazas no estaban excavadas en la montaña, sino apoyadas en ella, apuntaladas por lo que parecía un entramado de vigas de madera. Sobre el terreno aterrazado, desierto, no había cultivos, sino delicadas hojas de agua sobre las que se reflejaban los colores rojizos de un cielo poniente. Poco a poco el panorama fue oscureciéndose, como si estuviera iluminado por una de esas lámparas en las que se puede bajar gradualmente la luz. En pocos minutos, el valle quedó a oscuras y apenas era posible adivinar las vigas que sostenían las terrazas. En el paisaje solo quedaron los retazos de algunas láminas de agua, que todavía brillaban como pequeños espejos.

Pasé otras veces por el mismo sitio sin detenerme más que un momento. Cuando amigos o familiares venían a visitarnos, la obligada excursión por la comarca incluía siempre una breve parada idéntica: deteníamos un momento el coche en el margen de la carretera, bajábamos y desde la cuneta observábamos a distancia el valle salado de

Añana, que se extendía ante nosotros. No se podía entrar en él, solo verlo desde lejos, y, mientras mirábamos, contábamos siempre la misma historia: que aquellas salinas habían sido explotadas ya por los romanos hacía dos mil años. Lo decíamos mientras comprobábamos, visita tras visita, el efecto del abandono y el progreso de la destrucción: las salinas no se explotaban ya, las eras habían quedado abandonadas, y en cada nueva ocasión notábamos que la estructura de vigas de madera que sostenía las eras estaba cada vez más deteriorada, los pilares se vencían y las plataformas se desmoronaban, y las últimas veces parecía que con un solo soplo de aire toda la estructura podía derrumbarse ante nuestros ojos. Dos mil años de paisaje humanizado parecían abocados a la desaparición y al olvido.

Sin embargo, el valle salado de Añana se salvó *in extremis*. Se renovaron los pilares de madera y volvieron a explotarse las eras de la sal ya reconstruidas. Su explotación como salina no resulta rentable, pero a cambio sobrevive como atracción turística. En una visita guiada, vigilada, uno puede recorrer las terrazas a cielo abierto, ver cómo el agua de los manantiales llega a las eras por conducciones de madera (imposible utilizar materiales metálicos, porque la sal los corroe y los destruye, así que todos los caños y canales son de troncos, sobre los que con el tiempo se va depositando una gruesa y sólida capa salina). Algunos restaurantes exquisitos reservan una parte de la sal para sus cocinas escogidas y los visitantes pueden comprar pequeños paquetes de aquella sal que han visto nacer ante sus ojos. Porque, mientras subíamos y bajábamos por el laberinto de las terrazas, hemos observado cómo en la superficie del agua empezaban a formarse unas láminas sutiles y brillantes, como escamas de pez o lascas de mica: flor de sal.

VINO

Tendría yo doce o trece años y me mandaban mis padres a comprar vino a la taberna que había al lado de casa.

Nada más entrar estaba la barra en la que los parroquianos consumían de pie las bebidas y las tapas que las acompañaban. Se bebía sobre todo vino tinto, en vasos de cristal grueso (nunca en copas), pero también había una grifería que expendía cañas de cerveza de barril y vasos de vermú a granel, que podía tomarse solo o, más frecuentemente, amerado con un buen chorro de soda de sifón, que le daba un toque amargo y una alegría de burbujas. En torno a la barra, el suelo se veía tapizado de palillos de madera, cáscaras de las gambas a la plancha que los clientes pelaban con los dedos (entonces las gambas eran un aperitivo popular, que las familias tomaban en los bares), huesos roídos de aceituna y servilletas de papel; pero nadie parecía prestar atención a aquella alfombra de residuos, digna de una obra de *arte povera:* en aquellos tiempos, en los bares y tabernas, era habitual tirar al suelo todo lo que sobraba y solo de vez en cuando el dueño mandaba a un aprendiz que pasase la escoba para recoger el mullido tapiz de desperdicios.

El vino también se compraba a granel en un mostrador al fondo de la taberna, una zona más oscura donde había tres o cuatro grandes barricas de madera, cada una con un tipo de vino; los nombres o procedencias de los vinos estaban escritos con tiza sobre cada cuba, pero yo solo recuerdo el de Valdepeñas, que era el que me mandaban comprar.

Bajaba yo las escaleras de mi casa llevando en la bolsa de la compra el casco de la botella vacía, atravesaba los corros de hombres reunidos ante la barra, con sus vasos de vino en la mano, y en el mostrador del fondo un adolescente que debía de tener solo un par de años más que yo me atendía con una solicitud entusiasta que yo no entendía bien. A los doce o trece años yo ya tenía pechos, que se apretaban turgentes bajo mi ropa de niña.

Pedía un litro de Valdepeñas y el adolescente, poseído de una extraña euforia que no usaba con los demás clientes, colocaba un embudo de zinc en el gollete de la botella y la llenaba abriendo el grifo de la barrica para que manase un generoso chorro de líquido color de sangre que salpicaba espuma rosada. Mientras realizaba esta operación y después, mientras me cobraba las pocas monedas que costaba el vino, el tabernero adolescente no paraba de hablar y de gesticular; me gastaba continuas bromas, chanzas un tanto garrulas, imitadas sin duda de los hombres que bebían en la taberna, pero nunca groseras, inocentemente encaminadas a llamar mi atención con una torpeza que ahora me parece enternecedora. Yo no sabía qué responder y acababa poniéndome colorada, bajando la cabeza y marchándome enseguida, incómoda y violenta, mientras él se quedaba allí, riéndose no se sabía de qué; al tiempo que salía del establecimiento, notaba que me seguía su mirada atenta, escrutadora.

Por eso yo bajaba siempre de mala gana a la taberna. Hubiera preferido que mis padres no me mandasen nunca a comprar vino porque la actitud del muchacho –también casi un niño, como yo, pero sin duda más despierto, más urgido por la vida–, su incomprensible euforia al verme, sus bromas y sus risas me incomodaban sin saber por qué. No entendí lo que le pasaba hasta muchos años después, y aún me enternece pensar en aquel niño prematuramente convertido en hombre, que seguramente había empezado a trabajar despachando vino en la taberna a los trece o catorce años. A veces me pregunto qué habrá sido de él, si vivirá siquiera, y cómo lo habrá baqueteado la vida.

Todos, adultos y niños, bebíamos vino en la comida. No eran vinos elegantes y refinados, hechos con uvas seleccionadas y criados con mimo, como los que bebemos ahora, sino un vino áspero, que se compraba a granel y que a veces tenía un regusto a la pez con la que se calafateaba el interior de los pellejos de vino («este vino sabe a bota», decían los mayores) o al viejo roble de las barricas, rellenadas una y otra vez, y solía dejar en el vaso el residuo de un serrín oscuro. Tan rasposo al paladar que había que tomarlo mezclado con agua o, más frecuentemente, con gaseosa, convirtiéndolo en una especie de refresco que ahora se ha vuelto a poner de moda; lo llaman *tinto de verano* porque se considera una bebida veraniega, pero en mis primeros años, en las comidas populares, en las casas de clase media baja y en los restaurantes baratos se tomaba vino con gaseosa en todas las comidas de mediodía y en las cenas también, en invierno y en verano. Incluso los niños bebíamos ese brebaje al mismo tiempo agrio y dulzón, en nuestro caso el vino muy rebajado con gaseosa, con lo cual el líquido adquiría un fascinante color rosado surcado por burbujas de gas carbónico.

En Madrid se vendían sobre todo dos marcas de gaseosa, siempre en dura competencia: La Casera y La Revoltosa. Las dos venían en botellas de cristal transparente, con tapón de porcelana blanca y arandela de goma, que se cerraba con un cierre de aluminio que funcionaba como una palanca. En la botella de La Casera había pintada una orla en forma de escudo, coronada por una casita de tejado rojo cuyas ventanas hacían de ojos y cuya puerta era una boca que parecía sonreír; dentro de ese marco casi heráldico, se leía en letras blancas y rojas el lema «Gaseosa insuperable. La Casera es única».

La botella de La Revoltosa era verbalmente más sobria, pero iconográficamente más barroca; y, sobre todo, menos universal y más castiza. Sobre la botella, también en blanco y rojo, las letras anunciaban parcamente «Gaseosa de mesa La Revoltosa. Marca registrada. Madrid», pero la ilustración era mucho más exuberante y hacía uso de varios iconos de las esencias del casticismo madrileño, ya que incluía la representación de una imagen del oso y el madroño, un edificio arquitectónico que creo que quería parecerse a la ermita de San Antonio de la Florida en la que Goya pintó sus frescos con milagros del santo y, en primer término, la imagen de una chulapa ataviada como las modistillas madrileñas del siglo XIX, con su vestido de lunares ajustado de manera que le marcaba mucho el pecho y las caderas y se abría bajo las rodillas en un amplio volante, su pañuelo en la cabeza y sobre los brazos un mantoncillo de flecos que parecía manejar con arte, puesto que los flecos caían con gracia casi hasta sus pies. Se suponía que la imagen de la chulapa era la Revoltosa que daba nombre a la bebida y cuyo apelativo venía, a su vez, del título de una pieza del teatro musical español del siglo XIX: el sainete lírico *La Revoltosa,* de Ruperto Chapí.

Entre los partidarios de La Casera y de La Revoltosa

había una rivalidad tácita parecida a la de los forofos de los equipos de fútbol. En casa, nosotros, domésticos pero no castizos, éramos de La Casera.

Así que el sabor del vino estuvo en mi boca ya desde la infancia y aquellos caldos peleones me hicieron, desde mis primeros años, una niña mediterránea, acostumbrada a considerar el vino un ingrediente de la comida, un alimento más. Pero el vino de mesa no era la única bebida alcohólica que poblaba mi infancia.

A veces, cuando estábamos desganados, las madres nos daban un dedito de quina Santa Catalina, un vino dulzón y pegajoso, de graduación bastante alta y aromatizado además con corteza de árbol de quina, rico en quinina, un alcaloide usado para combatir el paludismo que, en dosis altas, puede producir deficiencias de audición, tinnitus, dolor de cabeza, ansiedad, náuseas y mareos.

El vino de quina, maternalmente administrado, nos producía enseguida un poco de sueño, y decían que abría el apetito y servía de reconstituyente; por eso se vendía bajo el lema comercial «Quina Santa Catalina: es medicina y es golosina». Luego, cuando la televisión llegó a nuestras casas, otra marca de vino quinado, también con nombre hagiográfico, la quina San Clemente, se anunciaba desde la pantalla con un spot protagonizado por un dibujo animado que representaba a un niño llamado Kinito, que cantaba una canción: «Sal al balcón / y echa un jamón. / Mira que viene Kinito. / Quiero comer, / quiero beber / y me muero de apetito.» Entre Santa Catalina y San Clemente se estableció, así, una batalla publicitaria para administrar alcohol y quinina a los menores.

Con frecuencia, los días festivos mis padres paraban un momento en la taberna a beber sendas cañas de cerveza con una tapa, y a mí me daban un vasito de vermú pequeño que parecía de juguete, con mucha soda; la cerveza la tomaban solo los mayores porque a los niños –que ya la habíamos probado antes de cumplir diez años– solía desagradarnos su textura y su sabor, esa espuma con regusto amargo.

Las mujeres mayores, las abuelas, bebían a veces después de la comida copitas de anís, que servía para combatir el dolor de tripa por sus virtudes carminativas. En verano nos daban lo que se llamaba «una palomita», que se hacía vertiendo un dedo de anís en un vaso y llenándolo hasta el borde con agua fresca, igual que beben el raki en Turquía o el ouzo en Grecia. El agua así alcoholizada quedaba turbia, de un tono blanco traslúcido como el ópalo; era como beberse, disuelta en agua, una piedra semipreciosa dulcemente anisada.

Los hombres solían beber coñac, que se anunciaba como recia bebida masculina en la recién estrenada televisión y en las vallas publicitarias, pero algunos consumían en las sobremesas unos jarabes empalagosos, supuestamente más suaves pero igualmente alcohólicos y propiciadores de trastornos hepáticos, como el Calisay, un licor de hierbas que venía en una bonita botella de color ámbar oscuro. Muchas veces nos daban a probar un poquito a los niños; nos gustaba porque nos recordaba la quina que nos daban las madres cuando estábamos inapetentes.

Por aquel entonces empezó a introducirse el whisky, pero los niños no lo probábamos. Al principio era una bebida de importación y, por tanto, considerablemente cara, lo cual contribuyó a que se convirtiese en un signo de estatus. Haber probado el whisky era, para los hombres de aquella clase media emergente, un signo de bienestar económico y de modernidad. Pero no era de buen gusto decir que les había agradado porque eso parecía un poco esnob.

Lo correcto en aquellos casos era decir que se había probado el whisky, pero que «sabía a chinches». Los niños escuchábamos a nuestros padres decir aquella frase enigmática, «el whisky sabe a chinches», y nos preguntábamos cómo era una chinche y cómo era aquel misterioso sabor que, al parecer, los insectos compartían con la nueva bebida alcohólica de moda, de la que todos hablaban. Y es que nosotros, miembros de las nuevas generaciones, nunca habíamos visto una chinche, pero nuestros mayores probablemente sí, tal vez habían compartido con esos parásitos las camas de las pensiones de posguerra en que se alojaron cuando eran muy jóvenes o los catres del servicio militar, y quizás los colchones achinchados tenían un olor especial, un olor que ellos creían reconocer en la bebida ambarina y seca que al principio se traía de Escocia y luego empezó a fabricarse, mucho más barata, en un pequeño pueblo de Segovia de aguas claras de montaña, en una fábrica fundada por un señor llamado Nicomedes. Nicomedes y su empresa Destilerías y Crianza (DYC) supusieron la democratización de aquella bebida antes inalcanzable, que poco a poco dejó de saber a chinches. Pero esa no, esa no era bebida para niños.

En los tiempos de la universidad, se estableció para las gentes de mi generación una tácita asociación entre vino y militancia política. Estábamos en los últimos años de la dictadura franquista y, ya desde finales de los años sesenta, algo, una inquietud política, un ansia de libertad, empezaba a moverse subterráneamente entre los jóvenes universitarios.

A la entrada de la Facultad de Filología, donde yo estudiaba, existía un chiscón en cuyo interior siempre había un retén de policía nacional, de *grises,* como los llamábamos por el color de su uniforme. Muchos bedeles eran policías o guardias civiles jubilados, que hacían la doble labor de conserjes y soplones, denunciando a la policía a los alumnos sospechosos de izquierdistas. Desde la conserjería y recorriendo los pasillos para hacer recados, estaban en una situación privilegiada para controlar quién entraba o salía (muchas veces había que enseñar el carnet de estudiante para poder entrar en la facultad). Las conferencias y los congresos estaban prohibidos porque implicaban una concentración de público, así que estudié cinco años de carrera sin asistir nunca a una conferencia en la universidad (sí que íbamos, en cambio, a las actividades culturales del Instituto Alemán, un resquicio de libertad). También estaban prohibidas las asambleas de estudiantes, de las cuales no obstante se celebraban varias cada semana, ocupando un aula grande que casi siempre era violentamente desalojada por los policías antidisturbios, que entraban en la facultad repartiendo golpes con sus largas porras de goma. No era raro que se produjeran cargas policiales en el campus, tanto por policías a pie como a caballo; normalmente, la carga se debía a un motivo tan fútil como que se había convocado una asamblea en alguna facultad, y ello era causa suficiente para que *los grises* alterasen el orden en todo el campus.

En ese contexto, muchas veces los amigos quedábamos para «ir de vinos»; es decir, nos reuníamos unos cuantos (podían ser tres o cuatro personas, rara vez más de siete u ocho) para, con nuestro magro presupuesto de estudiantes, recorrer dos o tres tascas del Madrid castizo, de los alrededores de la Plaza Mayor o la calle Echegaray, y beber en cada una de ellas un vaso de vino tinto barato y peleón, tan áspero al paladar como el vino de taberna que habíamos bebido desde niños, pero esta vez en ración para adultos, sin mezclarla con gaseosa. Ir de vinos era casi un ritual democrático, porque en esas reuniones itinerantes por tascas tradicionales, venerables y casi todas bastante mugrientas hablábamos de política. En el grupo siempre había un enterado, militante clandestino del prohibido Partido Comunista o de algún grupúsculo más a la izquierda, que nos adoctrinaba sobre el materialismo dialéctico mientras bebíamos aquel vino de taberna al que estábamos acostumbrados desde la infancia y que, en el fondo, no nos gustaba. Ir de vinos era tener amigos, hablar de política, aunque no tuviéramos ni idea porque nuestra formación política se limitaba a las clases de indoctrinación de la asignatura de Formación del Espíritu Nacional que nos habían impartido en el bachillerato profesores falangistas y a unas cuantas lecturas desordenadas de literatura izquierdista, leídas de extranjis en libros traídos de Francia, cuyas pastas envolvíamos toscamente con papel de regalo o de periódico para que no se viera la cubierta: el mostrar en público un libro prohibido podía costarte una multa gubernativa imposible de pagar con la economía familiar, y cuya alternativa eran unos meses de cárcel. Varios compañeros míos pasaron algún tiempo en el módulo de presos políticos de la prisión de Carabanchel por cosas así de tontas.

Así que, de mi adolescencia universitaria, recuerdo el vino, los vinos, el ir de vinos (un acto social que tenía su pequeña aura de clandestinidad), como una ventana que se entreabría hacia la libertad y hacia una nueva vida, apenas anunciada.

Llevaba poco más de un año dando clases en la universidad de aquella pequeña ciudad del norte. Varios profesores jóvenes fuimos, como de costumbre, al restaurante modesto en el que solíamos comer. Era una casa de comidas tradicional, con manteles pulquérrimos de cuadros y vajilla blanca de loza; la llevaban dos hermanos solo unos pocos años mayores que nosotros, que atendían el negocio con la alegría y la profesionalidad de quien se ha dedicado a la hostelería toda la vida y que servían comida casera como la que podría hacer una *amatxo* vasca. También la actitud de los hermanos hacia los clientes –preocupándose de si comían poco o mucho, de si les gustaba el plato o si preferían otra cosa, su forma generosa de servir los platos de cuchara– tenía algo de maternal.

Pero aquel día de octubre el restaurante estaba cerrado. En la cristalera de la puerta, un cartel manuscrito anunciaba «Cerrado por vendimia»; el cierre, la suspensión de la actividad hostelera en favor de la agrícola, iba a durar quince días, y yo me imaginé muy bien a los dos hermanos haciendo de vendimiadores con el mismo garbo con el que atendían las mesas.

En octubre, los viñedos de La Rioja, vistos desde lejos, parecen estar en llamas.

Como siempre en la naturaleza –incluso en la naturaleza domesticada, como son los viñedos– el cambio empieza de forma sutil, casi imperceptible. Sobre la tierra parda destacan bien las hileras de las cepas llenas de hojas verdes, perfectamente alineadas; entre hilera e hilera transitan senderos que se amoldan suavemente a las ondulaciones del paisaje. Las vides y la tierra forman líneas paralelas interminables que, adaptándose al terreno, suben y bajan collados.

Apenas se nota, pero aquí y allá empiezan a amarillear algunas hojas entre los sarmientos. En pocos días, las hojas amarillas llegan a ser muchas, y toman color cadmio. Del cadmio claro, verdoso, van virando hacia un tono más oscuro, y luego al anaranjado y al rojo. Pero como cada cepa lleva su propio ritmo, no todas las hojas viran de color por igual ni al mismo tiempo; los tonos más amarillentos y los más rojizos conviven en el mismo paisaje durante unos días, y entre ellos los racimos de uvas amoratadas dan la impresión de ser la zona oscura de una llama. Las líneas del paisaje siguen siendo igual de suaves y serenas, como los surcos de un jardín zen, pero un fuego interior lo sacude sin violencia.

Los viñedos, un paisaje humanizado y también, a veces, un paisaje humanístico.

Habíamos ido a pasar el fin de semana a Burdeos y, desde la ciudad, decidimos hacer una escapada a Saint Michel de Montaigne para visitar el castillo en el que Michel Eyquem, señor de Montaigne, escribió sus *Ensayos.* El castillo actual se construyó en el siglo XIX, pero aún quedan en pie algunos vestigios de lo que fue el primitivo: el muro perimetral con su adarve; la barbacana de doble puerta, construida en ángulo para que los posibles atacantes quedasen atrapados entre una puerta y otra si pretendían entrar en tropel; y, sobre todo, la vieja torre, donde aún existen las estancias de la biblioteca, el estudio, el dormitorio y la capilla del señor de Montaigne.

Una humedad de siglos impregnaba los muros, y entre las vigas de la biblioteca, decoradas con máximas de sabiduría, revoloteaba un pajarillo, apenas un volantón que se había colado no se sabía por dónde y que al percibir nuestra presencia voló aturdido hasta desaparecer por un hueco del techo. Montaigne nunca quiso tener chimenea en aquella estancia por temor a que ardiesen sus estimados libros, que formaban una colección excepcionalmente rica y bien surtida para su época. Así que el frío que percibimos quizás estaba ya allí en el siglo XVI, cuando Michel Eyquem recorría con sus pasos una y otra vez el suelo de baldosas rojas, paseando por la estancia como forma de estimular su imaginación mientras pensaba sus ensayos. De vez en cuando, miraría hacia el techo para inspirarse en las glosas de sabiduría allí escritas; porque cada una de las vigas, encaladas de blanco –aquellas por entre las que ahora aleteaba el pájaro aturdido–, tiene escrita en su parte inferior un dicho o sentencia, la mayor parte de ellas en latín, algunas en griego. Así, el techo se convierte en una plana pautada en la que cada línea –cada viga– contiene una máxima.

La posición en que las sentencias se encuentran nos da una idea del sentido de las vueltas del Montaigne por la habitación: no es verosímil que anduviese desde aquí hacia allá, porque entonces vería todas las máximas al revés, con las letras cabeza abajo; así que su itinerario cotidiano, de león sabio que da vueltas en su propia jaula para inspirarse, debió de ser de allá para acá, siguiendo el sentido que le permitía leer las frases en la posición correcta. Y nosotros, sin apenas darnos cuenta, reproducimos sus movimientos dentro de la estancia, recorriendo con la vista las frases griegas y latinas en el mismo sentido en que él las recorría, y nuestros pasos siguen sus pasos, sin verlos, pero intuyéndolos, guiados por las mismas sentencias de Cicerón, de Lucano, de Platón o de Séneca que Michel Eyquem leía aquí mismo hace más de cuatrocientos años. Con la cabeza alzada hacia el techo, pisamos sobre sus huellas invisibles. *«Homo sum; humani nihil a me alienum puto»:* soy un hombre y nada de lo humano me es ajeno, dice una de las frases.

Cuando salimos de visitar la torre, dimos una vuelta alrededor del castillo moderno y de su recinto. En un campo de trébol pacían tranquilamente un burro enorme y un poni, y el caballito acudió hacia nosotros con un trote alegre, hasta detenerse a una distancia prudencial de la cerca electrificada. Nunca sabremos el porqué de su alegría al ver a unos desconocidos, ni qué esperaba de nosotros.

Desde lo alto del farallón sobre el que se levanta el castillo se extendía a nuestros pies el paisaje de la Dordoña como un mar en calma. En los viñedos interminables, las vides se alineaban cuidadosamente, como si las acabasen de peinar. De vez en cuando, el viñedo se interrumpía con la mancha de un bosquecillo de árboles de hoja caduca, ya medio desnudos por el otoño.

En tiempos de Montaigne existían ya estos viñedos, aunque quizás eran más reducidos y mayor la extensión de los bosques. Por este paisaje humanizado se pasearon también los ojos de Michel Eyquem y al ver las vides sentimos la misma emoción que al leer las sentencias griegas y latinas que, como las cepas en surcos de los viñedos, se alineaban en orden perfecto en las vigas de la biblioteca.

En casa poníamos el nacimiento en Navidad. Primero, había que escoger una mesa adecuada y arrimarla a la pared. El tablero se forraba con un hule y las patas se ocultaban poniendo delante una colcha o unos pliegos de papel de regalo ilustrados con motivos navideños (estrellas, copos de nieve, ramas de acebo o angelitos con alas de purpurina). Sobre el papel esparcíamos una generosa capa de serrín que olía a madera fresca y que imitaba la tierra de Belén. El pesebre estaba en un alpendre de cartón abierto a tres vientos, que imaginábamos frío e inhóspito para el mes de diciembre. Por eso era muy necesario que la mula y el buey calentasen con su aliento al Niño Jesús desnudito, apenas cubierto con un pañal, que, con las manos juntas en ademán de oración, tiritaba –o imaginábamos que tiritaba– entre las pajas de su cuna improvisada. María y José, en actitud de admirada adoración, se inclinaban hacia el milagro que acababa de producirse (el milagro de que aquel niño fuese Dios, o que Dios fuese aquel niño) mientras un ángel revoloteaba sobre la techumbre del alpendre exhibiendo una filacteria que, en letras doradas, proclamaba *«Gloria in excelsis Deo»*.

El grupo de María, José y el Niño (lo que solía llamarse «el Misterio») quedaba, no obstante, un poco ladeado en el paisaje, situado en primer plano pero en uno de los laterales de la escena. El resto de la panorámica estaba ocupada por la vida cotidiana de la ciudad de Belén, que seguía con sus rutinas, indiferente al milagro recién producido. Es verdad que un grupo de pastores había interrumpido un momento sus tareas (uno esquilaba una oveja, otro tocaba el caramillo, el tercero parecía ocupado en cocer unas gachas) para adoptar una actitud de reverente sorpresa ante el anuncio de otro ángel que sobrevolaba la majada, indicándoles que debían dirigirse hacia el pesebre llevando sus humildes ofrendas; algunos pastores, sin duda avisados antes, habían llegado ya al pie de la cuna del Niño y depositaban allí, reverentes, un tarro de miel, un queso, una cántara de leche.

Pero, por lo demás, la vida seguía su curso en aquella noche de diciembre en Belén. Una ciudad insomne (¿o es que había amanecido ya?: las estrellas de escarcha que tachonaban el papel del cielo parecían desmentirlo), en la que las ovejas seguían paciendo, y los bueyes araban un campo, y en un mercado se vendían hortalizas, pollos y piezas de carne, mientras los caminantes bajaban por las laderas de las montañas hechas de corteza de alcornoque nevadas con harina de amasar. Un alfarero seguía trabajando en su torno y un carpintero cepillaba un madero y las lavanderas golpeaban la ropa sobre las piedras del río, usando tablas de lavar y palas de madera. En una casa, un hombre arremangado y descalzo, sumergido hasta las rodillas en un barreño de duelas marrones, parecía tener las piernas ensangrentadas: estaba pisando uva en un lagar. Las uvas debían de ser muy negras porque el mosto se mostraba muy rojo, denso como el barro –pues de barro estaba hecha la figurita–, y del fondo del lagar salía un pequeño arroyo de color vino tinto.

Yo sembraba el campo y las montañas de ovejas blancas, de patitos amarillos y de ocas color gris, ponía en algún sitio a la cerda recién parida y sus seis lechones y, cuando ya estaba todo listo, les preguntaba a mis padres por el sentido de cada una de las figuritas del belén: por el soldado que hacía guardia ante el castillo medieval de cartón donde vivía Herodes, por los Reyes Magos que bajaban del castillo –se ve que habían visitado a Herodes antes de dirigirse a Belén– con sus camellos y sus caballos y sus pajes que iban a pie, incongruentemente vestidos de oro y seda para el largo camino. Y también por los hombres y mujeres que, ajenos al milagro, hacían sus tareas o ejercían sus oficios para ganarse la vida. Y mis padres, pacientes, me lo iban explicando todo figura por figura, y al llegar a la del hombre de las piernas color sangre me explicaban que pisaba la uva descalzo para sacar el mosto y hacer el vino, y a mí me parecía aquello un poco antihigiénico, eso de con los pies desnudos pisar algo que después iba a beberse, pero no decía nada; igual que los pastores quedaban atónitos y suspensos ante la aparición del ángel en mitad de la noche oscura, yo quedaba suspendida de aquellas palabras nuevas, que servían para designar cosas que nunca había visto en la realidad, que solo estaban en el milagro de Belén: lagar, pisador, mosto, orujo, cuba, barrica, tinaja.

«¡No vais a dejar títere con cabeza! ¡Sois como la filoxera!», nos decían nuestras madres cuando, jugando, rompíamos o estropeábamos algo.

Y nosotros entendíamos muy bien lo de no dejar títere con cabeza porque habíamos ido algunas veces al teatrillo de títeres del parque del Retiro donde, tras un tablado de madera, una compañía de titiriteros representaba obras infantiles con marionetas de guante, de esas que solo tienen cabeza y manos de cartón. Así que no dejar títere con cabeza era fácilmente comprensible: como si les cortásemos las cabezotas a aquellas marionetas y el guante que las movía se quedase solo con las manos, paseando descabezado por el fingido escenario de cartón.

Lo de la filoxera, sin embargo, resultaba más difícil de entender. Intuíamos que la filoxera debía de ser algo muy destructivo, que culminaba el proceso de devastación iniciado al cortarle la cabeza a los títeres. Un ente sin duda maligno contra el que no cabía resistencia posible y a cuyo paso no quedaba nada incólume. Pero éramos incapaces de imaginarnos su forma física, que suponíamos terrible y gigantesca.

Solo años después la vi representada en un libro ilustrado de ciencias naturales. No era un monstruo enorme, sino un pequeño insecto de apariencia inofensiva; de joven, apenas era como un pulgoncillo verde, de cuerpo acorazado. El ejemplar adulto se asemejaba a una mosca grande o quizás a una avispa de largas alas. Había también otra fotografía, cuyo pie decía «hoja de vid atacada por la filoxera», y que mostraba una hoja verde de aspecto grumoso, cubierta de excrecencias o agallas de color amarillo claro. La imagen de una catástrofe que arrasó los viñedos de media Europa.

Leí en aquel libro que el pequeño insecto existía ya en las vides de América del Norte y llegó escondido en unas vides importadas desde allá, unas variedades que se trajeron a Europa porque eran resistentes a otra plaga habitual de la vid, el hongo llamado oídio, que cubre las hojas de un polvillo blanquecino hasta secarlas. Así que para combatir un hongo se importaron cepas que trajeron un insecto mucho peor, una plaga que se extendió desde Francia y Austria hacia viñedos del sur y del oeste, hasta Portugal o Málaga, arrasando a su paso los campos fértiles de Cataluña, La Rioja y Castilla. En cosa de cuarenta años, desde 1870 hasta 1910, la filoxera dejó prácticamente sin viñedos Europa. Los vinos del Ampurdán y el Penedés, de La Rioja y Navarra, de Galicia, de la Ribera del Duero, de La Mancha, de Valencia, de Andalucía, estuvieron a punto de desaparecer. Costó décadas replantar y restituir los viñedos con cepas nuevas, no afectadas por la plaga y resistentes a ella. En otros lugares, nunca más volvieron a plantarse vides; por eso hay tantas avellanas en la comarca de Reus, porque las cepas muertas se sustituyeron por renuevos de avellanos.

Y así entendí por fin aquella frase con la que las madres nos regañaban cuando, de niños, hacíamos alguna travesura de consecuencias catastróficas.

El vino estuvo presente en nuestra infancia: en la mesa de la comida cotidiana (no solo en la de fiesta) y también en la mesa del Señor.

Desde muy pequeños, nuestros padres nos llevaban a misa los domingos y esa misa dominical constituía un ejercicio de disciplina muy conveniente. Durante la misa, muchas veces un bebé se impacientaba (tenía hambre, o calor si era verano, o frío en la inhóspita iglesia sin calefacción en invierno, o había ensuciado los pañales y se encontraba incómodo) y echaba a llorar en mitad de la ceremonia. Pero los demás niños, los que no éramos niños de pecho, los que teníamos más de dos años, nos acostumbrábamos a estar quietos y en silencio en el ambiente denso de la iglesia atestada, mientras el cura, revestido con ornamentos de sedas de colores (un color para cada tiempo del año litúrgico) con bordados de oro y plata, recitaba en latín palabras ininteligibles y hacía gestos de una coreografía sagrada para nosotros incomprensible, algunos de los cuales eran imitados por el conjunto de los fieles: ahora había que levantarse, ahora que arrodillarse sobre el reclinatorio duro del banco de madera, ahora podía uno sentarse un ratito.

Uno de los gestos consistía en echar en una copa que sabíamos que se llamaba cáliz un líquido oscuro al que se añadían unas gotitas de otro líquido transparente. Desde muy pequeños, nos explicaron que el líquido era vino, al que se añadía solo un poco de agua, y que las palabras dichas por el sacerdote sobre esa mezcla de vino y agua obraban un milagro, convertían aquel vino en algo sagrado.

Poco después el sacerdote comía la hostia de pan que había consagrado y bebía el vino del cáliz hasta apurarlo. Pero los fieles que se acercaban luego a comulgar no bebían vino, solo tomaban el pan (pan ácimo, nos decían, sin levadura). Así que, en el fondo, considerábamos el vino un poco menos sagrado que el pan.

Alguna vez, cuando éramos algo mayores, un sacerdote amigo nos dejó probar en la sacristía el vino de misa (por supuesto, sin consagrar). Era denso y dulzón como la Quina Santa Catalina que nos daban nuestras madres de pequeños para abrirnos el apetito, pero creo que no tenía quinina.

FUEGO

La comida se ha enfriado en el breve trayecto desde la tienda a mi casa, así que necesito calentarla antes de empezar a comer. Podría hacerlo en el microondas, pero prefiero usar un método más tradicional, así que vierto la sopa del recipiente de plástico en un cazo, y pongo los otros dos vuelcos del cocido (las verduras y legumbres, las carnes) en una pequeña cazuela. Con un solo dedo, acariciando apenas la superficie pulida de la placa vitrocerámica, selecciono los fogones que voy a utilizar y la intensidad del calor y, como por arte de magia, la comida empieza a calentarse sin fuego.

Como por arte de magia, sí. Una magia tecnológica a la que estamos tan acostumbrados que ni percibimos siquiera. La electrónica rige nuestros más pequeños gestos, cubre nuestras necesidades fundamentales y también otras superfluas. La calefacción se pone en marcha sola, a las horas que yo he programado, cuando un sensor detecta que la temperatura de las habitaciones ha bajado con respecto a un valor que yo misma he establecido; no necesito, por tanto, encender el fuego del hogar, prender la lumbre. Tampoco lo hago para guisar o calentar la comida. Ni caliento el agua de fregar los platos (lo hace el lavavajillas, como parte del programa que elijo), ni la que uso para lavar la ropa (que también se calienta sola en el interior de la lavadora). El agua de la ducha sale también a la temperatura, fría o caliente, que escojo.

En mi primera niñez, todas esas tareas requerían un animado trasiego de grandes perolas en las que se calentaba el agua en el fogón de la cocina, para verterla después en la pila de fregar los platos que servía también de lavadero, o en los grandes barreños de zinc donde se bañaba toda la familia. En mi casa había agua corriente, como en todos los pisos de la ciudad, pero no existía un sistema centralizado para calentar el agua, así que la obtención de agua caliente implicaba un uso constante del fuego dentro de nuestras casas, unas casas antiguas construidas con vigas de madera, llenas de materiales combustibles.

Hace falta ser muy valiente para acercarse al fuego. Todos los animales huyen de ese elemento devastador e imprevisible, capaz de envolverte en segundos sin que te des cuenta. Siendo yo muy pequeña, estuve a punto de morir abrasada.

Creo que ni siquiera iba al colegio, así que debía de tener tres o cuatro años. Desayunaba en el soleado comedor de casa, sentada ante una mesa camilla ante el balcón. Debía de ser un día de invierno, porque bajo las faldas de cretona de la mesa camilla había un brasero encendido. En la alcoba cercana, mi madre hacía la cama. Y, de repente, me vi envuelta en algo raro, fulgurante, inexplicable y peligroso. Grité, llamando a mi madre, y ella, con la intuición de las hembras que ven en peligro a su cría, acudió corriendo con una manta de lana entre las manos –la manta que estaba colocando en la cama–, me envolvió en ella, me sacó del torbellino de luz y calor, me depositó en el suelo a unos metros y, a golpes de manta, logró sofocar el fuego. Quedó en la casa entera un olor acre a quemado: el de las faldas de la mesa camilla que habían ardido, el de la madera churrascada de las patas de la mesa, el de la manta chamuscada con la que mi madre había conseguido apagar las llamas. Mi única preocupación al ver aquel incendio que estuvo a punto de costarme la vida era que no se hubieran quemado las galletas maría del desayuno. Sobrecogida por el susto y la sorpresa, creo que ni siquiera lloré.

El fuego era, pues, un elemento cotidiano en nuestra vida doméstica. Así que no eran raros los accidentes, las quemaduras, la comida que se agarraba al fondo de la cazuela, las cosas que ardían. Vivíamos, niños y mayores, rodeados de peligros, manejando con naturalidad un elemento arriesgado que podía, por un simple descuido, arrasar nuestra casa o quitarnos la vida.

Qué valor y qué arrojo el de los primeros homínidos que lograron domesticar el fuego. Domesticarlo, es decir, hacerlo doméstico, de casa. Capturarlo, guardarlo, custodiarlo en sus precarias viviendas, controlar que no se desbocase.

El fuego, naturalmente, estaba ahí, en la naturaleza. Los rayos caían y prendían la madera muerta de los árboles, desde los cuales se extendían incendios devastadores. Todos los animales huían, incluidos aquellos primeros antepasados nuestros, que todavía no eran seres humanos; homínidos, antecedentes de los hombres. Pero hubo alguien que no huyó, que se acercó con curiosidad y miedo a los últimos restos de un fuego espontáneo; que comprobó que el fuego no solo quemaba, sino que también calentaba en las noches de invierno. Que servía para ahuyentar a otros animales, más temerosos, menos hábiles en el manejo de las llamas. Que podía usarse, a condición de tenerlo controlado.

El fuego servía además para comer. Acercando la comida al fuego, se producía algún cambio: la comida resultaba más fácil de comer y de digerir, más fácil de conservar también, porque la carne asada se corrompe con más lentitud que la carne cruda. El fuego podía matar, pero podía ayudar a preservar y prolongar la vida.

Decenas, quizás cientos de miles de años después, cuando los homínidos eran ya hombres, poseedores de pensamiento, capaces de la abstracción y de concebir la existencia de mundos invisibles, trascendentes, cayeron en la cuenta de que el fuego era un dios y de que los hombres, poseyéndolo y dominándolo, se asemejaban también a los dioses. El fuego solo podía ser un bien divino.

Conquistarlo, sin embargo, tenía su precio y su castigo. Prometeo, el gigante amigo de los hombres, robó para ellos el fuego de los dioses. Se sirvió para ese fin de una cañaheja, un arbusto propio del ámbito mediterráneo –en la mitología griega, todos los grandes avances de la humanidad provienen de las riberas del Mediterráneo, el mar conocido y navegado–, porque sus ramas arden despacio. Así que gracias al uso del tallo de la cañaheja (y no, por ejemplo, de un manojo de paja o de una gavilla) Prometeo tuvo tiempo de bajar del Olimpo manteniendo encendido el fuego que había robado a los dioses y dárselo a los hombres.

El robo merecía un castigo, tanto para los hombres como para el gigante ladrón. Para los hombres, todo tipo de males; para el gigante, una tortura eterna.

El castigo para los hombres requirió de una estratagema retorcida: Epimeteo, un gigante hermano de Prometeo, tenía a todos los males posibles encerrados en el interior de un ánfora. Los dos hermanos, Epimeteo y Prometeo, no sabemos si eran gemelos, pero sí que llevaban nombres complementarios, que se contraponían el uno al otro: Prometeo significa algo así como «previsor, prospector, el que mira para adelante, el que se anticipa a las cosas», mientras que el nombre de Epimeteo quiere decir justamente lo contrario, «el que reflexiona más tarde, el de pensamiento retrospectivo, el tardío». Los dos hermanos, el que miraba hacia el futuro y el que miraba (demasiado tarde) hacia el pasado, cambiaron significativamente el destino de la humanidad. Porque Zeus, el padre de los dioses, fabricó una mujer de barro, a la que llamó Pandora, y se la dio a Epimeteo por mujer; Epimeteo advirtió a Pandora que no se le ocurriese abrir el ánfora (algunos dicen que era una caja) en la que estaban guardados todos los males y desgracias posibles; mientras la caja no se abriese, no habría mal en el mundo. Pero Pandora, aunque hecha de barro, tenía uno de los defectos que se atribuyen tópicamente a las mujeres: la curiosidad. Así que pensó que no pasaba nada por levantar un poquito la tapa del ánfora o de la caja aquella prohibida, la que no se podía abrir; abrirla un poco era casi como no abrirla, total nadie iba a enterarse. Ella no sabía, no imaginaba siquiera, que los males son rápidos y sutiles, y por una pequeña rendija, apenas entreabierta, pudieron escapar todos y distribuirse por el mundo. Y ese fue el castigo de los hombres por tener el fuego: todos los males y desgracias posibles, lo cual indica lo importante que era el fuego para aquellos dioses que querían tener la exclusiva de las llamas.

El castigo de Prometeo, el gigante generoso con la humanidad, fue cruel y despiadado: Zeus mandó que lo encadenasen en lo más alto de la cordillera del Cáucaso; allí acudía todos los días un águila a devorar, en vivo, el hígado de Prometeo. Si el gigante hubiera sido un simple mortal, hubiera muerto el primer día; pero Prometeo tenía una ventaja que en este caso era un inconveniente, y es que era inmortal. Así que cada día el águila le abría las entrañas con el pico, devoraba su hígado y echaba a volar;

por la noche, el hígado inmortal se regeneraba y al día siguiente empezaba de nuevo el tormento del gigante bueno, que sentía sus entrañas desgarradas por el pico de un ave rapaz. Y así día tras día, para purgar un pecado imperdonable: haberles dado a los seres humanos el fuego, un tesoro de los dioses.

En mi casa no hay fuego, así que no hago uso del regalo de Prometeo. Es más, ni siquiera podría encender fuego si quisiese, ya que no tengo los elementos necesarios: la cocina es vitrocerámica, así que se calienta con electricidad; nadie fuma y tampoco soy aficionada a encender velitas como elemento decorativo. También decorativa es la chimenea que hay en el salón de otras casas, un hogar fingido, que permite revivir la atmósfera cálida y olorosa a humo de leña de los hogares de verdad, de los fuegos con los que cocinaba, se calentaba la familia y junto a los que se ponía a secar la ropa: el lar; pero mi casa incluso carece de ese elemento. Así que no hay aquí ni cerillas ni mecheros con los que reproducir aquel fuego que bajó del Olimpo prendido en una cañaheja, ni tampoco combustible adecuado: ni la leña de los hogares rústicos y de las chimeneas domésticas que pretenden imitarlos, ni el carbón que se usaba en los fogones de mi niñez, ni siquiera el gas con el que cocinamos años después. Únicamente una llamita se prende sola de vez en cuando, obedeciendo a un impulso eléctrico, y arde encerrada en la carcasa de la caldera de la calefacción, sin que yo tenga ningún acceso a ella. Es una llama que actúa por su cuenta, sin que yo la mire ni la manipule, un fuego encerrado y seguro.

Todo lo seguro que puede ser el fuego, ese elemento devastador que es la esencia del hogar.

El primer fuego doméstico que recuerdo es el del fogón de la cocina de casa de mis padres. Un fogón de mampostería, recubierto de azulejos blancos que adquirían una tibieza casi animal cuando el fuego estaba encendido. En él estaba encastrada una cocina económica de hierro negro (que algunos también llamaban *bilbaína,* seguramente porque la mayoría de ellas se fabricaban en las ferrerías de Bilbao), con dos fuegos. Cada uno de esos fuegos se cubría con anillos de hierro fundido, dispuestos concéntricamente de manera que encajaban uno dentro de otro y, retirando uno o varios anillos, se obtenía un fuego más abierto o más cerrado, con lo que variaba la intensidad del calor que llegaba al fondo de las ollas y perolas.

Encender aquella cocina era una tarea laboriosa que debía hacerse al principio de la mañana. Con la cocina fría, se retiraban primero las cenizas del día anterior, que se habían acumulado en un cajón inferior que se llamaba cenicero. Luego se quitaban las anillas concéntricas que cubrían el mayor de los fuegos y se iban arrojando, por su orden y con calma, papeles de periódicos prendidos con una cerilla, astillas de madera, y cuando la madera había prendido, se echaba un poco de carbón y se esperaba a que se hiciera brasa, lo cual llevaba un poco de tiempo. Al cabo de un rato, sobre las brasas se añadía más carbón, que se removía con un gancho de hierro para que se airease y prendiese mejor.

Durante la operación, había que tener cuidado de que el tiro de la chimenea estuviese abierto (se abría con una llavecita que había en la pared, a un lado de los fogones) porque, si no, el humo salía por la primera vía que encontraba y se ahumaba toda la cocina (e incluso se podía asfixiar toda la familia, sobre todo teniendo en cuenta que muchas de las cocinas de entonces carecían de ventanas).

Toda la operación de encendido podía requerir una

hora (dependía de las condiciones y de la calidad del carbón), pero a partir de entonces la cocina era una estancia cálida, se podía guisar y en el calderín situado a un lado de la bilbaína se calentaba un poco de agua.

Así, de esa manera trabajosa, había guisado mi abuela durante toda su vida. Mi abuela, que venía de un pequeño pueblo de la meseta castellana y para quien la cocina económica seguramente supuso una innovación, un avance, una comodidad urbana en comparación con los hogares de fuego a tierra que solía haber en las viviendas rurales, mucho más difíciles de encender, más peligrosos e incómodos porque obligaban a guisar en cuclillas o sentada en un poyete o en un banquito bajo junto al fuego.

A mí, de niña, me fascinaba la ceremonia de encendido de la cocina económica y procuraba arrimarme para ver, por el agujero todavía abierto del fogón, el pequeño infierno de llamas que iba formándose en el interior. Pero mi madre me regañaba, en parte por el peligro que suponía asomarse al fuego y en parte porque ella misma se ponía de mal humor con todo el proceso. Era ya una mujer de otra generación, más moderna y deseosa de comodidades, que aspiraba a una vida práctica, más cómoda y menos sacrificada que la de las mujeres que la habían precedido. Le irritaba esperar el lento prender de las llamas en los primeros pedazos de carbón, no le daba la paciencia para aguardar hasta que se formase brasa y a veces, deseando acabar cuanto antes, echaba el resto del carbón antes de tiempo, ahogando el fuego; entonces había que empezar todo desde el principio. Intuyo que para ella la ceremonia de encender la hornilla había adquirido el carácter de un símbolo, de un yugo que la uncía a las tareas domésticas inútilmente laboriosas, un yugo del que deseaba liberarse. En cuanto pudo, dejó de usar el fogón y empezó a guisar en dos hornillos de queroseno que apestaban toda la casa a gasolina; y luego le pidió a mi padre que comprase una de las primeras cocinas de butano del barrio.

Pero a mí, que nunca tuve que trabajar para encenderla, la cocina económica me parecía fascinante, un pequeño volcán activo dentro de casa, y los fogones abiertos eran como cráteres a los cuales podía uno asomarse para ver la erupción. Además, la cocina tenía una chimenea, un grueso tubo metálico cuyo tiro subía por la pared para perderse en el techo y, atravesando las casas de los vecinos que vivían en los pisos de arriba, emerger como un periscopio en el tejado. Si uno iba por la calle y miraba hacia arriba, siempre, en algún tejado, había alguna chimenea de cuyo sombrerete salía una alegre nubecilla de humo; por eso, cuando en el colegio nos pedían que dibujásemos una casa, la pintábamos siempre con una chimenea humeante que era el símbolo del hogar, indicio de que bajo la protección de nuestras casas dibujadas vivía gente: no sale humo de las casas deshabitadas.

Además, la cocina económica provocaba todos los años otro motivo de diversión: la visita de los deshollinadores, a los que en nuestro barrio llamábamos fumistas. «Mañana vienen los fumistas», decía mi madre. Y, en efecto, al día siguiente aparecían en casa dos hombres renegridos, vestidos con ropas viejas salpicadas de ceniza, con los rostros y las manos tiznados como si hubiera querido disfrazarse de Baltasar para la cabalgata de los Reyes Magos. Traían instrumentos inquietantes: una escobilla y un escobón y una larga sonda de cable metálico, que hacían pasar por el tiro desde un piso a otro, provocando una lluvia de ceniza y carbonilla. A los fumistas, cuando acababan su trabajo, además de pagarles se les daba una propina, que solía consistir, muy adecuadamente, en un cigarro puro: más humo para los que del humo viven. Como mi padre no fumaba habanos, solía guardar para los fumistas los cigarros que se regalaban en las bodas, así que los deshollinadores se beneficiaban de todos los desposorios de la familia y de los amigos.

Otra cosa era cómo el carbón llegaba a nuestras casas. En todos los barrios había una carbonería, un local sin puertas, abierto a la calle (por la noche se cerraba con una persiana metálica), oscuro y renegrido como la mercancía que se vendía en él. Apilados en el suelo se veían montones y montañas de carbón de distintas clases y también había pilas de astillas de madera que servían para encender la lumbre. El carbonero era siempre un hombre forzudo y tiznado, vestido con un mono de trabajo o, más frecuentemente, con ropas viejas como los fumistas, sobre las que solía ponerse una manta o una prenda fuerte de abrigo, porque en la carbonería sin puertas se colaba todo el frío del invierno.

A veces, los carboneros repartían por las casas, subiendo a hombros los sacos o los serones de esparto por las escaleras empinadas. Otras veces eran los vecinos los que acudían a la carbonería con una espuerta para que les vendiesen el carbón al peso. En mi casa, el carbón, las astillas y los papeles de periódicos se almacenaban en la carbonera, una especie de armario de puertas de madera que había en la parte baja del fogón, junto a la cocina económica.

Ocultas en el carbón venían muchas veces unas cucarachas terroríficas, enormes, de un negro brillante que las hacía mimetizarse con el combustible. Anidaban en la carbonera, cómodamente abrigadas por el calor de la cocina, y allí se reproducían con entusiasmo. Durante el día solían permanecer ocultas, pero si por casualidad nos levantábamos de noche para ir a la cocina a beber un vaso de agua, cuando encendíamos la luz las sorprendíamos huyendo en todas direcciones, para desaparecer, sabias, en los resquicios más inaccesibles. De vez en cuando, mi madre espolvoreaba el suelo de la cocina con unos productos que olían penetrantemente a ácido bórico y se llamaban Cucal o Cuchol, algo que sonaba a gentilicio de cucaracha. Al pasar por delante de muchos portales del barrio se percibía el mismo olor: era que la portera del inmueble perseguía con los mismos métodos que mi madre a las cucarachas, que se colaban por todas partes. Cuando, siendo yo una niña de diez años, mis padres reformaron la cocina y se decidieron a quitar la bilbaína ya en desuso y demoler el fogón, una plaga de cucarachas negras y gruesas invadió toda la casa, y tardamos varias semanas en exterminarlas. Desde entonces, las cucarachas habitaron también mis pesadillas y muchas veces me despertaba sobresaltada: había creído sentir sobre la piel la carrera alocada de un insecto.

Nunca pensábamos en la historia de trabajo y sufrimiento que precedía a aquellos serones de esparto llenos de carbón para la lumbre.

Sí que veíamos, en las fotografías de los periódicos o en reportajes del NODO, las imágenes de los mineros del carbón: hombres vestidos con monos de trabajo o con ropas viejas, algunos picadores trabajando con el torso desnudo. Los focos o los flashes de las cámaras resaltaban sus rostros tiznados sobre el fondo negro brillante de las galerías de la mina; en el casco llevaban una lámpara para iluminar su trabajo, un trabajo duro, consistente en arrancar a golpe de pico la hulla, de antracita o de lignito, que se formaron a lo largo de milenios en las entrañas de la tierra. En la mayoría de las fotos los hombres posan serios, solemnes, sin ganas de sonreír.

En los reportajes veíamos también a los mineros en movimiento: cómo se dirigían al castillete, bajaban en las jaulas por la caña hasta el fondo de la mina; nos enseñaban los vagones circulando sobre raíles, llevando obreros o materiales o el carbón; a veces, en las imágenes más antiguas, los vagones iban tirados por sufridas mulas, unos animales condenados a trabajar jornadas enteras en las mismas condiciones que los hombres: a oscuras, a decenas o centenares de metros bajo tierra.

Pero, aunque tratemos de imaginarlo, nunca podremos sentir lo que no hemos vivido, lo que no puede verse: la ominosa sensación del progresivo descenso a la oscuridad, la opresión claustrofóbica de las galerías angostas, el frío de la red de pasadizos, los olores subterráneos, el peligro, el miedo.

Aquel lugar de Irlanda que no recordábamos cómo se llama. Hemos tenido que buscar en internet su nombre y su historia, porque solo teníamos sus imágenes, las de las fotografías que hicimos en aquel viaje, hace más de diez años. Ahora sabemos, hemos recordado con ayuda, que se llama Glendalough.

Las fotos nos devuelven la sensación de humedad y frío: un ancho lago, de aguas muy oscuras, encajonado entre montañas boscosas. Cerca del lago, en el fondo del valle, la vieja abadía de piedra gris, con su torre cilíndrica, de tejado macizo, también de piedra. Y junto al cenobio abandonado, el cementerio intacto, con sus lápidas enhiestas, algo inclinadas por el paso del tiempo y el movimiento de la tierra húmeda.

Algunos de los campos de alrededor no estaban cubiertos de árboles, sino de lo que parecía ser una alfombra mullida de hierba. Pero bajo esa hierba aparentemente compacta, yacía un terreno pantanoso, hecho no de cieno, sino de agua y de turba esponjosa.

La turba constituye el primer paso para la formación de carbón mineral. La vegetación se pudre y se carbonifica con el agua ácida de los pantanos. El frío impide que la putrefacción sea rápida, y la acidez de las aguas, escasas de oxígeno, retarda la proliferación de microbios. Así, las capas de vegetación medio descompuesta van acumulándose año tras año, siglo tras siglo, hasta formar una capa densa, una turbera hecha de una especie de estopa empapada de agua que, extraída y convenientemente desecada, puede utilizarse como combustible.

En la turba, medio sumergidos en aquel medio blando y húmedo, se han conservado muy bien objetos centenarios, que en otros lugares se hubieran descompuesto: barcos vikingos enterrados, herramientas de hierro o de madera y hasta zapatos medievales; el zapato de alguien que, cinco o seis siglos atrás, metió descuidadamente el pie en la blanda superficie de la turbera, engañosamente compacta, y lo sacó descalzo. Y aquí está su zapato, expuesto en la vitrina de un museo, con la cartela que explica que data del siglo XIV o XV y que se encontró en la turbera de tal o cual sitio. En turberas de Dinamarca se han hallado cuerpos humanos momificados, oscurecidos, enterrados en tiempos prehistóricos; unos cuerpos que empezaron a carbonizarse junto con la turba que los rodeaba y hoy emergen de las excavaciones arqueológicas completos, en posición semifetal, con la piel convertida en cuero, conservando aún parte de sus pertrechos (un cinturón, el calzado, una capucha, una cuerda), recién regresados de la edad del hierro.

En España hubo muchas minas de carbón, hoy prácticamente todas cerradas porque se agotó el filón o se abandonaron por ser poco rentables; la minería del carbón se mantuvo a duras penas, agonizando durante años, hasta su desaparición. Pero, aun cuando las minas estaban en activo, buena parte del carbón de uso doméstico provenía del carboneo, la fabricación artesanal de carbón vegetal.

El proceso requería de la colaboración de varios oficios, trabajos duros de jornaleros pobres. Primero, había que recoger la leña, una tarea que hacían los leñadores (que cortaban con sus hachas y serruchos madera viva) o, con más frecuencia, los que en la sierra de Guadarrama se llamaban *gabarreros,* que recogían la leña muerta (las ramas desgajadas y caídas, los árboles derribados), la partían en el monte si eran troncos grandes, y la bajaban al llano a lomos de caballerías.

Para convertirla en carbón, la leña se apilaba en un gran montón de forma cónica, en cuyo centro se dejaba un respiradero, que era como una chimenea por cuya cima debía salir el humo. El conjunto se cubría con tierra seca, laboriosamente traída en serones de esparto, bien apisonada en torno a la pila de leña, compactada de manera que formase un horno en el que no pudiese entrar el aire. Normalmente, en la tierra apisonada se abrían también algunos pequeños respiraderos, no para que entrase el aire, sino para que saliese parte del humo. En torno al horno se despejaba la vegetación circundante y se extendía una capa de tierra o de arena. Y entonces se metía fuego.

En ese horno, la madera entraba en un proceso de combustión sin oxígeno, de forma que no ardía, sino que se iba carbonizando lentamente, a unas temperaturas altísimas, de quinientos o seiscientos grados centígrados. Había que esperar mucho tiempo, quince o veinte días, para que el proceso de conversión de la leña en carbón se completase. Luego, se rompía la capa de tierra apisonada, se abría el horno y se extendía el carbón, todavía ardiente, por la tierra circundante, limpia de vegetación, para que fuese enfriándose despacio y pudiera recogerse. Un trabajo durísimo, que se alargaba durante semanas, para obtener un magro beneficio. Los carboneros eran gente pobre.

El horno tenía que estar permanentemente vigilado para evitar un accidente –por ejemplo, que por alguna razón se desmoronase la pila y se esparciesen los leños ardientes, o que algunas brasas escapasen por el respiradero– que podía provocar no solo la pérdida del material y del trabajo, sino también un incendio forestal catastrófico.

Por esa necesidad continua de vigilancia, en el carboneo trabajaban todos los miembros de las familias: hombres, mujeres y niños; también niñas, como la protagonista de uno de los poemas más conmovedores de Juan Ramón Jiménez, «La carbonerilla quemada», que describe, con desgarradora sobriedad, el accidente laboral de una niña carbonera, a la que su madre deja al cuidado del horno y muere abrasada cuando las llamas prenden sus ropas:

> En la siesta de julio, ascua violenta y ciega,
> prendió el horno las ropas de la niña. La arena
> quemaba cual con fiebre; dolían las cigarras;
> el cielo era igual que de plata calcinada.
>
> Con la tarde, volvió –¡anda, potro!– la madre.
> El pinar se reía. El cielo era de esmalte
> violeta. La brisa renovaba la vida...
>
> La niña, rosa y negra, moría en carne viva.
> Todo le lastimaba. El roce de los besos,
> el roce de los ojos, el aire alegre y bello:
> –«Mare, me jeché arena zobre la quemaúra.
> Te yamé, te yamé dejde er camino... ¡Nunca
> ejtubo ejto tan zolo! Laj yama me comían,
> mare, y yo te yamaba, y tú nunca benía!»

Por el camino –¡largo!–, sobre el potrillo rojo,
murió la niña. Abiertos, espantados, sus ojos
eran como raíces secas de las estrellas.
La brisa jugueteaba, ensombrecida y fresca.
Corría el agua por el lado del camino.
Ondulaba la yerba. Trotaban los pollinos,
oyendo ya los gritos de los niños del pueblo...

Dios estaba bañándose en su azul de luceros.

PAN

Con el menú completo, en la tienda me han dado una ración de pan. Es solo un trozo de barra de pan corriente, con esa corteza demasiado dorada y esa miga excesivamente blanca y esponjosa del pan industrial, hecho con harina refinada y una levadura química que no es en realidad levadura, amasado con máquinas, sin el amor de las manos del panadero sobando la masa; un pan cocido con prisas, que apenas ha reposado ni ha tenido tiempo de leudar y que, si lo guardo, mañana tendrá la textura del cartón.

Es, sin embargo, el pan que prefiere mucha gente porque es blanco y, cuando está recién hecho, crujiente. En el gusto por uno u otro pan se traslucen las diferentes experiencias de quienes lo consumen, sus historias de vida. En España, en general, las personas ancianas, que vivieron la guerra civil y la posguerra, aprecian el pan blanco, aunque sea malo, y detestan los panes oscuros, los integrales o los hechos de cereales que no sean el trigo. La miga oscura les trae los malos recuerdos del tiempo del hambre y la escasez, cuando para engordar la masa se echaba de todo: no solo el germen y el salvado del trigo, sino también cereales considerados entonces pobres como el centeno, el farro o la espelta, harina de garbanzos o de almortas; unas harinas groseramente molidas, en las que no era difícil encontrar pequeñas piedrecillas. Frente a esos panes negros, el pan blanco era un refinamiento de gente rica, que podía permitirse lujos como ese en tiempos que para todos eran de escasez.

El pan de trigo, de miga blanca, amasado con una harina de la que se han extraído el germen y el salvado, dejando solo el almidón y el gluten, siempre fue muy apreciado. Especialmente el pan candeal de Castilla, que venía en hogazas redondas, de miga densa y apretada, prácticamente sin ojos, y con corteza de un marrón claro dorado. Panes como soles, que en mi niñez se exhibían en los anaqueles de las panaderías de pie, apoyados sobre el canto, para que luciesen mejor: una fila de círculos redondos, que parecía la representación de la secuencia de la trayectoria solar.

Y luego había otros panes todavía más dorados, de masa amarilla: los rústicos panes de maíz que se comían en el norte, en Galicia, en Asturias o en el País Vasco, en esas tierras húmedas donde no crecía bien el trigo, pero eran propicias para el cereal traído de América por los indianos, los pobres que emigraron allá para ganarse el pan y volvieron tras haber probado nuevos panes. Borona, boroña, talo. Panes que no llegaban a las ciudades, que se amasaban en las casas y los caseríos y que, cuando eran grandes, se llevaban a cocer al horno comunal.

En los pueblos el pan lo amasaban las mujeres, cada una en su casa, en gamellas de madera, trabajando bien la masa, añadiendo en cada amasijo un pellizquito de masa madre de la amasadura anterior para que leudase bien. Lo cubrían luego con un lienzo para que guardase la humedad y fuese fermentando con el calor de la casa –el calor de la vida cotidiana, que hacía subir el pan– y lo dejaban reposar durante horas, a veces de un día para otro. Y luego eran esas mismas mujeres o los chiquillos de la familia los encargados de acercarse al horno de pan cocer al que acudían todos los vecinos del pueblo. El pan se llevaba en cestas, bien cubierto con un paño o un mantel, y volvía oloroso, caliente, desprendiendo vaharadas que abrían el apetito. Incluso en una ciudad como Madrid, las viejas tahonas de barrio perfumaban las calles con un aroma apetitoso.

Hay un cuento popular sobre el olor del pan.

Había una vez un pobre que no tenía para comer. Al pasar por una calle, le atrajo el aroma del pan que salía de una tahona. Y, como tenía mucha hambre, entró en la tahona y le pidió al panadero que le diera como limosna un trozo de pan. Pero el panadero, que tenía el corazón de pedernal y no se apiadaba de los pobres, le dijo que no.

El pobre, hambriento, salió a la calle y se sentó en el suelo, en una esquina cercana a la tahona, donde no molestaba a los viandantes, para oler el aroma del pan caliente, recién sacado del horno. Ya que no podía comprar pan y tampoco se lo daban de limosna, por lo menos podía disfrutar de su olor.

Y así, día tras día, el pobre iba a la esquina frente a la tahona y se pasaba las horas muertas oliendo el pan.

Un día, salió del obrador el panadero y, con malos modos, le dijo al pobre:

–Me debes tanto y tanto dinero, por el pan de mi panadería.

–Pero yo –dijo el pobre– no he comido tu pan, porque ni puedo comprarlo ni tú me lo has dado.

–Pero has olido todos los días el aroma del pan que amaso y horneo –dijo el panadero– y eso tiene un precio.

Y si no me pagas, llamaré a la guardia real para que te lleve prisionero.

Como no tenía dinero, el pobre no pudo pagar y el panadero llamó a la guardia, diciendo:

–Este hombre me ha robado.

Y la guardia se llevó al pobre a prisión, y estuvo varios días en las prisiones del rey, hasta que lo llevaron a juicio.

En aquel tiempo era rey Salomón, el hijo de David, que tenía gran fama por ser justo y sabio. Comparecieron ante Salomón el panadero y el pobre y, cuando el panadero explicó al rey su demanda, dijo el rey al pobre:

–¿Es cierto lo que dice el panadero? ¿Reconoces que has hecho aquello de lo que te acusan?

–Sí, señor rey –contestó el pobre–. Pero yo nunca comí un trozo de pan de la tahona, solo me alimentaba de su olor.

–Bien –dijo el rey–, ya tengo decidida mi sentencia. El panadero tiene que recibir el pago por el olor de su pan; pero como el pobre no tiene dinero, yo mismo, el rey Salomón, pagaré su precio.

Y el rey hizo traer una bolsita llena de monedas de oro, las sacó, las mostró a todos los presentes –que eran muchos, pues en aquel tiempo las vistas eran públicas, y todo el pueblo acudía a ver los juicios de Salomón–, las volvió a guardar en la bolsa y mandó que el panadero se acercase a su trono para recibir el pago que se le debía.

El panadero, muy contento, se acercó al trono del rey y, cuando ya iba a echar la mano para coger la bolsita con el oro, Salomón agitó la bolsa en el aire e hizo sonar las monedas con un sonido muy alegre y claro.

–¿Has oído el sonido de las monedas de oro que hay en el interior de esta bolsa? –preguntó el rey.

–Sí, señor, las he oído y me han sonado muy bien –contestó el panadero.

–Pues entonces –dijo Salomón, el sabio, el prudente– ya has recibido tu pago. Porque es justo que el aroma del pan se pague con el sonido de las monedas.

«Huele que alimenta» es el mejor elogio para una comida. Y el pan, en las tahonas tradicionales, olía que alimentaba.

Luego, en los años sesenta y setenta, llegó a nuestras vidas la invasión de los panes industriales, más baratos, pero también peores. El pan dejó de cocerse en la panadería del barrio y venía de lejos, de las naves de los polígonos de la periferia, desde los que no llegaba el olor de la hornada a nuestras calles. Estaba fabricado con máquinas que amasaban deprisa, cortaban y pesaban en porciones exactamente iguales, daban a la masa forma de barra configurada con precisión milimétrica (nada que ver con la graciosa irregularidad de las barras, bollos, chuscos, molletes, hogazas, bodigos, roscas, teleras, colines y colones o tortas de la panadería tradicional) y lo hacían pasar por el horno a toda velocidad. Las barras llegaban a la panadería –que ya no era tahona, sino mera expendeduría– en furgonetas de transporte industrial, colocadas en vertical, hincadas, en canastas de mimbre y, más tarde, de plástico. Hasta la denominación de las piezas cambió, y empezamos a pedir cosas como «una fabiola» o «una pistola», nombres raros para una cosa de comer. Era necesario comprarlo a diario, en cantidades ajustadas, porque de un día para otro se endurecía y resultaba incomestible.

Cuando, a partir de finales de los años setenta y principios de los ochenta, los hijos de la clase media emergente empezamos a tener la oportunidad de viajar por el mundo, viajar fue para nosotros también comer otros panes: las baguettes francesas, con su olor ligeramente agrio, que para nosotros era un aroma de libertad; las chapatis de la India, a la que viajaban mochileros de inspiración hippie; el simit, la rosca de sésamo que descubrimos en Turquía; la pita de Marruecos o del Mediterráneo Oriental, que podíamos convertir en una especie de bolsillo en el que se metían carnes y verduras troceadas para formar un bocadillo redondo como una luna llena; los panes de centeno de Alemania y Suiza, esos países a los que emigraron tantos trabajadores compatriotas nuestros, precisamente para ganarse el pan, un pan oscuro, denso; las tortillas mexicanas de maíz o los crujientes grisini italianos. Panes de otros cereales o de harina de patata, salpicados de semillas (de girasol, de calabaza, de amapola, de sésamo) o trufados de nueces o de pasas. Una diversidad que nos desconcertaba un poco, porque ni siquiera sabíamos para qué servía cada variedad de pan, con qué se comía cada uno de ellos, cómo se maridaban con el alimento adecuado.

Frente a ello, en los últimos años hemos asistido a una resurrección del pan, de los panes. Probablemente ahora comemos menos pan que nunca, ya que el pan es un complemento y no la base de nuestra alimentación, como había sido siempre. Y a medida que comemos menos pan, este se convierte en un manjar caprichoso. Apreciamos los de cereales antes despreciados, como la espelta o el centeno; aparecen en nuestra mesa rebozados de semillas de sésamo, de girasol o de amapola, dejando sobre el mantel un reguero de simientes; junto a las barras convencionales, los panes adoptan formas variadas, que imitan las tradicionales o inventan unas nuevas. Entran en la masa ingredientes desusados en años anteriores: panes de ajo, de cebolla, de nueces, de pasas, con pepitas de chocolate. Panes, a veces, de una sofisticación demasiado artificial y excesiva. También panes dietéticos, pensados para personas que padecen alguna enfermedad o intolerancia alimentaria y que consumen también otras personas que no sufren dolencia alguna, llevados por la creencia maniática de que son más sanos: panes sin sal, sin gluten, sin lactosa.

Comemos nuestro pan parsimoniosamente, en pequeñas cantidades. En las sociedades desarrolladas, a nadie se le ocurre ya alimentarse sobre todo de pan; y, sin embargo, eso es lo que hicieron durante siglos, milenios, nuestros antepasados.

En uno de los *Milagros de Nuestra Señora*, de Gonzalo de Berceo, un mercader que se ha empobrecido por ser liberal y generoso con los pobres se ve obligado a pedir un préstamo a un judío; como el judío pide fiadores, el mercader y el prestamista van a la iglesia con varios testigos; allí el mercader, a quienes todos han dado la espalda desde que es pobre, pone como fiadores a Jesucristo y a la Virgen, los únicos fiadores que le quedan. El milagro empieza ya prometiendo una narración que será para los lectores más sabrosa que una buena comida:

> Amigos, si quisiédes   un poco atender
> un precioso miraclo   vos querría leer;
> cuando fuere leído,   habredes gran placer,
> preciarlo habedes más   que mediano comer.

Y en el momento clave en que el mercader pide a la Virgen que le salga como fiadora, la alaba con los mejores elogios que se le ocurren:

> Reina de los cielos,   madre del pan de trigo,
> porque fo confondido   el mortal enemigo,
> tú eres mi fianza,   eso mismo te digo.

«Madre del pan de trigo» es, por lo visto, el apelativo más halagador que en el siglo XIII se podía decir a la madre de Dios.

Y es que el pan era, literalmente, Dios, y por eso su madre era madre del pan.

El Maestro ha logrado formar un grupo de seguidores que crece de día en día; pero solo doce de ellos pertenecen al círculo más íntimo y cercano. Se unieron a él ilusionados, atraídos por la fuerza de su magisterio. Pero ahora todos tienen miedo.

El Maestro y sus discípulos se han convertido en un problema político en el frágil equilibrio de fuerzas de la Palestina del siglo I. Quizás sepan, o por lo menos intuyan, que los sacerdotes del Templo y los altos funcionarios han pactado detener al Maestro y entregarlo a la autoridad civil –una autoridad extranjera, colonial– para que lo ejecute. Pero que no sea ahora, en estos días en que se celebra la Pascua; ahora no, «no sea que se alborote el pueblo». Cuando pase la festividad, que todos los judíos celebran reuniéndose para cenar en familia, a cuya celebración acuden gentes de todos los lugares, entonces será el momento, porque la gente se habrá dispersado, habrá vuelto a sus quehaceres cotidianos, estará pendiente de otras cosas.

La Pascua es la fiesta de la libertad. Conmemora el momento en que el pueblo judío se libró del poder de Faraón y, guiado por Moisés, salió de Egipto hacia una tierra prometida, cercana pero inalcanzable, una tierra que tardarían dos o tres generaciones en conseguir. Es una festividad en la que, por cierto, el pan tiene un papel fundamental: solo se puede consumir ácimo, es decir, sin levadura –en la Edad Media castellana se llamaba la «Pascua de la torta», y el pan ácimo pascual era la «torta de pan cenceño»–, en recuerdo de cómo los judíos tuvieron que salir de Egipto tan precipitadamente que no les dio tiempo a dejar que el pan fermentara antes de cocerlo.

En esta fiesta de la libertad, el Maestro y sus discípulos se sienten seguidos, observados, temerosos de que caiga sobre ellos el golpe que se está tramando; a veces se muestran en público y a veces se esconden. Pero, como judíos observantes que son, necesitan celebrar la Pascua, hacer el *séder,* la cena ritual que constituye el centro de la celebración.

«Maestro, ¿dónde celebraremos la Pascua?», le preguntan. Y el Maestro les da unas indicaciones que demuestran hasta qué punto esa cena festiva se ha convertido para ellos en una reunión clandestina: «Id a la ciudad [la ciudad es Jerusalén] y al entrar en ella encontraréis un hombre con un cántaro. Seguidle, y él os mostrará el lugar.» No les dice cómo se llama el hombre, ni dónde está la casa a la que va a conducirles, ni tampoco qué han de decirle, si es que tienen que decirle algo; solo que se fijen en si hay un hombre con un cántaro y le sigan. El hombre del cántaro, nada más verlos, entenderá. Seguramente lleva el cántaro por disimulo, fingiendo que va a buscar agua a un pozo o una fuente (una de esas fuentes urbanas que han instalado los romanos, los invasores) para así poder esperarlos sin levantar sospechas.

El hombre innominado los guía, parece que sin decir palabra. Ellos le siguen, quizás a cierta distancia, disimulando también para no comprometerle. El del cántaro entra en una casa, sube a un piso alto, y allí encuentran los discípulos una sala con todo preparado para celebrar la festividad: casi vemos la mesa puesta, el agua para lavarse las manos antes de comer (un gesto también ritual), el vino que ha de bendecirse, el pan ácimo, sin levadura, los alimentos propios de la festividad, que en aquella época incluían carne de un cordero sacrificado para la ocasión (hoy hace ya muchos siglos que no se come cordero en la Pascua judía, pero en recuerdo de los tiempos pasados se coloca en la mesa un hueso de cordero que representa el poder del brazo de Dios).

En aquella casa desconocida, todo está dispuesto como para una cena familiar, pero no hay familia esperando al Maestro y sus discípulos. El propio hombre del cántaro desaparece, no lo vemos más, sin duda se dirige a otro lugar a celebrar la Pascua con su propia familia, no se compromete tanto como para sentar a su mesa a estos elementos incómodos, sospechosos, proscritos; y eso que una buena obra propia de la Pascua es ofrecer un sitio en la mesa a quienes, por estar lejos de los suyos, no tengan familia con la que celebrar la fiesta.

Tampoco los discípulos celebran hoy la cena pascual con sus propias familias, como sería lo usual; quizás quieren proteger a los suyos del peligro.

El séder de Pésah tiene también un sentido de cohesión grupal, familiar, de transmisión de la tradición de una generación a otra, por lo que es importante que en torno a la mesa se reúnan todos los miembros de la familia, de todas las edades, hombres y mujeres adultos, niños y ancianos. Pero aquí, en esta cena familiar, no hay familia, ni mujeres, ni niños, ni ancianos. Es solo un grupo de hombres solos, de mediana edad, y la cena pascual resulta desabrida, sin la amorosa dedicación de las mujeres que han preparado los alimentos –alguien habrá preparado la comida en esta ocasión, pero la ha dejado dispuesta y ha huido, no quiere involucrarse en esta reunión peligrosa–; sin el bullicio de los niños que están ahí para disfrutar, aprender y sentirse protegidos por la familia, por el grupo; sin la sabiduría de los ancianos, el más venerable de los cuales tendría que dirigir el ritual y recitar las oraciones. Nada más desolador que esta celebración pascual de hombres solos, que se reúnen para comer a escondidas. Es una Pascua triste, llena de presagios de muerte.

El temor está también teñido de desconfianza mutua. Durante la cena, el Maestro desgrana una serie de enseñanzas, pero también algunos reproches: antes de que amanezca, tú me negarás tres veces, le dice a Pedro, uno de sus más impetuosos discípulos; él, impetuoso una vez más, lo niega: «Moriré por ti si es necesario», pero el tiempo (las pocas horas que transcurran hasta el amanecer) le dará la razón al Maestro, y Pedro se esconderá cobardemente, negará haberlo conocido. También hay en la boca del Maestro una acusación más grave: «Uno de vosotros me traicionará.» Y los discípulos se apresuran a exculparse con una pregunta a la defensiva: «¿Soy yo, señor?» «¿Acaso soy yo?» No preguntan por saber, puesto que cada uno sabe lo que tiene en su propio corazón; preguntan para forzar al Maestro a señalar al culpable y exculparlos a ellos.

Por fin, el Maestro revela lo que sabe, pero solo a un discípulo amado, el que está recostado más cerca de él (recostado porque a estas alturas los judíos han aprendido a comer como los romanos invasores, no de pie ni sentados, sino echados en triclinios en torno a la mesa); le dice: «Aquel al que yo dé el pan mojado en la salsa, ese es el que me traicionará.» Y el gesto, en apariencia deferente, de ofrecer a uno de sus discípulos un trozo de pan empapado en la salsa del guiso se convierte en una acusación muda: el pan sirve para señalar, para acusar sin palabras al traidor.

Hay un cierto trastorno en el orden de las cosas porque en la narración aparece después algo que debió de ser previo: al inicio de la comida, correspondería al Maestro, como persona de más respeto sentada a la mesa, cumplir con el ritual de recitar las bendiciones sobre el pan y sobre el vino. Solo después podrán los comensales empezar a comer. Sin embargo, esa bendición inicial se nos cuenta después: «mientras comían» (es decir, cuando ya están comiendo), el Maestro toma el pan, lo bendice y, como de costumbre, lo reparte entre los comensales, dando a cada uno un pedazo pequeño; luego, hace lo mismo con el vino, y la copa de vino bendecido pasa de uno a otro, hasta que han bebido todos –incluso los niños beberían, si esta fuera una Pascua normal, con toda la familia alrededor de la mesa–. Pero, en esta ocasión, a la bendición habitual el Maestro añade unas palabras enigmáticas: «Tomad y comed todos de este pan, porque este es mi cuerpo»; «tomad y bebed todos de este vino, porque esta es mi sangre».

Unas palabras probablemente incomprensibles para los discípulos, buenos judíos que, como tales, tienen prohibido consumir sangre y solo pueden comer carne de los animales permitidos y sacrificados de acuerdo con un ritual preciso. Las frases son tan extrañas que, en la mentalidad judía, resultan casi blasfemas. ¿Qué es eso de comer «mi carne» y beber «mi sangre»? Tan atónitos se quedan que parece que nadie es capaz de reaccionar, de mostrar su asombro, de preguntar qué significa eso. Pero ya hemos visto que esta es una cena pascual extraña, fuera de lo común.

Esas palabras incomprensibles, misteriosas, marcarán la historia de la humanidad. Cuando el cristianismo se extienda y llegue incluso a convertirse en la religión oficial del imperio romano –esos romanos que ajusticiaron al Maestro para mantener en paz al pueblo revuelto–, las palabras servirán de base a uno de los elementos distintivos de la religión cristiana: el dogma de la transubstanciación, según el cual, durante la ceremonia de la misa, el pan y el vino se convierten en el cuerpo y la sangre de Cristo.

Por eso Berceo llama a la Virgen María «madre del pan

de trigo», que es tanto como decir «madre de Cristo», cuyo cuerpo es el pan.

Nos enseñaron de pequeños que, cuando un pedazo de pan se caía al suelo, había que recogerlo y darle un beso en señal de veneración hacia aquel alimento sagrado. Tirar el pan no solo era un despilfarro y una falta de sensibilidad hacia los hambrientos: era también un pecado, echar a la basura un alimento susceptible de convertirse en el cuerpo del hijo de Dios, en Dios mismo.

El pan no era solo un alimento, ni un elemento sagrado. Era también la expresión de un vínculo y de una protección.

En el *Cantar de mio Cid*, el más antiguo poema épico castellano, el protagonista, Rui Díaz, que ha sido desterrado por su rey, emprende sus hazañas con una escasa hueste, formada por unos pocos vasallos que le siguen siendo fieles: los que comían su pan.

> Tornados son a mio Cid los que comién so pan,
> él se lo vío con los ojos, cuéntangelo delant;
> alegre es mio Cid por cuanto fecho han.

Dar pan, dar sustento, es una de las obligaciones del señor con respecto a los que le sirven. Unos hombres que viven de eso (viven ellos y viven sus familias, sus mujeres y sus hijos, los ancianos que están a su cargo): de prestar servicio de armas a cambio de sustento. Así que a cambio del servicio, un servicio que puede costar la vida, que implica riesgo, lucha, heridas, muerte, el señor les da pan.

Y viceversa, comer el pan de alguien es estar a su servicio, pero también bajo su protección. El pan es el vínculo que une al señor con sus vasallos, a los vasallos con su señor.

Recibir el pan también protege. En las luchas fronterizas entre reinos musulmanes y cristianos de la Edad Media, era fama que los musulmanes no mataban al prisionero al que habían dado de comer; el ofrecer comida al prisionero era, en cierto modo, establecer con él un vínculo de hospitalidad. El prisionero, una vez que ha comido, se convierte en huésped –un huésped involuntario y privado de libertad, pero huésped al fin– y su vida estará protegida mientras siga bajo el techo de su anfitrión.

Este pan que como me pone también a mí bajo la protección de los que han trabajado para elaborarlo, para dar de comer a una desconocida que ahora se convierte en su huésped agradecida.

LEGUMBRES

Entre los principales ingredientes del cocido están los garbanzos, una legumbre muy característicamente mediterránea. Casi se podría decir que el cocido consiste en hervir garbanzos con otras cosas: con verduras, con huesos, con tocino, con carne si se puede.

Durante la segunda mitad de los años ochenta del siglo XX (¡el siglo pasado!: qué rápido ha pasado ese siglo en el que nací) estuve algún tiempo viviendo en el estado de Oregón para dar clases en la universidad.

No sé si en estas últimas décadas habrá cambiado, pero entonces Oregón presumía no solo de sus espectaculares espacios naturales –mares de lava, bosques de pino ponderosa, lagos volcánicos, inmensas playas que se asomaban al Pacífico o desiertos propios del Far West–, sino también de ser un estado modesto, nada ostentoso y muy concienciado con respecto a los derechos de las minorías, amistoso con los homosexuales, vivero de movimientos pacifistas, feministas y ecologistas. Por las calles podía uno cruzarse con los viejos hippies de los años sesenta y setenta, todavía vestidos con sus ropas estilo *flower power*. Aunque había coches y supermercados, abundaban las bicicletas, las tiendas de productos ecológicos y los autoservicios de comida vegetariana o vegana, cuando en España todavía no sabíamos lo que era ser vegano.

Eran tiendas encantadoras, pequeñas pero bien surtidas, instaladas en los bajos de casitas de madera, en las que uno podía encontrar un enorme surtido de vinos de todas partes del mundo (el vino es un derivado vegetal y los vegetarianos parecían consumirlo con alegría), frutas y verduras de todo tipo, magníficos tarros de yogur de medio kilo, dulces caseros. Sobre una mesa de madera, se exhibían cestas de paja llenas de diversas variedades de legumbres, cada una rotulada con su nombre; entre ellas encontré un rótulo que me trajo, de repente, la evocación de mi lejana tierra: «garbanzo bean» (algo así como «alubia garbanzo»). Entre las variedades de *beans* que se vendían en la tienda, los garbanzos se denominaban con un hispanismo un tanto difícil de pronunciar para los hablantes anglófonos, con sus rotundos sonidos *r* y *z*, pero que los hacía perfectamente identificables como algo bien conocido, seguramente por su uso en la cocina mexicana.

Al contrario que otros muchos productos vegetales, que fueron traídos a Europa desde América, los garbanzos hicieron el camino contrario. Por lo visto, se trata de una planta autóctona del Mediterráneo Oriental y desde allí se extendió a Oriente Medio, a África y, posteriormente, a América. En la Antigüedad, los romanos sabían perfectamente lo que era un garbanzo; precisamente a uno de los más famosos políticos romanos lo llamaban con el apodo de *Cicero,* literalmente «garbanzo» (nosotros lo conocemos como Cicerón), aunque en realidad su nombre era Marco Tulio. Así que en la cocina romana estaban, sin duda, presentes los platos hechos con esta legumbre; quizás también comieron los romanos garbanzos tostados, duros y crujientes, como los que vendían en los puestos de pipas cuando yo era pequeña: una golosina sobria y muy alimenticia, propia de tiempos de hambre.

En español hay una frase hecha, «ganarse los garbanzos», que significa trabajar para obtener el sustento, y por tanto equivale a otra frase hecha, «ganarse el pan». Lo más significativo es que la frase cambia según el entorno geográfico, incorporando el nombre de la legumbre más cultivada en la región: en Castilla se dice sobre todo «ganarse los garbanzos» (o también «ganarse las lentejas»), pero en el País Vasco es «ganarse las alubias», en Andalucía «ganarse las habichuelas», en Cataluña *«guanyar-se las mongetes»* o *«guanyar-se les garrofes»* (que sería «ganarse las algarrobas», pero quizás se refiera más bien al garrofó, un tipo de alubia), en muchas partes de Hispanoamérica «ganarse los porotos» (porotos, otra manera de llamar a las alubias). Así que, en la tradición popular, alimentarse es sobre todo comer legumbres y, si uno trabaja, es precisamente para conseguir su ración de legumbres diaria. Venimos de generaciones y generaciones de gentes que a lo largo de siglos, quizás de milenios, se han sustentado a base de platos de cuchara cuyo ingrediente principal era el fruto de alguna leguminosa: proteínas de buena calidad, fáciles de obtener y baratas, buenos sustitutos de la carne, cuando la carne no estaba al alcance de todo el mundo.

Los campesinos de antes, aunque no supieran, sabían. Actuaban guiados por la tradición, que acumulaba experiencia de siglos, miles de intentos fallidos, ensayo y error, hasta encontrar la mejor manera de hacer las cosas. Y si la innovación era buena, si el resultado era satisfactorio y el ensayo producía una mejora, se incorporaba a la tradición y pasaba a la siguiente generación, y de esta a la que le seguía, y así sucesivamente. Nada quedaba escrito.

Así se llegó a la práctica de plantar legumbres alternándolas con otros cultivos, para regenerar los campos.

Cuando la tierra está agotada y empieza a no dar fruto, es necesario dejarla descansar. Una posibilidad es dejarla en barbecho, no sembrar nada durante uno o más años, para que la tierra se regenere. Pero una tierra en barbecho es una parcela improductiva, de la que no se puede comer. Solo cuando se tienen grandes extensiones de terreno se puede dejar descansar una parte mientras se siembra otra.

La otra posibilidad es plantar otro cultivo, por ejemplo, legumbres. Por tradición aprendida de sus padres y de sus abuelos, muchos agricultores lo hicieron así durante siglos y milenios. Porque, sin conocer las causas, sabían que la tierra en la que se han cultivado legumbres se hace más fértil, más fecunda para otras plantas.

Esto era lo que sabían los agricultores desde siempre. Ahora podemos explicarlo de otra manera: para crecer, todas las plantas necesitan nitrógeno, que toman del suelo, absorbiéndolo por las raíces; las leguminosas tienen en sus raíces unas bacterias que contribuyen a fijar en el suelo el nitrógeno del aire, que luego puede ser aprovechado por las plantas que se siembren en el mismo terreno después. Así que las legumbres son un fertilizante natural para la tierra degradada, que ha quedado exhausta con otros cultivos.

Por eso los seres humanos han comido tantas legumbres: son plantas capaces de crecer en suelos pobres, enriqueciéndolos además para el futuro. Cultivos baratos, duros, que aguantan las inclemencias del clima, que crecen casi solos y dejan la tierra bien preparada para el año siguiente. Cuando no se podía plantar otro cultivo, se plantaban leguminosas.

Las legumbres pueden consumirse frescas, recién recogidas. Así se hace con las judías verdes (las vainas, las habichuelas, la *mongeta tendra),* con los guisantes o con las pochas. Pero lo más habitual es dejarlas secar y guardarlas para consumirlas a lo largo del año, incluso de un año para otro. Una buena provisión por si llegan tiempos de escasez. Así las legumbres han salvado la vida de millones de seres humanos.

En la escuela, los garbanzos tenían una función didáctica. Gracias a ellos aprendimos cómo germinan las semillas.

La escritora Elena Fortún publicó *El bazar de todas las cosas,* un libro de manualidades para niñas. Una tía mía –una de esas tías solteras que tan importantes son en la formación de la infancia– me regaló, cuando yo tenía diez o doce años, un ejemplar que había sido suyo, y me pareció un libro maravilloso.

Aquel libro se perdió alguna vez que mi madre decidió limpiar el trastero, donde, entre otras cosas, estaba almacenada buena parte de la biblioteca de mi infancia. Muchos años después, he podido consultarlo en la Biblioteca Nacional de Madrid; la versión más antigua no tiene fecha de edición y en el catálogo aparece como publicado en los años cuarenta, es decir, en la inmediata posguerra civil (y con varias reediciones en los años cuarenta, cincuenta y sesenta), pero tanto el contenido y el texto de Elena Fortún como los hermosos dibujos de línea clara hechos por el gran ilustrador Francisco López Rubio –uno de los creadores del semanario infantil *Pinocho* en los años veinte y de *Gente menuda,* el suplemento infantil que el periódico *ABC* publicó desde 1932– tienen el aire de los buenos libros didácticos de los años treinta, quizás el momento en que más interés y empeño hubo en España por proporcionar una buena educación a los niños y, sobre todo, a las niñas.

Allí, entre otras cosas, se explicaba cómo hacer lo que Elena Fortún llamaba «El milagro del fakir»:

> Cogeréis un garbanzo, bien gordito, y le cubriréis con un pedazo de tela blanca, dejándole las narices y los carrillos fuera.
>
> Bien apretada la tela en torno del garbanzo, se ata con un hilo para sujetarle.
>
> Después se recorta la tela, que habrá quedado desigual por los bordes, redondeándola para que parezca una túnica.
>
> Ya no hay que hacer más sino pintarle dos líneas en los ojos y una rayita en la boca, que será como un punto debajo de la nariz.
>
> Con toda ceremonia se procede al enterramiento del fakir. En el jardín, o en un arriate de la azotea, o en una maceta, lo mismo da, se abre un hoyo, no demasiado profundo, y se coloca el fakir tumbado boca arriba, tan formal y seriecito como si estuviera muerto de veras.
>
> Se cubre después de tierra y se le deja tranquilo muchos días.
>
> Al fin, cuando ha pasado casi un mes, nos acordamos del fakir enterrado. Ya ha llovido mucho encima de él, y ha hecho después sol y la tierra se ha secado varias veces.
>
> Entonces lo desenterramos con mucho cuidado y nos quedamos asombrados. ¡Se ha hecho el milagro!
>
> El fakir está más vivo que nunca. La nariz le ha crecido tanto que salía de la tierra y empezaban a abrirse dos hojitas en la punta.

En un libro muy viejo cuenta un señor, que se llamó Berceo, que a un caballero enterrado le salió un rosal por la boca.

Nuestro fakir no ha podido hacer tanto, y solo ha dado una mata que, si la dejáramos, se llenaría de hojas verdes y de flores blancas. ¡Pero sigue siendo un milagro!

El milagro del fakir era el milagro cotidiano de la germinación de una semilla. Servía para que entendiésemos qué elementos y condiciones hacían falta para obtener una nueva planta: la simiente, la tierra, la lluvia, el sol. Pero que la simiente elegida fuera el garbanzo, cuya forma recuerda la de una cabeza humana, hacía posible que la semilla se humanizase, tuviese cara y ojos y, sobre todo, nariz, que pudiéramos vestirla como una persona, que se convirtiese en un muñeco que era a la vez un juguete y una manera de aprender.

CARNE

Alguien ha muerto para que yo viva.

Mi comida de hoy contiene varios ingredientes cárnicos: un muslo de gallina, un pedazo de carne de vacuno, una lonja de tocino blanco, una gruesa rodaja de chorizo y otra de morcilla; al caldo le habrán echado también algún hueso de ternera (preferiblemente de caña, o sea, una sección de uno de los huesos largos de la pata) y lo que llaman un hueso de espinada, que es una vértebra de cerdo salada. Total, por lo menos tres animales distintos (ave, vaca, cerdo) han tenido que morir para que yo pueda alimentarme con pequeños pedazos de su organismo; por lo menos tres, digo, porque lo más probable es que el hueso de ternera no provenga de la misma res que la carne de vacuno y que las partes del cerdo sean, también, de animales diferentes. Así que tal vez en mi plato haya hoy restos de seis o siete animales sacrificados, cuya carne comparto con decenas, quizás cientos de desconocidos que comerán, también, pedazos de esos cuerpos troceados.

A todos esos animales que ya no viven, pero cuyo sacrificio me permite hoy vivir, *itadakimasu*.

Es frecuente que, cuando viajamos en coche, adelantemos a un vehículo de transporte de ganado. En el momento fugaz de adelantarlo, entrevemos en la caja del camión, hacinados, a los animales que se dirigen al matadero. Vemos rosados morretes de cerdo asomándose al exterior para intentar aliviar el agobio del transporte con un poco de aire fresco; o escuchamos a los corderitos pequeños que balan desamparados, llamando a una madre a la que no verán más, de cuyas ubres ya han mamado bastante. Las terneras babean, mareadas por el movimiento de un vehículo que hace pasar ante sus ojos el paisaje a una velocidad vertiginosa.

Siempre me produce una mezcla de angustia y piedad ver esos camiones, en los que viajan hacia la muerte unos animales que fueron criados para eso, para morir, para servirnos de alimento. Que hasta esta misma mañana estuvieron tranquilos y bien servidos, en establos o cochiqueras cálidas en las que nunca faltaba comida; una vida más fácil que la de cualquier animal salvaje, que tiene que buscarse el sustento cada día, que sufre el frío y el calor, los peligros, las acechanzas de los depredadores. Todo iba bien hasta que algo se torció en la rutina de esos animales bien alimentados, hasta que amaneció un día distinto, sucedió algo que no comprenden, que no han visto nunca, y ahora se encuentran ahí, no saben dónde; solo saben que están incómodos, que les faltan el sosiego y el cuidado habituales, que una ola de ansiedad ha ido invadiendo este lugar tan estrecho donde unos cuerpos se aprietan contra otros. Quizás sientan la proximidad de la muerte, la intuición de que este viaje (en realidad, ni siquiera saben que es un viaje) no puede acabar bien.

El antiguo matadero de Madrid es hoy un centro cultural y de esparcimiento. Hay salas de exposiciones y conferencias, espacios para representaciones teatrales, plazas amplias en las que pueden jugar los niños, terrazas en las que comer o beber al aire libre y pasar un rato agradable. Los edificios, construidos en los años veinte del pasado siglo, son de un elegante y airoso estilo neomudéjar, que combina piedra blanca y ladrillo rojo. Una arquitectura realmente notable, de edificios nobles; pero sus nombres resultan inquietantes: la Nave de Terneras, el Edificio de Exposición y Estabulado de Ganado Porcino y Ovino, las Naves de Degüello, la Mondonguería (donde se procesaban las entrañas), la Nave de Sacrificio de Aves.

Edificios enormes, extensiones inmensas que estuvieron llenas a diario de bestias a punto de morir, durante los casi setenta años en que el matadero fue utilizado como tal. Impresiona pensar la cantidad de muerte que se produjo en este lugar hoy recreativo: millones de animales que entraron vivos y salieron convertidos en carne para consumo. Deambulando por las instalaciones del antiguo matadero casi se pueden sentir esos millones de minutos de angustia de las vacas, las ovejas o los cerdos colocados en hileras, viendo la muerte de los que les precedían, avanzando en fila hasta su propia muerte.

Como todos los mataderos, este se construyó en lo que entonces eran los arrabales de la ciudad, la zona de Legazpi y Arganzuela, hoy convertidas en parques y bloques de viviendas. En lo que entonces eran los márgenes de la ciudad, enfrente de la pradera de San Isidro en la que todavía se celebra la romería del santo patrono de Madrid y que Goya pintó en un cuadro entre festivo y sombrío. En vida de Goya empezó a crecer junto a la pradera un cementerio: la Sacramental de San Isidro, en el que a lo largo del siglo XIX fueron enterrándose los cadáveres más escogidos, los de la aristocracia y la alta burguesía madrileñas.

En el cuadro de Goya, cientos de figuritas bien ataviadas con vestimenta dieciochesca disfrutan de un día al aire libre; unos se sientan en la hierba, otros parecen bailar, y, entreverados con la multitud, hay jinetes con su montura, coches de caballos y carpas o tiendas de campaña; la luz es un poco tenue, un poco gris, como si una gran nube hubiera cubierto el cielo protegiendo del calor de mediados de mayo a los que han venido a la pradera a festejar el día. Enfrente, al otro lado del río Manzanares, da el sol y allí se eleva el *skyline* del Madrid de la época; se ven muy bien el Palacio Real y la enorme cúpula barroca de la iglesia de San Francisco el Grande y, un poco más difuminados, los tejados apuntados de las torres y chapiteles de muchas iglesias madrileñas, abrazadas por la línea de una muralla que todavía existía. La ciudad queda en alto, elevada sobre el río, y al pie de esa muralla no hay edificios –apenas esbozada, alguna casa de campo– sino un amplio desmonte o descampado, deshabitado y desnudo, que se desploma hasta los árboles que crecen en la ribera. Ahí no vive nadie.

Fue en los años veinte del siglo pasado cuando empezaron a surgir, en esa orilla deshabitada del río, algunos edificios siniestros, los típicos servicios públicos que se emplazan en los márgenes de la ciudad, lejos de la vista: el Mercado Municipal de Ganado y Matadero y el asilo de niños mendigos de Yeserías, que tras la guerra civil se convertiría en cárcel de presos políticos y, luego, en cárcel de mujeres.

Pero el despoblado se fue poblando a medida que la ciudad se expandía en todas direcciones. Vecinos de los muertos aristocráticos de la Sacramental de San Isidro, se fueron instalando en viviendas modestas los trabajadores que emigraban del campo a la ciudad. Seguramente para ellos poder obtener un pequeño piso en aquel lugar de los límites de la ciudad –un barrio hoy gentrificado y con vistas al gran parque lineal de Madrid Río– debió de ser un avance, un pequeño ascenso social, un signo de estabilidad: la posibilidad de tener una vivienda digna, aunque fuera en un arrabal. Pero yo no puedo evitar imaginarme que durante décadas, desde sus casas, en el silencio de la noche, día tras día, los vecinos de este barrio debieron de oír los mugidos, balidos y gruñidos de los animales encerrados en espera del sacrificio.

Pensando en esos animales desvalidos que van hacia la muerte sin saberlo –pero quizás intuyéndolo– hay personas que deciden hacerse vegetarianas. ¿Quién soy yo para quitarle a otro ser lo único que tiene, su propia vida? ¿Con qué derecho decido que este ser vivo ha de morir? Y, más aún, ¿bajo qué ética criamos animales que están destinados únicamente a vivir una vida corta, a ser sacrificados antes de alcanzar la edad adulta, a morir malogrados?

Vi un reportaje de televisión sobre los animales que se sacrifican para las cenas y comidas navideñas. Para celebrar una fiesta religiosa que en su origen es de paz y amor universales –aunque hoy se haya convertido en una orgía de consumo desaforado– se producen decenas, cientos, miles de hecatombes de corderos, de pavos, de capones y de pulardas. Un ganadero abría la puerta del corral a cientos de corderitos blancos, que salían entusiasmados, trotando alegremente, emitiendo balidos tiernos como el llanto de un bebé, para ser conducidos a la caja de un vagón de transporte de ganado. El hombre sonreía con cierta lástima: «Ellos creen que van con la madre»; pero era a la muerte adonde iban.

Y hay quien lleva su respeto por la vida de los animales al extremo: no solo no tengo derecho a matar, sino tampoco a robarles a las bestias el principio de la vida, la leche de la que se alimentan, los huevos de los que podrían salir futuros pollos. No entrar en la cadena siniestra de producir vacas –exceso de vacas– para que produzcan leche, ni producir gallinas –millones de gallinas– para que produzcan millones de millones de huevos y simplemente a eso, a producir, se dedique su vida. Lo único lícito, lo que los veganos se permiten, es disputarles a los herbívoros las plantas de las que se alimentan, y a ser posible que sean plantas producidas sin abuso, en explotaciones pequeñas, sin despilfarro de agua ni uso de pesticidas.

Sin embargo, yo soy omnívora, no solo porque así me han educado, sino por convicción. Desde niña me acostumbraron a comer de todo, variado pero sin exceso; y por convicción no he renunciado a esa educación alimentaria recibida, y tengo para ello una razón que considero buena: si lo natural es lo que sucede en la naturaleza, lo natural es que unos seres vivos se alimenten de otros.

Los conejos se reproducen como su propio nombre indica: como conejos. Sus hembras paren varias camadas al año, después de una gestación de solo unos días, y en cada camada nacen entre cuatro y doce gazapillos, a veces más (pese a que las conejas solo tienen ocho pezones, así que solo ocho crías, ciegas y lampiñas, absolutamente dependientes, podrán mamar a la vez). Como todos los roedores, los conejos son de los mamíferos que están en la base de la cadena trófica, esa cadena de vida en la cual unos animales sirven de alimento para los que están en el siguiente eslabón de la cadena: la serpiente se come al ratón y el águila se come a la serpiente; o la rana se come al insecto y la garza se come a la rana y un ave rapaz se come a la garza que se comió a la rana que se comió al insecto que se comió la hoja o la brizna de hierba. Cuanto más baja es la posición en esa cadena trófica, con más fruición necesita reproducirse una especie: tienen que nacer muchos para que sobrevivan algunos.

Así que la vida de los que comen se mantiene a costa de la vida de los que son comidos. Solo las plantas se alimentan de minerales. La diferencia entre que yo coma carne de siete animales distintos en un solo plato y que un león devore una gacela consiste principalmente en que los seres humanos –colocados en el cénit de la pirámide de esa cadena trófica, sin más depredadores que los de nuestra misma especie– hemos industrializado la muerte, y seguramente eso nos invita a desperdiciar inconscientemente el producto de las vidas que hemos segado. No matamos lo que comemos, nos lo sirven pulcramente envasado, y así el animal que perdió la vida queda muy lejos de nuestros pensamientos.

En *El libro de la selva,* de Rudyard Kipling –ese libro que hoy se considera una lectura para niños, que pocos adultos han leído, y que se conoce sobre todo por la versión edulcorada de una película de dibujos animados–, los personajes matan: matan los lobos, mata la pantera Bagheera, mata el tigre Shere Khan y mata Mowgli, el niño adoptado por los lobos. «He matado» es la expresión que utilizan para decir que han cazado a otro animal para comérselo, para alimentarse, por necesidad. Por eso es tan escandalosa la conducta de Shere Khan, el tigre malvado, cuando se acerca a beber al río y se jacta de haber matado a un hombre por gusto, innecesariamente:

> –¡Un hombre! Hace una hora que he matado –siguió ronroneando y rugiendo entre dientes.
>
> La fila de animales se echó a temblar, estremeciéndose de una punta a otra, y se empezó a oír un murmullo que acabó en grito:
>
> –¡Un hombre! ¡Un hombre! ¡Ha matado a un hombre!

Y todos se volvieron hacia Hathi, que daba la sensación de no haber oído nada. Hathi nunca se mueve hasta que llega el momento oportuno, y ese es uno de los motivos de que viva durante tanto tiempo.

–¡Matar a un hombre, en tiempos como estos! ¿No teníais más caza a mano? –dijo Bagheera desdeñosamente, saliendo del agua manchada y sacudiendo cada una de las patas, como los gatos.

–He matado por gusto, no para comer.

El murmullo horrorizado volvió a empezar y el ojillo blanco de Hathi, atento, miró en dirección a Shere Khan.

–Por gusto –replicó Shere Khan lentamente–. Y ahora vengo a beber y a limpiarme. ¿Hay alguien que se oponga?

La espalda de Bagheera empezó a arquearse como un bambú cuando hay viento fuerte, pero Hathi levantó la trompa y habló tranquilamente.

–¿Habéis matado por placer? –preguntó; y cuando Hathi hace una pregunta, es mejor contestar.

Se suele decir que solo los seres humanos matan por placer, pero probablemente no sea cierto. Los felinos, familia animal a la que pertenece Shere Khan, también matan por deporte: cualquiera que haya convivido con gatos sabe que, aunque tengan comida de sobra a su alcance, los gatos domésticos dedican una buena parte de su tiempo a cazar, no para comer, sino para satisfacer su instinto de cazadores y para mantenerse físicamente en forma. Si pueden, cazan ratones y pajarillos; si no, cazarán nuestras zapatillas de andar por casa, un hilo caído al suelo o un botón. Les proporcionamos presas falsas (ratoncitos de peluche, pelotas, un ovillo de lana) para que ejerciten su instinto cazador; se afilan en la tapicería de nuestros sillones, en las alfombras, para tener las uñas prestas para la caza; acechan agazapados bajo la mesa y mueven la cabeza hacia adelante y hacia atrás para medir la distancia, y luego, con la rapidez de un rayo silencioso, se precipitan sobre su presa, la agarran con las uñas delanteras y con la boca, y con las patas traseras dan un certero golpe encaminado a romperle el cuello a ese calcetín o a ese carrete de hilo que se nos habían caído inadvertidamente al suelo. Esa caza, sin duda, les produce placer, aunque por razones inexplicables nunca se comen el calcetín ni el carrete de hilo ni el ratoncito de peluche que han cazado. «He matado», podrían decir, satisfechos, igual que los animales salvajes de *El libro de la selva*. Y nosotros miramos con complacencia su eficiente manera de cazar, la elegancia de su salto, la precisión de sus movimientos, que solo han resultado incruentos gracias a que en casa no hay ratas ni ratones, a que los pajarillos están al otro lado del cristal de la ventana y a que nosotros, a veces, colocamos a su alcance presas falsas con las que nuestros animales salvajes de compañía pueden ejercitar sus instintos asesinos.

Y así, también, los seres humanos han matado por placer durante miles de años.

> A cazar va el caballero,   a cazar como solía;
> los perros lleva cansados,   el falcón perdido había.

Así dicen los versos iniciales de un romance. Nada bueno puede esperarse de un día que empieza así: con una caza fallida, en que los perros se fatigan inútilmente, rastreando unas presas que no aparecen o persiguiéndolas sin éxito, y se ha perdido el halcón, un ave valiosa y cara, como todas las de cetrería; un pájaro costoso, en cuyo adiestramiento el cetrero habrá gastado muchas horas y mucha paciencia.

El del mal cazador, que fracasa en la caza, es un motivo folklórico presente en baladas de muchos pueblos y muchas lenguas, incluido el romancero hispánico. El caballero sale de caza y regresa sin cobrar ninguna pieza o, persiguiendo a un animal, se adentra en el bosque y se pierde. La caza no es, en estos casos, un simple entretenimiento aristocrático, ni mucho menos una forma de conseguir comida. Es la prueba en la que se contrasta la virilidad, su capacidad como hombre.

Por ejemplo, el caballero perdido (como su halcón) y cansado (como sus perros) se encuentra en un claro del bosque con una visión extraordinaria:

> Arrimárase a un roble, alto es a maravilla;
> en una rama más alta viera estar una infantina,
> cabellos de su cabeza todo el roble cubrían.
> –No te espantes, caballero, ni tengas tamaña grima.
> Hija soy yo del buen rey y de la reina de Castilla;
> siete fadas me fadaron en brazos de una ama mía
> que andase los siete años sola en esta montiña.
> Hoy se cumplían los siete años o mañana en aquel día;
> por Dios te ruego, caballero, llévesme en tu compañía;
> si quisieres por mujer, si no, sea por amiga.

La doncella encantada, condenada por siete hadas a estar sola durante siete años en el bosque, encaramada al roble al que la ligan cadenas invisibles (las cadenas de un encantamiento, imposibles de romper) pide ayuda al caballero: hoy, y solo hoy, es el día en que puede quebrarse el embrujo. Si él la toma y la lleva consigo, la doncella se verá liberada y, como premio, se le ofrece explícitamente: si no quiere tomarla por esposa, está dispuesta a ser su amante. Todo con tal de salir de aquel bosque espeso, de aquel encantamiento que comenzó hace ya siete años, cuando la doncella no era aún una adolescente hermosa sino una niña en brazos de su ama.

Pero el caballero, que ha fracasado en la caza, también fracasa en el amor. No se le ocurre otra cosa que decirle a la muchacha, explícitamente ofrecida, suplicante, que se espere un poco («un poco» es nada menos que hasta mañana, y, mientras, ella deberá aguardar sola en medio de un bosque denso y oscuro, poblado de alimañas como las que el caballero pretendía cazar) porque tiene que consultarle a su madre lo que debe hacer:

> «Esperéisme vos, señora,   hasta mañana aquel día.
> Iré yo tomar consejo   de una madre que tenía.»
> La niña le respondiera   y estas palabras decía:
> «¡Oh, mal haya el caballero   que sola deja la niña!»

La doncella maldice con razón: de todos los caballeros que van de caza por el bosque, le ha tocado que la descubra el más tonto, el más inhábil en la caza y, por tanto, el más torpe en el amor.

Menos mal que (aunque el romance no nos cuenta cómo) pronto aparece otro caballero más avispado, que toma inmediatamente la iniciativa. Un caballero que sin duda cobró aquel día alguna pieza –la pieza que se le escapó al cazador fallido– y ahora se lleva a la doncella, escoltándola con un espléndido séquito; el mal cazador, desesperado, se maldice a sí mismo por su necedad, mientras ve cómo otro le levanta la mejor caza del día:

> Él se va a tomar consejo   y ella queda en la montiña.
> Aconsejole su madre   que la tomase por amiga.
> Cuando volvió el caballero   no hallárala en la montiña;

vídola que la llevaban con muy gran caballería,
el caballero, desque la vido, en el suelo se caía;
desque en sí hubo tornado estas palabras decía:
«Caballero que tal pierde muy gran pena merescía;
yo mesmo seré el alcalde, yo me seré la justicia:
que me corten pies y manos y me arrastren por la villa.»

Mal consejo, el del varón que le consulta a su madre lo que debe hacer con una virgen que se le ofrece. Pero ¿qué se puede esperar de un hombre que es incapaz de cazar nada en todo el día?

MATANZA

Además de la carne de vaca y de ave, hay en mi plato un pedazo de tocino y trozos de chorizo y de morcilla, dos embutidos hechos con carne de cerdo. Es decir, con la carne de la que se alimentaron principalmente mis antepasados desde la Edad Media hasta hoy.

De norte a sur de la península ibérica y, sobre todo, en las comarcas interiores, el cerdo fue durante siglos la fuente principal de proteínas animales. Las carnes de aves y de ganado ovino eran más escasas y, por tanto, las más caras, así que no se usaban para el consumo diario; eran lujos al alcance de pocos o platos de fiesta.

La carne de vacuno fue hasta el siglo XIX la menos apreciada. En el primer capítulo del *Quijote* se nos describe el estilo de vida del hidalgo protagonista –un hidalgo que nunca llegaremos a saber cómo se llama: Alonso Quijano, o Quejano, o Quesada, tal vez– y, entre otras cosas, se nos cuenta qué come. Y resulta que su comida cotidiana es precisamente un cocido, una «olla de algo más vaca que carnero». Que la olla (es decir, el cocido) lleve más vaca que carnero quiere decir que, sin ser pobre, el hidalgo tampoco es rico; goza, sin duda, de reconocimiento social en ese pequeño lugar en el que vive, un lugar también innominado, más grande que una aldea pero más pequeño que un pueblo, donde todo el mundo le conoce y le respeta; hace varias comidas al día –o sea, que no pasa hambre– y consume los manjares propios de su estatus social y de su entorno. Pero no debe andar muy sobrado de dinero, porque quien guisa para él no puede permitirse el lujo de incluir en la olla del señor mucha carne de carnero, así que tiene que recurrir a la de vaca, más barata.

El cerdo aparecía casi en todos los platos de la cocina popular de España y Portugal. A veces como ingrediente principal del plato; otras, acompañando a patatas, legumbres o verduras. Incluso mezclado con productos del mar, como el cerdo a la alentejana de Portugal –a la alentejana, o sea, al estilo del Alentejo, la comarca que está allende el Tajo–, en el que los pedazos de carne magra de cerdo se guisan con almejas.

En los pueblos, muchas familias criaban desde pequeño un cerdito para matarlo cuando estuviera crecido y comían de él durante todo el año, administrando sabiamente los productos de la matanza. Matanza no era solo el acto de matar al animal, sino también el nombre genérico de las conservas que se hacían con su carne.

«Del cerdo, hasta los andares», es un dicho que indica que del cerdo se aprovecha todo y, en efecto, de él deriva toda una variedad de embutidos que nacieron, precisamente, de la necesidad de estirar la carne del animal para que durase todo el año, para que alimentase a una familia entera durante meses, hasta la próxima matanza provisora.

La matanza del cerdo fue, hasta hace pocos años, una fiesta que duraba varios días, que reunía a familiares, amigos y vecinos. Solía hacerse en los días fríos de otoño, normalmente en torno al día de San Martín, que se celebra el

11 de noviembre, y de ahí el dicho «a cada cerdo le llega su San Martín» para indicar que cada uno recibirá, a su debido tiempo, el castigo merecido por sus malas obras.

Pero el cerdo era inocente, no moría por sus malas obras, sino por las necesidades de proteínas de los seres humanos. Moría el cerdo dando gritos, consciente –son animales inteligentes– de que iba a la muerte arrastrado por el gancho del matarife (un gancho que se le clavaba en la mandíbula para arrastrarlo mejor), debatiéndose sobre el banco donde se le tumbaba para degollarlo y que se desangrase lentamente. Todos, mayores y niños, participaban en la matanza, sin inmutarse por los gritos del cerdo, con la dureza hacia los animales que tenían las gentes del campo. Participaban todos porque había mucho que hacer: los niños tenían que recoger en cubos la sangre que manaba del cuello del animal y removerla continuamente para que no se cuajase (en muchos sitios se usaba para remover la sangre las ruecas viejas de hilar, cuando ya no hilaban más que las abuelas); las mujeres, a lavar tripas y mondongos, una tarea ingrata pero necesaria, porque las tripas, bien lavadas, se usaban luego para embutir las carnes y hacer los embutidos; a los hombres correspondía, por lo general, trocear la carne y picarla. Y luego, por la tarde, empezaban a elaborarse los embutidos, primero los más efímeros, como las morcillas, que llevaban sangre. Luego, los que se preparaban con carne magra, bien condimentada con sal y especias. Los embutidos y los jamones se cocían, se ahumaban o se dejaban curar colgados en un lugar fresco y oreado durante semanas, para que durasen mucho tiempo.

Una celebración cruel pero necesaria, ya que servía para garantizar que durante todo el año, y especialmente durante el crudo invierno, hubiera proteínas para alimentarse

Hace en realidad pocos años (quizás solo quince o

veinte) que la matanza dejó de hacerse en casa. En algunos pueblos la han recuperado (o recreado y reinventado) como una ceremonia con una doble dimensión turística y didáctica. Se trata de que quienes no han vivido el ritual auténtico puedan asistir a su representación; y, así, se anuncian la «Fiesta de la matanza», las «Jornadas de la matanza. Fiesta gastronómica de interés turístico»; o, a veces, mezclando saberes tradicionales dispares, «Fiesta de la matanza y de la artesanía popular»; e incluso «La cerdo-experiencia: fiesta de la matanza».

La actividad se presenta siempre como una fiesta, justamente lo que era en tiempos, y a ella pueden acudir grupos, personas adultas o familias con niños, previa inscripción. Pero en la fiesta falta el elemento que siempre fue fundamental: el sacrificio del cerdo, degollado y desangrado por hábiles matanceros en presencia de todos los participantes, niños incluidos. En las fiestas de la matanza actuales el cerdo llega ya sacrificado, asépticamente ejecutado en un lejano matadero, y muchas veces ya despiezado. La fiesta consiste en preparar los embutidos y los guisos tradicionales y luego consumir un poco de ellos, pero el sacrificio del animal sucede lejos y su muerte –esa muerte útil– queda desdibujada, como si nunca hubiera existido. Como si la carne que se manipula para elaborar sabrosos alimentos hubiese brotado de la tierra ya muerta y preparada, o hubiese caído del cielo. Como si no fuera un animal de verdad sino, también, un simulacro. Matanzas sin muerte, aligeradas de cualquier peso de culpa o de agradecimiento.

También puede existir el no-cerdo, el cerdo virtual, que se saborea pero no se come.

Hace unos años probé, en una ciudad de Alemania,

una de las especialidades gastronómicas de la región: cerveza ahumada, a la que los alemanes llaman *Rauchbier,* literalmente «cerveza de humo». Al beberla, daba la extraña sensación de estar bebiendo un plato de salchichas licuadas; tenía el mismo sabor ahumado de las salchichas, pero era solo cerveza, un caldo de cebada germinada que hoy tomamos fría y que en su origen era una sopa tibia, probablemente dulzona, a la que a partir de la Edad Media se le empezó a añadir lúpulo, una planta trepadora cuyas flores, de un verde intenso y de forma parecida a la de una piña en miniatura, dan a la cerveza ese sabor amargo del que no podemos prescindir.

Aquella cerveza de Bamberg no me agradó demasiado, pero me hizo pensar. Se veía que estaba pensada para engañar el gusto, haciendo creer que se comía mientras se estaba bebiendo. La consumimos en una vieja cervecería al estilo antiguo, de paredes cubiertas con madera oscura y largas mesas comunes. Y mientras apuraba a duras penas mi *kleines bier* de medio litro, me imaginaba con facilidad a la gente de otra época, quizás no tan lejana, que se alimentaba todo un día con una jarra de cerveza y un trozo de pan de centeno, apretado y contundente, y se levantaba de la mesa compartida con la sensación de haber comido un plato de salchichas con pan, acompañado de una buena cerveza.

Era el sabor ahumado de la cerveza lo que les daba la impresión de un alimento proteínico inexistente; por tanto, se trataba de unas salchichas virtuales, pero ellos habían paladeado su sabor. La Rauchbier debió de inventarse en un tiempo en que la gente pasaba mucha hambre.

En los siglos XV y XVII, mi país estuvo dividido en dos, según los ingredientes de la alimentación.

No se trataba de una división geográfica, sino religiosa y, por tanto, ideológica: los que comían cerdo estaban proclamando, en el acto mismo de comer, su adhesión al cristianismo; los judíos y los conversos judaizantes evitaban cualquier producto derivado del cerdo, cuyo consumo está prohibido en el judaísmo. Así que echar al puchero vaca u oveja en vez de cerdo, no consumir productos de matanza, era un indicio de adhesión al judaísmo, una marca social que hacía sospechosos de herejía a los que comían así, comían como judíos, aunque no fueran ya judíos, sino hijos o nietos o biznietos de aquellos que se convirtieron. Lo mismo que sucede con el encender o no el fuego los sábados, los procesos inquisitoriales están llenos de criados y vecinos que declaran que nunca vieron comer cerdo ni manteca a sus señores o sus convecinos y esas declaraciones se usan como prueba para condenar a los sospechosos.

Y luego estaban los otros, los que seguían la costumbre de sus antepasados sin saberlo, por mera tradición, y descubrían de repente, con horror, que sus usos de toda la vida, los que aprendieron de sus padres y abuelos –muchas veces, de sus madres y abuelas–, eran pecado, eran herejía, que sus comidas y su vida entera estaban contaminadas por la culpa, una culpa inocente, pero culpa al fin.

Cuando los inquisidores visitaban una villa o una ciudad, publicaban lo que se llamaba un *edicto de fe,* una proclama solemne en la que se enumeraban las prácticas consideradas heréticas. Se exhortaba a los habitantes, bajo pena de excomunión, a denunciar a las personas que seguían esas prácticas. Y era entonces cuando muchos descubrían que, si no querían quedar excomulgados, tenían que denunciarse a sí mismos.

Se abría un período de gracia, de treinta o cuarenta días, para que los herejes (aunque fueran herejes sin saberlo) se autoinculpasen, evitando así ser condenados a penas severas a cambio de una ligera penitencia.

Así que en esos días del período de gracia acudían a los inquisidores gentes que se inculpaban de actos aparentemente triviales, pero que la Inquisición conocía muy bien, como dejar las luces encendidas durante toda la noche del viernes, o bañarse y cambiarse de camisa el viernes por la tarde, o rezar determinadas oraciones que sus padres les enseñaron y que ahora descubrían que eran oraciones judías; algunos tenían devoción a santa Esther o a san Daniel –santos que ellos creían cristianos y ahora, de repente, descubrían como figuras épicas del judaísmo– o conservaban en casa un viejo libro del abuelo escrito en letras hebreas, unas letras que ellos no sabían leer.

Muchas de esas autoinculpaciones se referían a costumbres alimentarias: quitaban el tendón de la pierna de cordero porque sus madres se lo habían enseñado así y aquello que parecía un consejo culinario práctico se revelaba inesperadamente como una práctica herética; hacían con aceite una comida que todos sus vecinos solían preparar con manteca; no mezclaban la carne con el queso; nunca habían probado la carne de cerdo.

Trato de imaginarme los sentimientos de aquellos católicos sinceros, descendientes de judíos convertidos, que descubrían súbitamente prácticas heréticas en los gestos más rutinarios de su vida cotidiana. Al tiempo que se autoinculpaban, debieron de descubrirse a sí mismos y a su propia familia y pensar mucho en sus antepasados, ahora muertos y silenciosos para siempre. No pudieron no preguntarse qué les hubieran contado sus padres si hubieran tenido libertad para hacerlo, si no hubieran vivido atenazados por el miedo a ser descubiertos, si hubieran podido hablar.

ENTRAÑAS

Entre los trozos de carne de mi plato hay también un pedazo de pezuña de cerdo, que después de la cocción ha quedado gelatinoso y tierno, y sin duda ha aportado también gelatina al resto de los ingredientes y al caldo, dándoles una textura un poco gomosa y satinada. Y es que estos animales que comemos no solo tienen músculos. Sus extremidades, su cráneo, su cavidad abdominal y su pecho guardan cosas que también se comen.

En mi barrio había un tipo de establecimiento que hoy en día ha desaparecido: la casquería.

La casquería más cercana a mi casa era una tiendecita pequeña, larga y estrecha, con un mostrador de mármol blanco que la dueña se esforzaba por mantener siempre impoluto y reluciente. La propia dueña se mostraba ante los parroquianos también impoluta y reluciente, muy acicalada y vestida con un delantal blanco almidonado, guarnecido con pasamanería de algodón.

Esa blancura era un marchamo de calidad en un comercio que por todas partes rezumaba sangre, como si allí hubiera habido una masacre o, mejor dicho, una hecatombe. De una barra sobre el mostrador colgaban garfios con productos espeluznantes: corazones vacunos o porcinos, pulmones de cordero o de res (lo que se llamaba el bofe), hígados, morros y orejas de cerdo, manitas de cordero o de puerco, riñones; sobre el mármol resplandeciente se exhibían cerebros enteros de cordero (los parroquianos pedían una sesada o media sesada, según quisieran comprar el cerebro entero o solo un hemisferio cerebral ovino), bandejas con testículos de cordero y de cerdo (su nombre era *criadillas)* y unas fuentes hondas con sangre cuajada que se cortaba a trozos con un cuchillo y se vendía al peso para guisarla con tomate (sangrecilla con tomate, se llamaba ese plato).

Mi madre me mandaba a veces a la casquería porque a los niños de entonces –y sobre todo a las niñas– las madres les encargaban que hicieran pequeños recados por el barrio: comprar una bobina de hilo blanco en la mercería, dos barras de pan o un litro de leche en la vaquería donde las vacas vivían, insalubres, en los bajos de una casa de pisos. Me solía encargar que le pidiese a la casquera tres filetes de hígado de ternera cortados finitos o, a veces, unos riñones de cerdo para hacerlos al jerez o unos sesos para rebozar. Esas eran las únicas vísceras que comíamos en casa, porque mi madre nunca hacía manitas, ni orejas, ni morros, ni sangre, y el bofe, aunque algunos lo compraban para comer, se consideraba sobre todo cordilla, comida para gatos.

Los niños de mi generación hemos comido mucho hígado: frito, empanado, encebollado. También muchos sesos: en la cocina, el cerebro se hervía hasta que quedase duro y correoso, se cortaba en trozos, se rebozaba y se freía. Todas comidas baratas y nutritivas, ricas en hierro, proteínas y minerales, en unos tiempos en que la carne era cara y todavía no se había producido la cría intensiva de pollos en granjas avícolas, por lo que las aves eran inasequibles y se reservaban para la comida principal de Navidad o de las grandes festividades.

Las vísceras eran, por tanto, las proteínas de los pobres y no tan pobres, también para la baja clase media que vivía decentemente apurando el sueldo para que llegase a fin de mes.

Había incluso un oficio, el de mondonguero, que era la persona que preparaba y vendía los intestinos de los animales; con frecuencia eran mujeres, las mondongueras, las que hacían esa tarea.

En torno a los mercados y los mataderos proliferaban las tabernas que servían oreja frita, manitas de cerdo o de cordero guisadas y las inefables gallinejas, hechas con tripas de cordero o de cabrito (en tiempos se hacían con tripas de gallina: de ahí el nombre) que, una vez bien lavadas (se suponía que bien lavadas), se ovillaban formando una madeja en torno a dos trozos de caña o de palo y se freían en abundante aceite, un aceite casi hirviendo, recalentado y denso, por el cual habían pasado ya cientos de gallinejas precedentes. Platos fuertes y contundentes, nacidos de un esfuerzo por hacer sabroso lo que nadie quiere, los desechos de los animales sacrificados que no son carne, lo que se desprecia en las mesas de los ricos.

VERDURAS

Quizás, si fuera japonesa, diría *itadakimasu* por estas verduras, que también estaban vivas, creciendo en su mata, y han sido cortadas para darme de comer a mí, es decir, para que yo viva.

Pero como soy europea, me cuesta trabajo imaginar estas plantas, que estaban vivas y ahora ya no, como seres animados, dotados de ánima, es decir, de algún espíritu o aliento de vida. Para los occidentales, las plantas son cosas y las cosas no tienen espíritu.

Pero sí que tienen nombre. Podría nombrar de distintas maneras los diferentes vegetales que, ya hervidos, están hoy en mi plato.

Busco sus nombres y lo primero que encuentro son muchas palabras en latín: *Brassica oleracea, Solanum tuberosum, Alium ampeloprasum, Brassica rapa, Daucus carota, Pastinaca sativa.* Unos nombres y apellidos latinos que dan a este plato modesto un aire solemne y erudito, como si lo que voy a comer me hiciese más sabia que si digo simplemente sus nombres en vulgar castellano: col, patata, puerro, nabo, zanahoria, chirivía.

Pero todas las plantas que conocemos tienen un nombre y un apellido latino, internacionalmente reconocido, que indica con precisión el género y la especie a las que pertenecen sin que haya posibilidad de confundirlas con otras.

En realidad, esa nomenclatura latina no solo afecta a los vegetales, sino a todos los seres vivos, así que mediante los nombres en latín reconocemos implícitamente que esas plantas que hoy comemos son seres vivos o, más bien, que estuvieron vivos, y por ellos podemos decir *itadakimasu*.

Esa nomenclatura universal fue creada por un científico sueco del siglo XVIII al que en castellano solemos llamar Linneo. Como las plantas y los animales, él también tuvo varios nombres: su nombre de pila era Carl Nilsson y su apellido, Linnaeus; pero para firmar sus trabajos científicos latinizó su nombre como Carolus Linnaeus, ya que el latín era todavía en el siglo XVIII la lengua de cultura, la que permitía entenderse en un lenguaje común a todos los sabios del mundo. Si Linneo hubiese escrito en sueco, su lengua materna, sus investigaciones no hubieran tenido la repercusión internacional que tuvieron, ya que muy pocos hubieran podido leerlas. Así que el latín era la lengua que permitía que pudieran entender y leer sus obras un filósofo francés como Rousseau, un poeta alemán como Goethe o un botánico holandés como Johannes Burman, todos ellos contemporáneos y admiradores de Linneo.

Todavía le aguardaba a Linneo un nombre más: Carl von Linné, el nombre que adoptó cuando el rey Adolfo Federico de Suecia le otorgó un título nobiliario en reconocimiento por sus descubrimientos científicos. Además de nuevo nombre, Carl Nilsson Linnaeus/Carolus Linnaeus adoptó un escudo de armas que, como pieza heráldica, seguramente sea un disparate, pero representa muy bien sus actividades e intereses científicos: un escudo partido en tercios (una partición bastante rara para un escudo, que suele dividirse en mitades o en cuarteles, pero no en tres trozos o porciones desde el centro, como si fuera un pastel), cada uno de los cuales es de un color (los que los heraldistas llaman gules, sable y sinople y la gente común suele llamar rojo, negro y verde) para simbolizar cada uno un reino de la naturaleza (el rojo los animales, en negro los minerales y el verde los vegetales). En el centro, donde confluyen las líneas de partición, hay una figura tan poco heráldica como un huevo. Sí, un huevo.

En los escudos nobiliarios es frecuente encontrar animales, reales o imaginarios: leones, leopardos, grifos, dragones, serpientes, lobos, águilas. Pero no suele utilizarse como motivo heráldico el huevo del que tal vez salga un águila o un dragón o una serpiente, el preanimal heráldico que es una promesa de vida. Precisamente por eso Linneo eligió un huevo para estamparlo –no estrellarlo– en el mismísimo centro de su escudo de noble recién estrenado: para indicar que la naturaleza siempre se renueva.

Pero el escudo no hubiera estado completo sin un motivo vegetal, ya que Linneo era sobre todo botánico. Así que todo el escudo, partido en tres como una tarta tricolor y con su huevo en medio (una figura que recuerda ligeramente las monas de Pascua), está coronado por dos largas hojas verdes bordeadas de espinas, que seguramente quieran ser dos hojas de acanto, el cardo ennoblecido y sacralizado por los griegos, que lo utilizaron como motivo decorativo principal en los capiteles corintios de sus templos; entre las dos hojas pinchudas, se eleva, grácil, un tallo delicado del que salen hojitas ovaladas opuestas y dos florecillas simétricas en forma de campanita: es una *Linnaea,* una planta de climas fríos y húmedos que lleva el nombre del propio Linneo, el botánico que la describió. Así que

Linneo, ahora noble y convertido en Carl von Linné, incorpora a su escudo uno de sus descubrimientos científicos, aquella plantita sobre la cual sin duda un día se inclinó entusiasmado, que arrancó cuidadosamente de la tierra con su raíz, su tallo, sus hojas y flores, para luego disecarla entre láminas de papel secante y describirla minuciosamente y darle un nombre, el suyo propio.

Dar nombres. O, mejor dicho, crear un sistema claro, práctico y riguroso para asignar nombres a los seres vivos. Una taxonomía. Esa fue, si no la única, la mayor aportación de Linneo a la historia de la humanidad.

Carl Nilsson Linnaeus era hijo y nieto de pastores luteranos. Él mismo empezó a estudiar, impulsado por su familia, para convertirse un día en ministro de la palabra de Dios; que eligiese el camino de la ciencia, en lugar del sacerdocio, supuso una decepción para su familia, especialmente para su padre, el pastor Nils (por eso él se llamaba Nilsson: el hijo de Nils). Pero, habiéndose educado en un entorno religioso luterano, sin duda Carl había aprendido desde pequeño el valor de la palabra, la importancia de los nombres. Muchas veces habría leído u oído leer en casa y en la iglesia el pasaje del Génesis:

> Entonces Yahvé, habiendo formado de la tierra todos los animales del campo y todas las aves de los cielos, los condujo ante el hombre para ver cómo los llamaba, y que toda denominación que el hombre pusiera a los animales vivientes, tal fuera su nombre. El hombre impuso, pues, nombres a todos los ganados, a todas las aves del cielo y a todas las bestias salvajes; mas para el hombre no se halló ser similar a él.

Así que el poner nombres a los seres vivos era una tarea que Dios mismo encomendó a Adán, el primer hombre, y solo a él. Poner nombre a las cosas naturales suponía cumplir con un mandato divino.

Linneo empezó por poner nombres a las plantas y acabó poniéndoles nombres a los animales, incluido el mismo ser humano.

Antes de Linneo existían distintas taxonomías para las plantas, pero su idea genial fue crear un sistema que permitía clasificar a todos los seres vivos, agrupándolos según sus características comunes. La taxonomía de Linneo, que se publicó en su libro *Systema Naturae* («El sistema de la naturaleza»), tiene como principal virtud, precisamente, ser sistemática y aplicable a cualquier ser vivo. Está compuesta de grupos y subgrupos, como un árbol genealógico que se va abriendo en distintas ramas: el grupo más grande es el reino (animal o vegetal); dentro de cada reino hay tipos (o filo), y dentro de cada tipo hay clases, y dentro de cada clase hay distintos órdenes, y dentro de cada orden, familias, y una familia abarca varios géneros y dentro de cada género hay distintas especies, de manera que cada individuo puede incluirse dentro de ese árbol para ser nombrado inequívocamente por su género y su especie.

Por ejemplo, yo, que soy un ser humano, pertenezco al reino animal, lo cual me separa radicalmente, desde mis mismos orígenes, de estas verduras que tengo en el plato, que pertenecen al reino vegetal.

De entre los animales, pertenezco al tipo o filo de los cordados, es decir, los que tienen su organismo ordenado en torno a una cuerda o tubo hueco, que estaba ya en mí cuando yo era un embrión y que, en mi caso, ha dado origen a la columna vertebral. Ya vamos precisando, y esa precisión me aparta, por ejemplo, de los mejillones o los escarabajos, carentes de ese tubo o cuerda en torno al cual se estructura simétricamente mi organismo.

De entre esos cordados, pertenezco a un importante subgrupo (o subfilo): el de los vertebrados, los animales en los que la cuerda o tubo hueco ha dado origen a una columna vertebral. Somos muchos.

Pero dentro de los grupos y subgrupos hay clases. La mía es la de los mamíferos, compuesta por todos los animales que de pequeños hemos mamado de las tetas de nuestras madres. Una característica que me separa de las gallinas, las lagartijas o las ranas, pero que me acerca amablemente a los delfines y las ballenas que surcan los mares (y que también dan de mamar a sus crías, aunque lo hagan dentro del agua) y me hace pariente de los murciélagos que, envueltos en sus propias alas, duermen cabeza abajo en la profundidad de las cuevas o en los troncos huecos de los árboles, y que también amamantan a sus crías en la oscuridad húmeda de sus nidos.

En la clase de los mamíferos se distinguen varios órdenes, y ahí también estoy yo: en el de los primates, bien acompañada de chimpancés, orangutanes, bonobos y gorilas, pero también de los lémures de Madagascar, que, aunque a primera vista puedan parecer felinos o roedores, ocupan en la naturaleza el mismo orden que yo.

Y es que dentro de los primates hay dos subórdenes. Uno es el de los estrepsirrinos (literalmente, los de nariz curva), cuya nariz forma una especie de hociquito húmedo, cubierto de membrana, del cual salen unas vibrisas o pelos largos como los bigotes de los gatos o los zorros: a este suborden pertenecen precisamente los lémures, y por eso nos parecen más similares a un felino que a un mono. Como yo no tengo esos bigotes o vibrisas que siempre he envidiado en los gatos, no hay más remedio que reconocer que pertenezco al otro suborden dentro de los primates: el de los haplorrinos (literalmente, de nariz simple), es decir, los primates que tenemos narices con dos agujeros y sin bigotes.

Dentro del suborden de los haplorrinos, hay a su vez un parvo orden (literalmente, un «orden pequeño») que es el de los catarrinos, los que tenemos los agujeros de la nariz mirando hacia abajo (bueno, más o menos hacia abajo: unos más hacia abajo que otros) y separados por un tabique nasal. Ahí estoy también yo, en la bulliciosa compañía de los babuinos, los bonobos y los papiones, que también tienen una nariz con los agujeros hacia abajo.

Al fin llegamos a mi familia, que es la de los homínidos. A ella pertenecemos los gorilas, los orangutanes, los chimpancés y yo misma. Mi especie es la humana, así que mi nombre y mi apellido son *Homo hominis.* En latín, la palabra *homo* significa simplemente «ser humano», sin ninguna referencia al sexo; para decir ser humano de sexo masculino, la palabra es *uir* (que es de donde vienen el sustantivo *virilidad* y el adjetivo *viril);* pero esa palabra, *uir,* no aparece en la clasificación de Linneo, en la que cada ser vivo pertenece a un género y a una especie, independientemente de que sea macho o hembra.

El que Linneo incluyera al ser humano en la clasificación general de los seres vivos no pareció bien a todo el mundo. Esa criatura tan especial, que había dado nombre a los otros animales y que según la Biblia no tenía par en la naturaleza (y por eso Dios tuvo que crear a la mujer, Eva: para que hubiera algún ser vivo equiparable a Adán), ¿podía ser incluido como un animal más en una clasificación que otorgaba nombres a los seres vivos basándose exclusivamente en sus características físicas? ¿Dónde estaba el alma del hombre, ese aliento divino que le otorgaba capacidad de entender las cosas, de comprender incluso qué era el bien y qué era el mal, de ser consciente de que, como castigo a su curiosidad y a su deseo de saber, le esperaba la muerte?

Pero Linneo, el hijo del predicador, desde su mentalidad racionalista –razonar: algo que solo puede hacer una mente humana–, permaneció firme frente a los ataques y las críticas y mantuvo al ser humano en su lugar, dentro de esa rama de vertebrados mamíferos que tienen las narices de una determinada manera. Su padre, el pastor Nils, nunca pudo aceptar con serenidad la taxonomía de su hijo, rayana en la herejía.

Yo soy *Homo hominis* de la misma manera que el nombre y apellido del nabo es *Brassica rapa*; aunque, como hay muchas clases de nabo, quizás convenga aclarar que lo que tengo en el plato es *Brassica rapa,* subespecie *rapa*.

Claro que lo que hay aquí no es la planta entera, sino solo una parte, que por su apariencia podríamos pensar que es una raíz, ya que crece parcialmente bajo tierra, pero en realidad es un tallo. Lo que se llama un tallo bulboso, en forma de bulbo, en el que se han acumulado numerosos nutrientes destinados a nutrir a la planta, y que ahora me nutren a mí.

Por encima de la superficie de la tierra, la planta del nabo es un manojo de hojas lanceoladas, largas, que produce unas lindas flores amarillas de cuatro pétalos, arracimadas en el extremo de un tallo grácil y flexible. En algunas zonas, antes de que la planta florezca se recolectan las hojas verdes y, cocidas, se comen como verdura; tienen un sabor bastante amargo, que casa bien con los platos contundentes y grasos de carne de cerdo: es la nabiza, que en Galicia llaman grelos, y que forma parte de platos como el lacón con grelos o el caldo o pote gallego, el avatar gallego del cocido.

En general, lo que tengo en mi plato no son más que despojos, fragmentos (casi todo, tallos gruesos o raíces, también algunas hojas) de plantas que, contempladas al completo, resultan bien bonitas de ver. No es de extrañar que los naturalistas de los siglos XVIII y XIX se esmerasen en representarlas en unos grabados que no solo reproducían con exactitud las características de la planta, sino que eran auténticas obras de arte.

Por ejemplo, imaginemos una lámina que representa una mata de zanahorias; unas zanahorias normales, como las que tengo hoy en mi mesa. En la parte inferior de la planta, que queda bajo tierra, está la raíz en forma de cono invertido, que la mayor parte de las veces será de un alegre color anaranjado, aunque también hay zanahorias amarillas, blancas o incluso moradas. De la parte superior y más ancha de ese cono nace un hermoso penacho de tallos que emergen de la tierra, coronados de hojas delicadas que parecen plumitas verdes similares a las del apio, pero más finas y sutiles, como si fueran de encaje. La semejanza con el apio no es casual, sino resultado de que tanto la zanahoria como el apio pertenecen a la misma familia, la de las apiáceas o umbilíferas. Umbilíferas significa «que llevan paraguas», porque umbela es la palabra latina para paraguas, y de ahí vienen el inglés *umbrella* y el italiano *ombrello*.

¿Qué paraguas tienen los apios y las zanahorias? El paraguas de sus flores, porque el tallo verde principal se abre en el extremo en un racimo de tallos secundarios, más finos, dispuestos exactamente como las varillas de un paraguas: una umbela. En el extremo de cada una de esas varillas hay una florecilla blanca, de manera que las inflorescencias de las zanahorias se asemejan a un paraguas que, en un día de nieve, hubiera sido vuelto del revés por un golpe de viento, conservando en el hueco cóncavo de su tela un montón de copos de nieve. Casi da pena cortar esa planta tan bonita para aprovechar solo su raíz luminosa, que ha adquirido un color vibrante mientras se mantenía oculta bajo la tierra fértil.

Hay también, en este plato, mucha historia y mucha geografía. Confluyen aquí distintas épocas y tierras remotas. Porque, contra lo que solemos pensar, estas verduras y hortalizas no se incorporaron al mismo tiempo a la alimentación humana. Sin querer, nos imaginamos a los romanos de la Antigüedad comiendo tomates y a los campesinos medievales paliando su hambre con guisos de patatas, pero ni unos ni otros pudieron gustar esos productos, tan familiares para nosotros, por la sencilla razón de que en esas épocas aún no habían llegado a Europa.

Quizás el producto más antiguo sea el nabo, o sea, *Brassica rapa,* que ya lo comían los romanos. Las zanahorias seguramente vinieron de Oriente en la Edad Media, traídas por los árabes hasta el confín occidental del mundo entonces conocido, la península ibérica, y desde las tierras mediterráneas se trasplantarían al norte de Europa.

El producto que llegó más tarde a nuestras tierras de labor fue, claro, la patata, un tubérculo que es producto de muchas confusiones. Para empezar, el nombre con el que la conocemos, patata, es un error: su nombre es papa, que es como la llaman en la mayoría de los países de Hispanoamérica, conocedores de un producto que viene precisamente de allí, del altiplano andino, donde se cultivaba ya hace ocho mil años. El nombre de patata procede de la confusión con otro tubérculo, la batata *(Ipomoea batatas),* llamada también camote, boniato o moniato, una planta distinta, que se cultivaba en el Caribe y que ya trajo a la península ibérica Cristóbal Colón a la vuelta de su primer viaje. Pero los conquistadores españoles distinguían mal entre dos tubérculos americanos cuyas raíces tuberculosas mostraban una apariencia similar, y por eso cruzaron y confundieron sus nombres, llamando patata a la papa, de donde salió el inglés *potato,* pero no el francés *pomme de terre* («manzana de tierra», literalmente); en español las patatas, en un momento en que constituían una novedad exótica, se llamaron también turmas de tierra, es decir, testículos de tierra.

Tanto la patata como la batata interesaron desde el principio a los europeos por su hermosura, no por sus valores alimenticios. Son plantas de tallo airoso, hojas carnosas y bonitas flores (de hecho, la planta de la patata es pariente de la de las petunias, esas lindas flores en forma de campanilla). A eso hay que añadir que la patata o papa cruda es tóxica y solo se puede consumir después de cocida. Así que durante un par de siglos la patata fue una planta ornamental e incomestible o, mejor dicho, nunca comida por personas en Europa, aunque sí que se las echaban de comer a los cerdos.

Hasta bien avanzado el siglo XVIII, los seres humanos no se decidieron a probar el sabor de la patata, y aun así solo se consumía, en Francia, de forma ocasional; más que un alimento, las patatas cocidas eran un puro capricho de nobles ociosos y extravagantes, curiosos por probarlo todo. Si las acabó comiendo todo el mundo fue gracias a una estratagema que parece un cuento popular o una leyenda urbana.

Antoine-Augustin de Parmentier (1737-1813) era agrónomo y naturalista e hizo grandes aportaciones a la higiene y la alimentación en la Francia de finales del siglo XVIII y principios del XIX, un período turbulento marcado por guerras y revoluciones. De joven había sido prisionero de Prusia durante la Guerra de los Siete Años; durante su cautiverio pasó bastante hambre, hasta el punto de verse obligado a comer patatas, un tubérculo que entonces solo se usaba como alimento para el ganado. Ya liberado, se dedicó al estudio de los alimentos, motivo por el que fue honrado por Luis XVI antes de que este perdiese literalmente la cabeza, guillotinado tras la Revolución Francesa. Seguramente ese favor real hizo que el propio Parmentier viese su cabeza en peligro en la época revolucionaria, pero logró salir indemne y luego fue inspector general del servicio de salud de Francia durante la época de Napoleón; desde ese cargo, consiguió que el ejército francés vacunase a los soldados de la viruela, una enfermedad hoy prácticamente erradicada pero que entonces hacía estragos; el vacunar a todo un ejército fue una política atrevida y un tanto arriesgada, porque Edward Jenner había inventado la vacuna hacía muy poco, en 1796, y no dio a conocer sus resultados hasta 1798, así que la vacunación estaba todavía, por así decirlo, en fase de pruebas.

Durante toda su vida, Parmentier se ocupó de estudiar los medios para que la gente comiese alimentos nutritivos: propuso el uso del frío para conservar la carne, analizó las propiedades alimenticias del maíz y la castaña; ideó un método para extraer azúcar de la remolacha (hasta entonces, el azúcar provenía de la caña azucarera) y defendió que las patatas no solo se podían comer (él lo había hecho), sino que constituían un alimento estupendo. Sobre ese tema escribió varios tratados de nombres encantadores: *Examen chimique des pommes de terre* (publicado en 1773), *Examen critique de la pomme de terre* (de 1779), o *Traité sur la culture et les usages des pommes de terre,* un libro de casi cuatrocientas páginas, publicado precisamente en el mismo año en que estalló la Revolución Francesa. Al mismo tiempo que la Asamblea Nacional derribaba el antiguo régimen, Parmentier iniciaba con su tratado otro tipo de revolución, destinada también a cambiar la historia de la humanidad.

Y aquí es donde viene la historia que quizás sea una descripción de lo que realmente ocurrió o una mera leyenda, pero a mí me gusta creérmela porque es un buen ejemplo de cómo usar la psicología para publicitar un producto que nadie quiere, consiguiendo que se convierta en algo deseable y apreciado.

Dicen que Parmentier plantó un jardín de patatas en unas tierras que le había otorgado el rey Luis XVI (faltaban aún dos o tres años para la Revolución Francesa) y le puso guardas para custodiarlo, impidiendo que nadie entrase. Un jardín custodiado debe de contener, sin duda, plantas valiosas, así que creció el deseo de la gente de entrar en él y robar algunas plantas; aquello debía de ser lo que comían los reyes. Entonces, Parmentier dio orden a los guardas de vigilar el jardín solo durante el día, de modo que por la noche la gente, ansiosa de tener aquellas plantas prohibidas y sin duda valiosísimas, manjar de reyes, entraba y robaba patatas y las trasplantaba a sus huertos y sus jardines, y así la patata, revalorizada por la prohibición, fue extendiéndose y entró de lleno en el cultivo y en la alimentación humana.

Seguramente será mentira, pero es una bella historia.

Hoy se llaman *patatas a la parmentier* o simplemente *parmentier* a un puré de patatas suavizado con mantequilla o con crema de leche. Pero pocos saben por qué ese plato se llama así, ni quién fue Parmentier, el que salvó del hambre a generaciones de seres humanos.

Monsieur Parmentier, *itadakimasu.*

FRUTA

Al final de la comida, hago una cosa rara: tomo una pieza de fruta, que cambia según la estación.

El tomar la fruta al final, como broche de la comida, a modo de postre, es algo relativamente nuevo. En siglos pasados, la fruta era un entrante, una especie de aperitivo refrescante, como lo es para nosotros la ensalada; también se tomaban ensaladas de entrante, así que se diluía la distinción entre frutas y hortalizas que hoy nos parece tan clara: la fruta la consideramos algo dulce, apropiado para el postre, mientras que a las hortalizas frescas (algunas de las cuales, como el tomate, son también frutas) solemos añadirles sal y algún otro aliño, como aceite y vinagre, convirtiendo la ensalada en un plato salado, como su propio nombre indica.

Las frutas han dado mucho juego en la cultura popular. Hay, por ejemplo, una buena cantidad de refranes relativos a ellas, producto de unas épocas en que la medida del tiempo y la vida de los seres humanos estaba marcada por el ritmo de las cosechas y el acceso a los alimentos de temporada: «verse de uvas a peras», es decir, verse una vez al año, porque la vendimia llega justo después de la cosecha de las peras, así que si dos personas se ven en las uvas, para verse en las peras tendrán que esperar casi un año; lo mismo que «verse de higos a brevas».

Otros dichos sobre frutas tienen una lectura moral. «Viña, niña, peral y habar, malos son de guardar», porque las uvas, las peras, las habas y la virginidad de las muchachas inocentes son difíciles de proteger de los ladrones. «La mancha de la mora, con otra verde se quita», para señalar que los desengaños de amores se curan con un nuevo amor. «Pedirle peras al olmo», cuando se pretende algo imposible. «La fruta prohibida es la más apetecida», porque siempre deseamos lo que no tenemos. Y «Fruta de huerta ajena es la más buena», porque deseamos más lo que otro tiene que lo que nosotros mismos tenemos. En ese refrán debía de estar pensando el poeta Garcilaso de la Vega cuando, a principios del siglo XVI, ponderaba la dulce atracción que sentía por su amada: «Flérida, para mí dulce y sabrosa, más que la fruta del cercado ajeno.»

Hay también otros refranes relativos a las cualidades alimenticias o gustativas de las frutas: «Uvas con queso saben a beso.» «El melón de día es oro, por la tarde es plata y de noche mata», para avisar del momento más adecuado del día para comerlo.

Pero a mí el refrán de frutas que más me gusta es uno inglés: *«An apple a day keeps the doctor away»* (una manzana al día mantiene lejos al doctor). Una sabiduría a la vez intuitiva y empírica, de generaciones y generaciones de seres humanos que, sin entender por qué, experimentaron que quienes tomaban con frecuencia fruta padecían menos enfermedades. La manzana era la fruta más accesible en las latitudes del norte de Europa porque los manzanos crecen bien en climas fríos y en tierras de muy distinto tipo; y también porque, una vez recolectadas, podían conservarse durante mucho tiempo, a veces guardadas entre paja en arcas de madera, a veces oreándose en los altillos de las casas, a salvo de la humedad y bañadas por el aire fresco. Las manzanas, recogidas en otoño de unos árboles generosos, cargados de fruto, podían durar todo el año, hasta la siguiente cosecha. Todos los miembros de la familia podían comer, por tanto, *«an apple a day»* durante varias estaciones.

Una de las enfermedades a las que ahuyentaba ese consumo constante de manzanas era el escorbuto, un mal terrible que hoy en Occidente nos resulta casi desconocido, pero que, para su desgracia, era muy familiar para los marineros hasta el siglo XVIII. Durante los largos meses que pasaban embarcados, los marinos se alimentaban sobre todo de cereales (la famosa galleta de los marineros, que era una especie de torta dura sin levadura, que a medida que se iba endureciendo solo podía comerse remojada en agua) y de carne en salazón. Una dieta pobre en vitaminas y, más concretamente, en vitamina C, necesaria para la síntesis del colágeno, la proteína que forma parte de los músculos, los tendones y la piel.

El proceso de la enfermedad es terrible: aparición de lesiones en la piel, caída del cabello, hinchazón de las encías hasta que se caen los dientes, mala cicatrización de las heridas, inflamación de las articulaciones, fiebre, hemorragias externas e internas (con la consiguiente anemia) y, finalmente, la muerte. Sucedía muchas veces en los barcos, cuya tripulación pasaba meses navegando sin comer productos frescos, pero también había escorbuto entre los campesinos pobres y las poblaciones marginales de las ciudades.

La forma de evitar esa muerte espantosa era tan sencilla como comer frutas y verduras frescas, pero eso no lo sabían los marineros ni sus capitanes ni quienes suministraban bastimentos para los buques. Solo a mediados del siglo XVIII un médico de la marina británica, James Lind, descubrió la relación entre el escorbuto y el consumo –o, más bien, el no consumo– de fruta fresca; pero aun así nadie le creyó hasta finales del siglo, y entonces sí, entonces la armada británica comenzó a embarcar en cada buque partidas de limones; mientras tanto, transcurrieron más de cuarenta años de sufrimientos y muertes innecesarias.

Estremece pensar cuántos millones de personas han muerto –todavía siguen muriendo en lugares que nos parecen remotos, pero que están muy cerca– por enfermedades fácilmente evitables. Muertes causadas por una fatal combinación de falta de recursos y falta de conocimientos. El saber salva vidas.

La adquisición del conocimiento está ligada al consumo de una fruta: la del árbol prohibido del Paraíso.

> Dios plantó un huerto al este del Edén y puso allí al hombre que había formado.
>
> Y Dios hizo nacer de la tierra todo árbol delicioso a la vista y bueno para comer. También estaba en medio del huerto el árbol de la vida, y el árbol de la ciencia del bien y del mal.
>
> Salía de Edén un río para regar el huerto, y de allí se repartía en cuatro brazos: el nombre de uno era Pisón, el que rodea toda la tierra de Havilá, donde está el oro; el oro de aquella tierra es bueno, y hay también allí resina aromática y ónix.
>
> El nombre del segundo río es Guihón, el que rodea toda la tierra de Cus.
>
> El nombre del tercer río es Hidekel, el que va al oriente de Asiria.
>
> Y el cuarto río es el Éufrates.

> Tomó, pues, Dios al hombre y lo puso en el huerto de Edén, para que lo labrara y lo guardase. Y mandó Dios al hombre, diciendo: «De todo árbol del huerto comerás, pero del árbol de la ciencia del bien y del mal no comerás, porque el día que de él comieres, ciertamente morirás.»

Así que los dos primeros seres humanos vivían en aquel huerto fecundo, lleno de árboles y arbustos (y, por tanto, de frutas y verduras), que Dios había plantado especialmente para ellos, escogiendo unas tierras fértiles y bien regadas que, a juzgar por los nombres de los ríos, debían de estar en lo que hoy en día es Irak: una tierra entre ríos, uno de los cuales se llama Éufrates, que significa precisamente «fructífero».

Luego ya sabemos lo que pasó: un día, aprovechando la ausencia o el descuido de Adán, la serpiente tentó a la mujer y ella sucumbió a la tentación de adquirir saber, e hizo caer al hombre en la misma tentación de la sabiduría, de conocer el bien y el mal. Y la primera sabiduría que adquirieron fue la conciencia de su propia debilidad: estaban desnudos.

> Y vio la mujer que el árbol era bueno para comer, y que era agradable a los ojos, y codiciable para alcanzar la sabiduría; y tomó de su fruto, y comió; y dio también a su marido, el cual comió así como ella.
>
> Entonces se abrieron los ojos de ambos y se dieron cuenta de que estaban desnudos. Entonces, cosieron hojas de higuera y se hicieron delantales.
>
> Y oyeron la voz de Dios que se paseaba en el huerto, al aire del día; y el hombre y su mujer se escondieron de la presencia de Dios entre los árboles del huerto.
>
> Pero Dios llamó al hombre y le dijo: «¿Dónde es-

tás?» Y él respondió: «Oí tu voz en el huerto, y tuve miedo, porque estaba desnudo; y me escondí.» Y Dios le dijo: «¿Quién te enseñó que estabas desnudo? ¿Has comido del árbol del que yo te mandé que no comieses?»

Suele representarse a Eva con una manzana en la mano: la fruta del árbol del bien y del mal, del árbol de la sabiduría, sería, por tanto, una de esas manzanas de las que los ingleses dicen que hay que comer por lo menos una diaria si se quiere mantener lejos al doctor, un dicho que convierte en curativa la fruta del pecado.

Esa es la imagen que ha dominado en la iconografía cristiana; pero alguna que otra vez, en un capitel románico, vemos a Adán y Eva en el momento de su pecado, tomando la fruta del árbol del conocimiento del bien y del mal –no cabe duda de que se trata del árbol prohibido, porque una serpiente con cara humana se ha enroscado a su tronco– y el árbol no es un manzano: la copa está poblada de las inequívocas hojas profundamente lobuladas de la higuera, y los frutos engastados en esa copa frondosa tienen la característica forma globular de los higos o las brevas.

El representar como una higuera el árbol del bien y del mal es algo que los cristianos medievales debieron de aprender de sus vecinos judíos. Los comentarios rabínicos de la Biblia explican por qué el fruto del pecado debió de ser precisamente un higo: ni más ni menos que porque, inmediatamente después de transgredir la prohibición divina, Adán y Eva se hicieron delantales, o taparrabos, o algún tipo de vestimenta rudimentaria, con hojas de higuera; y los rabinos consideraron que en esa escena debió de darse una especie de justicia poética: era justo que el árbol que les había hecho pecar y caer en la cuenta de su desnudez les proporcionase cobertura para su recién adquirido pudor:

¿Qué árbol era aquel del que comieron Adán y Eva?

Rabí Yosef dice:

–Era una higuera y eso se deduce del contexto. Es como un príncipe que fornicó con una esclava y el rey, al enterarse, lo expulsó del palacio. El príncipe empezó a rondar por las puertas de las esclavas para que le acogiesen, y ninguna quiso recibirlo; pero aquella con la que había pecado le abrió su puerta y le dio cobijo. De la misma manera, cuando el primer hombre comió de aquel árbol, Dios lo expulsó, arrojándolo fuera del huerto del Edén, y andaba el hombre rondando de árbol en árbol, sin que ninguno quisiera prestarle ayuda. Sin embargo, la higuera, de cuyos frutos había comido, le abrió sus puertas y lo recibió, y por eso está escrito: «se dieron cuenta de que estaban desnudos y entretejieron hojas de higuera para cubrirse».

Tendría yo doce o trece años cuando alguien me regaló una antología de poesía para niños. O, mejor dicho, una antología para niños de poesía, ya que los poemas no habían sido compuestos expresamente para lectores infantiles; al contrario, se trataba de textos escritos por y para adultos, pero habían sido seleccionados porque trataban temas que podían ser accesibles a los más pequeños, con rimas fáciles y lenguaje relativamente sencillo.

Allí encontré unos versos de la poeta uruguaya Juana de Ibarburou, una hermosa mujer –se conserva una foto suya de 1934 en la que parece una actriz de cine– que engañaba con mentiras piadosas a una higuera de su huerto:

> Porque es áspera y fea,
> porque todas sus ramas son grises,
> yo le tengo piedad a la higuera.

En mi quinta hay cien árboles bellos,
ciruelos redondos,
limoneros rectos
y naranjos de brotes lustrosos.
En las primaveras,
todos ellos se cubren de flores
en torno a la higuera.
Y la pobre parece tan triste
con sus gajos torcidos que nunca
de apretados capullos se viste...

Por eso,
cada vez que yo paso a su lado,
digo, procurando
hacer dulce y alegre mi acento:
«Es la higuera el más bello
de los árboles todos del huerto.»

Si ella escucha,
si comprende el idioma en que hablo,
¡qué dulzura tan honda hará nido
en su alma sensible de árbol!
Y tal vez, a la noche,
cuando el viento abanique su copa,
embriagada de gozo le cuente:
¡Hoy a mí me dijeron hermosa!

Yo lloraba de emoción y de ternura leyendo aquellos versos de una sensibilidad un tanto exagerada, la de la mujer que no quería herir los sentimientos de un árbol, que procuraba elevar la autoestima vegetal con elogios fingidos, diciendo cosas que en realidad no sentía: «Es la higuera el más bello de los árboles todos del huerto.» Me daba lástima la pobre higuera, engañada y dichosa por el embuste deliberado, condescendiente, que la hacía presumir de una forma un tanto patética ante los otros árboles, más bellos que ella; más bellos simplemente porque daban flores aparentes, y la higuera tiene sus flores escondidas, encapsuladas en un estuche vegetal cerrado que se llama sicono, y solo se fecundan si una avispa entra en él para poner sus huevos y, de paso, poliniza las flores encerradas. «¡Hoy a mí me dijeron hermosa!», decía la higuera, y yo sentía piedad por ella, imaginando las burlas de todo el huerto.

Yo era una niña de ciudad y no había visto demasiados árboles en mi vida; solo los de alguna plazuela de mi barrio, los de los jardines del Retiro y de alguna excursión a los pinares de la Casa de Campo o a los bosques de encinas de la sierra de Guadarrama. Por falta de costumbre, era incapaz de distinguir unos árboles de otros; los parques urbanos eran a mis ojos un amasijo de follaje verde en primavera y verano, amarillo en otoño, en el que ningún árbol específico se distinguía. Tal vez, era capaz de reconocer un pino o uno de los plátanos de sombra que jalonaban muchas calles del centro de Madrid. Pero no sabía cómo era una higuera en realidad, y así la imaginaba como un árbol escueto y desnutrido, sarmentoso, gris, de ramas atormentadas y retorcidas, como se describía en el poema.

No recuerdo cuándo ni dónde descubrí cómo era una higuera de verdad. En las calles de mi barrio no había higueras, ni tampoco en los parques públicos de la gran ciudad. La primera vez que la vi hubo de ser en la visita ocasional a algún huerto ahora olvidado, o en el patio de una casa de pueblo que no recuerdo. Pero sé que, desde el primer momento en que la vi sabiendo lo que era, la higuera me pareció un árbol hermoso, injustamente denigrado por la poeta uruguaya cuyos versos yo recordaba muy bien.

Sus hojas carnosas, lobuladas, de un verde oscuro, prometían una sombra acogedora; el tronco tampoco es tan retorcido como se describe en el poema: si está bien cuidado, es un árbol de tronco recto y firme, que se bifurca en ramas robustas de un tono grisáceo. Su porte es majestuoso, con una copa exuberante que se extiende más a lo ancho que a lo alto, como si quisiera ofrecernos cobijo, y es capaz de formar una sombra fresca y bajo ella se difunde un olor peculiar, como una mezcla de resina y polvo del camino. Sentarse en un día de calor a la sombra de una higuera, mientras en torno a las inflorescencias cerradas, parecidas a bombillitas de color verde intenso, zumban avispas polinizadoras, es sentirse en el paraíso.

La higuera, por tanto, siempre estuvo aquí, cultivada desde hace más de ocho mil años por los seres humanos, que durante milenios han recolectado anualmente de ella dos tandas de frutos: las brevas, más tempranas, y los higos, maduros en plena canícula. El cultivo de la higuera es, probablemente, más antiguo que el de los cereales y, desde luego, que el de la mayoría de los árboles frutales que conocemos.

Porque, aunque todos aparezcan juntos en las fruterías, no todos los frutos han estado siempre aquí. Fueron llegando escalonadamente a lo largo de milenios, al ritmo de las migraciones, las invasiones, los descubrimientos, las expediciones científicas a tierras nunca antes exploradas. Cada movimiento humano transportó plantas (y, por tanto, flores y frutos) de un continente a otro.

Cuando yo era niña, la fruta era estacional. Hoy, si nos apetece, podemos comer uvas en marzo, ciruelas en febrero, cerezas y fresas en diciembre, tomates y naranjas todo el año. Algunas de esas frutas viajan desde el hemisferio sur, donde es verano en nuestro invierno; otras se conservan bastante bien durante meses en cámaras frigoríficas; y otras se cultivan, sin prestar atención al ritmo de las estaciones, durante todo el año en invernaderos: un mar de plástico que desde las naves espaciales se ve como un gran espejo o lámina de agua. La fruta siempre está ahí, a nuestra disposición, más barata o más cara según las épocas –solo en el precio se distingue una cierta estacionalidad–, como si los naranjos empezasen a florecer en agosto y las fresas nacieran espontáneamente bajo la escarcha invernal.

Antes, en cambio, esperábamos con ilusión la aparición sucesiva de las frutas y verduras a lo largo del año, porque solo nos llegaban en cortas temporadas. En invierno no había más fruta que las naranjas y las manzanas almacenadas desde el otoño; con el paso de los meses, la piel de las naranjas iba poniéndose progresivamente más arrugada y al final sus gajos eran un entramado de úvulas resecas; la carne de las manzanas adquiría con el tiempo una textura harinosa. Para las campanadas de fin de año se recogía una cosecha tardía de uvas pequeñas y un tanto agraces, porque el tiempo bueno de las uvas ya había pasado en el lejano mes de septiembre.

En primavera, era un alivio ver aparecer las primeras fresas y fresones, que venían, junto con los espárragos, de las huertas de Aranjuez; luego llegaban los albaricoques y, en junio, las peritas de San Juan, menudas, crujientes y efímeras; también empezaban a aparecer las cerezas y, ya comenzado el verano, las picotas, esas cerezas sin rabo, de color granate oscuro.

Pero el verano era, sobre todo, tiempo de melocotones, de sandías y de melones tempranos, aunque estos alcanzaban su esplendor a primeros de septiembre, en torno a la festividad de la Natividad de la Virgen, una época de advocaciones marianas patronales (las vírgenes de Covadonga, la Victoria, la Cinta, los Remedios, del Pino, de la Encina, del Castañar, de la Peña de Francia, la Virgen del Mar) que, genérica y un tanto irreverentemente, solían agruparse bajo el epíteto de «la Melonera», por ser fiesta de la Virgen en tiempo de melones. Por entonces habían venido ya, solo durante una o dos semanas, las brevas de agosto y los higos, un poco más tardíos. A lo largo del verano desfilaban ciruelas de distintos colores: moradas, amarillas, o las pequeñas y dulces ciruelas claudias de color verde ceniciento. Empezaban a aparecer también las peras blanquillas y las uvas moscatel recogidas en el sur, y luego las de levante y a veces, ya en octubre, venían uvas negras, más norteñas, de sabor un tanto áspero porque eran más uvas de vino que de mesa. Las manzanas y las naranjas eran frutas de otoño, pero primero llegaban las mandarinas, como un heraldo cítrico de la cosecha otoñal. Así, las frutas iban sucediéndose unas a otras a lo largo del año, sin superponerse apenas, desfilando cronológicamente sin pisarse el terreno unas a otras. Casi cada mes había una nueva fruta, pero de enero a marzo existía una especie de desierto en el que se sobrevivía tirando de la fruta otoñal que mejor podía conservarse.

Conocíamos pocas frutas tropicales, exóticas. Solo los plátanos llegaban durante todo el año de las islas Canarias, en grandes racimos que los fruteros colgaban, invertidos, de un gancho del techo de la tienda, y del que iban desgajando manojos con un cuchillo pequeño, según se los iban pidiendo los clientes. En verano había paraguayas, que a mí me parecían como melocotones achatados por los polos («achatada por los polos» era una expresión que había aprendido en la escuela, cuando me explicaron la forma de la Tierra: «una esfera achatada por los polos»). Y poco antes de Navidad llegaban las chirimoyas cultivadas en los valles de microclima tropical de Málaga o de Granada, que a mí me encantaban no solo por su olor aromático y dulce, su carne blanca como manteca terrosa y sus espléndidas pipas negras como cuentas de collar, sino por el hecho de que había que comerlas con cucharilla, lo cual acentuaba la sensación de estar tomando una golosina.

El ananás se llamaba entonces piña tropical, para distinguirla bien de la piña del pino piñonero, y solo nos llegaba enlatada, sumergida en un mar de almíbar que enmascaraba su punto de acidez. Hasta que no fui adulta no probé el fruto fresco, mucho más refrescante y aromático que su versión almibarada.

Luego, a lo largo de mi vida, he ido viendo aparecer otras frutas hasta entonces desconocidas, que nos parecían exóticas al principio y hoy están presentes con naturalidad en nuestra mesa: el kiwi de Nueva Zelanda, que, cortado por la mitad, es como el ojo verde de un reptil gigante; los aguacates mantecosos; el carambolo con su fascinante forma estrellada; los lichis y el rambután, que aprendimos a conocer en los primeros restaurantes chinos; la papaya con su carne anaranjada y pastosa y sus semillas que saben a pimienta; el mango, que es como un melocotón maduro impregnado de aromas de resina; los caquis de sabor delicado, que confundí con tomates la primera vez que los vi; el maracuyá o fruta de la pasión, de flores como medusas y semillas envueltas en una gelatina aromática.

Resulta fácil entender que esas frutas exóticas, originarias de otros países, de África, de Asia o de América, hayan llegado hace poco hasta nosotros. Pero cuesta más trabajo imaginarse un Mediterráneo sin otros frutos que siempre hemos comido y cuyos árboles han configurado nuestro paisaje. Sin querer, nos representamos a los hombres primitivos comiendo albaricoques y melocotones, y cuando nos dicen que Lucio Anneo Séneca, el filósofo romano, además de filósofo estoico era un rico terrateniente, nos lo imaginamos en una casa de campo rodeada de naranjales y huertos de limoneros. No caemos en la cuenta de que esas frutas hoy tan mediterráneas llegaron de lejos y fueron, en tiempos, frutas exóticas: el albaricoquero vino de la China y se difundió por Europa desde Turquía; el nombre del melocotonero es *Prunus persica,* es decir, ciruela persa, lo cual indica sus orígenes; los limones y las naranjas, que han dado origen a uno de los paisajes más característicamente mediterráneos –esas grandes extensiones de huertos de cítricos del Levante español o del sur de Italia–, provienen del Lejano Oriente, de la India, China y Vietnam y fueron introducidos en Europa por los árabes, pero de la naranja en la Europa medieval solo se conocían las variedades amargas; hasta el siglo XVI no llegaron las naranjas dulces, traídas en sus naves por los comerciantes portugueses. Así que una buena parte de nuestras frutas de toda la vida son, en realidad, las frutas exóticas de otro tiempo, importadas de las tierras que están más allá del este del Edén.

TÉ, CHOCOLATE Y CAFÉ

Una vez acabada la comida, dudo si hacerme una taza de té o poner la cafetera solo para mí.

La que tenemos en casa es una de esas viejas cafeteras que se llaman italianas, que están compuestas por dos depósitos atornillados entre sí, con un pequeño embudo (el filtro) entre uno y otro, donde se coloca el café molido. El agua del depósito inferior, herméticamente cerrado, asciende al hervir, atraviesa los posos de café y sale como un pequeño surtidor al depósito superior por un tubo estrecho; en ese paso fugaz, el agua se ha convertido en una infusión de café que inunda la cocina con su aroma estimulante. Es una aplicación, en miniatura, de la caldera de vapor, ya que es el vapor que se forma en el depósito inferior al hervir el agua lo que ejerce presión sobre el agua misma, impulsándola a subir por el conducto.

Si quiero hacerme un té, sin embargo, lo único que tendré que hacer será poner agua en un recipiente, llevarla al punto de ebullición y, sin dejar que rompa a hervir, verter el agua sobre la tetera o la taza con un pequeño filtro, en el que habré colocado las hojas secas de té para infusionarlas.

En el caso de que me decida por el té, lo tomaré solo,

sin edulcorarlo, para así saborear mejor sus ricos aromas variados, herbáceos; pero al café, demasiado amargo para tomarlo solo, habré de añadirle una cucharada de azúcar. En todo caso, acompañaré el té o el café con una onza de chocolate, una costumbre que adquirí hace ya muchos años y que me parece la forma ideal de acabar una comida, con esa mezcla de sabores dulces y amargos.

Mientras vacilo sobre qué aplicación práctica de la ebullición del agua aplicaré en este caso (y, por tanto, qué infusión voy a beber), me acuerdo de un juego infantil que siempre se me dio muy mal. Se llamaba, precisamente, «Té, chocolate y café» y era uno de esos sabios juegos populares que, sin que nos diéramos cuenta, nos ayudaban a desarrollar lo que los pedagogos llaman habilidades psicomotoras.

Precisamente por eso a mí se me daba muy mal, porque yo era una niña nerviosa, con cierta dificultad para percibir y controlar los movimientos de mi propio cuerpo; el cuerpo, de alguna forma, se me escapaba, siempre más lento y torpe que mi mente de niña avispada, y por eso era mala en todos los juegos que requerían control y habilidad en la coordinación de movimientos; nunca he aprendido a montar en bicicleta y siempre fui torpe en los juegos de pelota porque la bola que venía a mi encuentro, a veces a velocidad considerable, me parecía más bien un proyectil del que había que protegerse y me faltaban paciencia y serenidad para esperar que llegase hasta mí y golpearlo justo a tiempo.

«Té, chocolate y café» requería dos jugadoras que se colocaban frente a frente. Se podía jugar de pie o sentadas, y quizás era mejor hacerlo sentadas en sendas sillas colocadas una enfrente de otra, porque el primer movimiento consistía en decir «¡Té!» mientras cada jugadora se golpeaba las rodillas con las palmas de las manos; a continuación, cada una chocaba las palmas de sus propias manos delante del pecho mientras gritaba «¡Chocolate!»; y, para terminar, las jugadoras chocaban mutuamente la palma de sus respectivas manos derechas, gritando al unísono: «¡Café!» Luego se repetía lo mismo, pero chocando las manos izquierdas en el último movimiento.

El juego parece fácil, pero el cruce y choque alternado de mano derecha-con mano derecha y luego mano izquierda-con mano izquierda, y la velocidad creciente con que había que repetir la serie de movimientos, convertían lo que aparentemente era una tontería en un juego de coordinación bastante complejo, en el que resultaba fundamental tener una noción clara de la lateralidad (es decir, saber dónde estaban la derecha y la izquierda propias y de la otra jugadora) para no convertir una coreografía de manos en un enjambre de manotazos sin sentido.

Nunca me planteé por qué esos tres elementos (té, chocolate y café) iban unidos en el juego, cuando se trataba de cosas que nunca tomábamos juntas: se bebía té, o café o chocolate deshecho en una jícara o en un tazón de leche caliente; pero nunca todo a la vez. De alguna forma, té, chocolate y café se excluían mutuamente.

Sí que sabía yo, sin embargo, que en mi barrio algunas tiendas de comestibles antiguas, tradicionales –aquellas tiendas de mostrador de mármol, balanza de Roberval con su colección de pesas y anaqueles hasta el techo en los que se exhibían los productos más variados–, se llamaban tiendas de ultramarinos o de coloniales. Y así, leía los rótulos pintados a mano sobre cristal que decían «Ultramarinos Juan», «El sol sale para todos. Coloniales» o «Casa Pedro, ultramarinos finos e higiénicos» y sabía que ultramarinos y coloniales eran las cosas de comer que allí se vendían. Pero nunca se me ocurrió relacionar esos nombres con el juego en el que tan torpe era: té, chocolate y café.

En realidad, tampoco entendía el concepto de *ultramarinos,* ni qué hacían en esa palabra los marinos precedidos del prefijo *ultra;* y mucho más enigmática era la palabra *coloniales,* que me evocaba el agua de colonia que nuestras madres nos echaban en el pelo cuando nos peinaban, en una acción que era al mismo tiempo cosmética (para dar buen olor y para que el pelo, mojado, resultase más fácil de peinar) e higiénica, ya que en aquel tiempo nadie se lavaba el pelo todos los días, ni siquiera todas las semanas, y la efusión generosa sobre nuestras cabezas de un agua de colonia con alto porcentaje de alcohol seguramente contribuía a desinfectarnos el pelo de una manera un tanto agresiva pero eficaz.

Era ya bastante mayor, seguramente estudiante de bachillerato, cuando alguien me explicó que *ultramarinos* eran los productos que venían de ultramar, los comestibles que en tiempos fueron exóticos porque se importaban de Oriente y de las Indias Occidentales (o sea, de Asia y de América) cruzando los mares. Y *coloniales,* la otra palabra incomprensible, hacía alusión a una realidad difícil de imaginar para mí: las colonias, los países de Asia, África y América que entre el siglo XVI y el XX estuvieron dominados y administrados por potencias europeas, que explotaban sus recursos. Así que los coloniales eran lo que venía de las colonias. Por ejemplo: té, chocolate y café.

En el Museo de Aquitania de Burdeos hay una amplia sección dedicada al tráfico marítimo y otra dedicada al esclavismo, es decir, al tráfico de personas. Uno y otro se unieron en los muelles del Garona porque, entre los siglos XVI y XVIII, Burdeos fue un importante puerto no solo para el comercio del vino que se produce en la región, sino para el comercio de azúcar y de esclavos.

El llamado comercio triangular: barcos que llevaban a África el ron de caña desde las colonias portuguesas, holandesas, inglesas o españolas del Caribe para cambiarlo por esclavos negros; los barcos volvían a América, donde los esclavos eran vendidos para trabajar en los ingenios azucareros, esas grandes haciendas en las que la caña de azúcar se cultivaba, se recogía y se procesaba para extraer el azúcar o fabricar el ron. Esos productos, elaborados por hombres y mujeres desdichados, robados a su entorno y trasplantados a miles de millas en otro continente, volvían en los barcos hacia Europa y el Norte de África.

Dos cosas me impresionaron del Museo de Aquitania. Una era, simplemente, un mapa, en el que estaban señalados los principales puertos del comercio esclavista de Holanda, de Francia, de Inglaterra, de Portugal, de España; en cada uno se indicaba el número de barcos que habían salido de puerto desde el siglo XVI hasta finales del XVIII. Eran miles de travesías, cientos de miles, tal vez millones, de personas.

En el museo se exhibía también otro objeto impresionante: un ídolo cargado de cadenas. Un dios africano para mí desconocido, tallado en madera, al que los esclavos libertos ofrecían sus antiguas cadenas cuando lograban la libertad; estremecía pensar que aquellos pesados eslabones, rudos y herrumbrosos, que daba miedo tocar, estuvieron anillados a seres humanos, que solo podían moverse arrastrándolos e hiriéndose las muñecas y los tobillos con el roce de las argollas mal desbastadas.

Esto era lo que significaban las palabras inocentes de las tiendas de mi infancia: ultramarinos y coloniales.

El paquete de azúcar delata sus orígenes. Es un paquete de azúcar de caña, el azúcar que primero se conoció, el que se producía en los ingenios azucareros; no, como suele ser más frecuente entre nosotros, el extraído de la remolacha de azúcar, que no se inventó hasta mediados del siglo XVIII y empezó a producirse industrialmente a principios del XIX.

La etiqueta de este paquete de azúcar empieza con un discurso ecologista y políticamente correcto:

> El cultivo ecológico se hace pensando en la mejora del medio ambiente. Busca mejorar las condiciones de vida y conseguir el equilibrio con el ecosistema, para alcanzar un desarrollo social, ecológico y económico sostenible.

Pero, solo unas líneas más abajo, se afirma que este azúcar

> te trae el sabor del Trópico: exótico, salvaje, con todo el aroma y el sabor de los lejanos lugares de donde procede.

¿Por qué es exótico este azúcar? Se entiende que porque proviene de lejanos lugares, nada menos que del Trópico, una palabra que evoca un país remoto, y no una mera línea imaginaria en el globo terráqueo. Más difícil es explicar lo de «salvaje». ¿Por qué es salvaje este edulcorante que utilizaré precisamente para hacer menos agresivo y áspero el sabor amargo del café? Lo único que puede explicar el uso de ese adjetivo, salvaje, para referirse a un producto que tomé de un lineal del supermercado es, precisamente, que viene de lejos, de los lugares salvajes civilizados por el colonialismo europeo. Un poco del viejo discurso colonial se ha deslizado en este paquete de producto ecológico y natural.

COSAS QUE NO SE ESTROPEAN

Como me ha sobrado un poco de comida, la he puesto en un recipiente de cristal con tapa y la he guardado en el frigorífico, en el pequeño arcón de cubierta trasparente que conserva los alimentos a cero grados. Procuro no tirar nunca comida –esa comida que tanto tiempo, esfuerzo y sacrificio ha costado–, así que las sobras de hoy, guardadas en lugar refrigerado y luego calentadas en un instante, me servirán para comer otro día.

Según la FAO, la Organización de las Naciones Unidas para la Alimentación y la Agricultura, los hogares de los países desarrollados tiran a la basura un tercio de los alimentos que adquieren; en España, cada año casi ocho millones de toneladas de comida son desperdiciadas, es decir, convertidas en desperdicios. En el mundo, anualmente se dedican mil cuatrocientos millones de hectáreas (la superficie de unos 170.000 campos de fútbol) a cultivar vegetales comestibles que luego se dejarán pudrir. Lo suficiente como para alimentar a toda África y, desde luego, a todas las personas que pasan hambre (con frecuencia, de forma vergonzante) en nuestras ciudades. No tiramos solo vegetales: tiramos también el agua, las semillas y el trabajo y el esfuerzo humano que se han empleado en cultivar y recolectar nada menos que mil cuatrocientos millones de hectáreas, una superficie que resulta difícil de imaginar.

No sé si alguien se ha dedicado a contar el número de mamíferos que son sacrificados para nada. Vacas, cerdos, ovejas, cabras, muchos de ellos muertos pocos meses o semanas después de su nacimiento, cuando aún maman la leche de su madre, pierden lo único que tienen –su vida– para que nadie se beneficie de su sacrificio. Las aves que matamos para no comerlas, si volasen, nos impedirían ver el sol. La cantidad de peces que hacemos morir y después tiramos es tan incontable que parece imposible calcularla por individuos, hay que hacerlo por toneladas de pescado podrido. Aterra ver tanta vida eliminada en vano.

Si lo dividimos por habitantes, en Europa y Norteamérica cada uno de nosotros manda a la basura entre 90 y 115 kilos de comida al año. Pienso en un saco de cien kilos, en el que a lo largo del año una persona fuese echando toda la comida que tira. Al final del año le resultaría imposible cargar con ese saco lleno de su comida desaprovechada.

Pero si hoy tiramos comida es porque queremos, porque no la apreciamos lo suficiente, porque nos organizamos mal. Conservar la comida ha sido un problema continuo de los seres humanos, que han tenido que aguzar su ingenio a lo largo de miles de años para inventar formas de guardar los alimentos de tiempos de abundancia para cuando llegasen los tiempos de escasez. En el libro bíblico del Génesis, el gran ascenso social de José, consejero judío del faraón de Egipto, se produce porque es capaz de interpretar un sueño del faraón y aconsejarle cómo guardar previsoramente los alimentos para evitar el hambre de su pueblo:

> Aconteció que pasados dos años tuvo Faraón un sueño. Le parecía que estaba junto al río; y que del río subían siete vacas, hermosas a la vista, y muy gordas, y pacían en el prado. Y que tras ellas subían del río otras siete vacas de feo aspecto y enjutas de carne, y se pararon cerca de las vacas hermosas a la orilla del río, y que las vacas de feo aspecto y enjutas de carne devoraban a las siete vacas hermosas y muy gordas. Y despertó Faraón.
>
> Se durmió de nuevo, y soñó la segunda vez: Que siete espigas llenas y hermosas crecían de una sola caña, y que después de ellas salían otras siete espigas menudas y abatidas del viento solano; y las siete espigas menudas devoraban a las siete espigas gruesas y llenas. Y despertó Faraón, y era un sueño.

El joven judío, que está en la cárcel por una calumnia de acoso sexual, es llamado para que interprete el sueño del faraón (soltar un sueño, se decía en castellano antiguo, con el sentido de interpretar el significado oculto de algo que se ha soñado) y le da un consejo prudente: reservar una parte de las buenas cosechas para cuando lleguen los años malos:

> Esto es lo que respondo a Faraón. Lo que Dios va a hacer, lo ha mostrado a Faraón: he aquí que vienen siete años de gran abundancia en toda la tierra de Egipto, y tras ellos seguirán siete años de hambre; y toda la abundancia será olvidada en la tierra de Egipto, y el hambre consumirá la tierra y aquella abundancia desaparecerá, a causa de la hambruna siguiente, que será gravísima.
>
> Y el suceder el sueño a Faraón dos veces, significa que esto es firme de parte de Dios, y que Dios se apresura a hacerlo.
>
> Por tanto, provéase ahora Faraón de un varón pru-

dente y sabio, y póngalo sobre la tierra de Egipto. Haga esto Faraón, y ponga gobernadores sobre el país, y recoja una quinta parte de la cosecha de la tierra de Egipto en los siete años de abundancia. Y junten toda la provisión de estos buenos años que vienen, y recojan el trigo bajo la mano de Faraón para mantenimiento de las ciudades y guárdenlo. Y esté aquella provisión en depósito para el país, para los siete años de hambre que habrá en la tierra de Egipto; y el país no perecerá de hambre.

Del sueño del faraón y su soltura por parte de José ha quedado en nuestra lengua una frase proverbial: *las vacas flacas,* para referirnos a un período de penuria o escasez.

El faraón mandó construir graneros para almacenar el cereal, la base de la alimentación de seres humanos y animales. Un sistema rudimentario y eficaz para guardar comida, pero que requería trabajar con previsión.

Hoy guardo la comida cocinada en un lugar higiénico y seguro de mi propia casa, con la naturalidad que me da lo cotidiano, lo que estamos tan acostumbrados a ver que casi ya ni reparamos en ello. Ahora caigo en la cuenta de que nunca ha sido tan fácil como hoy conservar los alimentos durante días, incluso durante semanas, meses o años. Resulta incomprensible que tiremos tanta comida, cuando vivimos en un mundo lleno de comida que no se estropea, y ese privilegio es algo muy reciente.

En casa de mis padres había una fresquera. Seguramente quienes sean más jóvenes que yo desconocerán ese objeto y cuál era su utilidad. El Diccionario de la Lengua Española lo define como «Especie de jaula que se coloca en sitio ventilado para conservar frescos algunos líquidos o comestibles».

Y, en efecto, yo recuerdo así la fresquera de mi casa: como un pequeño armario de madera cuyas paredes y puertas no eran macizas, sino que tenían una rejilla metálica. Estaba colgada en el exterior de nuestro piso, en la pared medianera del patio de luces, y para acceder a ella había que abrir la ventana más cercana. Ya no recuerdo qué guardaban mis padres en su interior; quizás las patatas, las cebollas y las verduras. Otros vecinos ponían el queso y los embutidos para que se oreasen y en invierno incluso había quien dejaba allí la leche, la carne fresca o el pescado para que con el frío de la noche se conservasen hasta el día siguiente. Entonces en nuestras casas no había neveras eléctricas y la comida era efímera, así que hacía falta salir al mercado todos los días –eran siempre las mujeres las que hacían la compra diaria– y teníamos que consumir los productos frescos en veinticuatro o como mucho en cuarenta y ocho horas.

También había en casa una nevera que habíamos heredado de mi abuelo. Un mueble precioso, de madera maciza muy bien barnizada, con un cierto estilo *art déco* –debía de datar de finales de los años veinte o principios de los treinta del siglo que ya llamamos pasado: ese siglo en el que nací–, con patas de más de un palmo de altura y una manija que se accionaba en semicírculo para dejar la puerta bien trabada. En la parte superior tenía una trampilla por la que se metía el hielo en un depósito de zinc y ese hielo enfriaba un compartimento contiguo, en el que se guardaba la comida; una vez que el hielo se había licuado, este depósito se vaciaba con un pequeño grifo situado en el frontal del mueble. Una pieza de mobiliario que, ahora que la describo (y por mucho que la describa), me parece también difícil de imaginar para quien no la haya visto nunca. Era, sin duda, un mueble hecho no para estar en la cocina, sino en otro lugar más noble (el comedor, seguramente), donde pudiera lucir su prestancia con plenitud.

El hielo para tan distinguida nevera lo traía a domicilio, literalmente, el hombre del saco: un hombre que recorría el barrio con un pequeño carro tirado por un burro y al que se llamaba a gritos desde el balcón para que subiese una barra, media barra de hielo. Y el hombre se ponía sobre la cabeza un costal de cáñamo abierto por un lado, que le hacía a la vez de capucha y de capa, sacaba del interior del carro el hielo solicitado enganchándolo con un garfio de hierro, como si lo pescase, y se echaba la carga al hombro para subir cuatro tramos de escaleras hasta nuestro piso. Una vez pagado, el hielo se troceaba en pedazos en el interior de un cubo y se iba colocando en el depósito de la nevera del abuelo, procurando apisonarlo bien para que durase más; así se conseguía tener alimentos refrigerados durante dos, tres o hasta cuatro días. El interior de zinc de la nevera tenía siempre un olor peculiar, como de agua de pozo.

Nuestra nevera doméstica imitaba a pequeña escala los pozos de nieve en los que desde el siglo XVII se almacenaban en Madrid el hielo y la nieve traídos de los ventisqueros de la sierra de Guadarrama.

El Manzanares, el río de Madrid al que Quevedo llamó «arroyo aprendiz de río», nace en el Ventisquero de la Condesa, un nevero situado entre el Alto de Guarramillas (al que hoy llaman Bola del Mundo) y el cerro de Valdemartín. Allí se ve todavía un murete hecho con la piedra granítica propia de la zona, que se construyó para favorecer la retención de nieve. Durante casi tres siglos (desde principios del XVII hasta finales del XIX) la nieve de ese ventisquero era como una cosecha helada: durante el invierno se recolectaba a fuerza de brazos, recogiéndola con palas y llenando con ella serones de esparto, que se bajaban del monte a lomos de caballerías. El ventisquero se llama de la condesa porque en el siglo XVIII era propiedad de Francisca de Silva y Mendoza, condesa del Real de Manzanares; así que aquel almacén natural de nieve era un privilegio nobiliario, propiedad de una familia de la más alta aristocracia, que obtenía buenas rentas por su explotación.

No me resulta difícil imaginar el trabajo arduo que suponía extraer la nieve, bajarla a Madrid y prepararla para su almacenamiento durante meses. Varias generaciones de hombres se ganaron la vida mejor o peor con aquel trabajo esforzado. Primero, debían abrigarse para subir a una montaña de cerca de dos mil metros de altura en pleno invierno, cuando se había acumulado suficiente nieve en el ventisquero y aún no había empezado a ablandarse con el deshielo primaveral; me los imagino vestidos como los personajes del cuadro de Goya *La tormenta de nieve,* que intentan atravesar la ventisca envueltos en mantas, calzados con polainas de cuero y abrigados con ropas de lana que adivinamos fáciles de empapar; con la diferencia de que los personajes del cuadro de Goya probablemente pertenecen a una clase más acomodada y van mejor equipados que los porteadores de la sierra de Guadarrama, que se ganaban la vida acarreando nieve a falta de un oficio mejor. En el camino de subida llevarían las mulas o los asnos de vacío, con los serones sin carga; y las caballerías, pacientes y acostumbradas, irían subiendo primero por caminos, luego por trochas y por extensiones heladas hasta el ventisquero. Una vez allí, seguramente los hombres se despojaban de parte de sus ropas de abrigo para estar más libres de movimientos, porque tenían que cavar con picos y extraer con palas el producto de su cosecha e ir llenando los serones, apretando lo más posible la nieve y cargando bien las mulas para aprovechar el viaje. Luego, emprenderían el camino de bajada, los hombres andando y las mulas cargadas hasta el límite de sus fuerzas. A pie de monte les esperaría un carro donde volcarían su mercancía, la apisonarían y la cubrirían con paja, ramas de genista o de hierba seca para conservar la temperatura. Y desde allí, el arriero tenía que bajar unos sesenta kilómetros hasta la ciudad, una distancia que le ocupaba toda una jornada de viaje, quizás más.

Pero aún no había terminado el trabajo. Ya en Madrid, el carretero se dirigía a alguno de los pozos de nieve de la actual calle de Fuencarral o de la Casa de Campo, unos depósitos subterráneos en los que se almacenaba el producto. Había que descargar el carro a fuerza de brazos, con espuertas, volcar la mercancía en el interior de la nevera –una cueva artificial oscura, húmeda y helada–, y allí dentro unos hombres iban apretando la nieve con pisones para formar sucesivas capas de hielo; entre capa y capa ponían de nuevo paja o retama seca, hasta que los estratos de hielo superpuestos llegaban lo más arriba posible.

Así, con ese derroche de esfuerzo de hombres y bestias, de trabajo sacrificado durante días o meses, de frío y sudor, se conseguía el lujo de poder consumir, en el tórrido verano de la meseta, un sorbete helado. Un pequeño placer fugaz, una exquisitez que solo estaba al alcance de los más pudientes; quizás, distraídos, algunos de los consumidores dejasen disolverse el hielo sin apurarlo y desechasen después, frívolamente, el producto de tanto sacrificio.

El de mi infancia era todavía un mundo en el que la comida se estropeaba con facilidad, como había sucedido siempre desde que el mundo existe. La leche había que hervirla y consumirla en el día, porque al día siguiente lo más probable era que se hubiese echado a perder. «Se ha cortado la leche», era lo que se decía al comprobar que en el recipiente donde la guardábamos habían surgido grumos blancos inmersos en una infusión de suero amarillento. Mi madre nunca nos dejó comer la leche cortada, pero en otras casas el suero se colaba y a los grumos de proteínas lácteas se les añadía algo de azúcar y se consumían, convirtiendo así un accidente doméstico en un proceso de fabricación de requesón casero; una golosina inventada por la necesidad de no desaprovechar la comida estropeada.

La carne, en las carnicerías de las ciudades, se guardaba en una cámara frigorífica. Pero en los pueblos la mayor parte de la carne que se consumía durante el año provenía de la matanza. Los embutidos se conservaban colgados –desecados por el aire frío o ahumados por la leña del hogar– o sumergidos en aceite o manteca en el interior de orzas de barro con tapa de madera.

La casa de Bernarda Alba, de García Lorca, empieza precisamente con un diálogo sobre orzas y chorizos, un comienzo cotidiano y aparentemente trivial con el que se inicia una tragedia. Ha muerto el marido de Bernarda Alba y toda la familia ha ido al entierro; y aprovechando esa ausencia del ama, dos criadas roban de la despensa pequeñas porciones de la comida que su señora les escatima. Una de ellas, Poncia, según la acotación, «Sale comiendo chorizo y pan» mientras critica a la señora:

> La Poncia: ¡Quisiera que ahora, que no come ella, que todas nos muriéramos de hambre! ¡Mandona! ¡Do-

minanta! ¡Pero se fastidia! Le he abierto la orza de chorizos.

Criada: *(Con tristeza, ansiosa.)* ¿Por qué no me das para mi niña, Poncia?

La Poncia: Entra y llévate también un puñado de garbanzos. ¡Hoy no se dará cuenta!

Comer a escondidas, robando la comida que la señora avarienta atesora y niega a quienes le sirven, eso es lo que hacen las criadas, poniendo ante los ojos del espectador, nada más empezar la obra, un conflicto de poder que es también un conflicto de clase, un acto de opresión que ellas, hambrientas y cobardes, intentan burlar aprovechando que, en un día como hoy –el día en el que se entierra al señor de la casa–, la señora no notará la falta de un chorizo de la orza, de un puñado de garbanzos habitualmente contados y tasados. En esa guerra sorda que se desarrolla tras las paredes de una casa agobiantemente cerrada, encerrada en sí misma, la apertura a escondidas de la orza en que se conservan los chorizos para todo el año tiene el valor de una rebelión.

Las primeras neveras domésticas eléctricas llegaron a España en los años sesenta del siglo XX, y se colocaban (se entronizaban, casi) en el comedor. El frigorífico, que era mucho más pequeño que los actuales y rompía con su blancura lacada las gamas de tonos oscuros de los demás muebles, resplandecía en el centro del comedor como un signo de confort y de progreso. Los propietarios procuraban también hermosear el aparato, domesticándolo con detalles decorativos al uso: revestían su superficie superior con un tapete de ganchillo, o lo decoraban con un jarroncito de flores artificiales, una foto enmarcada de la familia, una muñeca vestida con traje regional y, en las casas más piadosas, la imagen de escayola de una Virgen o de un santo de su devoción.

Para que se generalizase otro de los métodos modernos de conservación de comida hicieron falta varias guerras, incluida una devastadora guerra mundial. Las conservas envasadas que hoy llenan nuestras despensas fueron, en sus inicios, tecnología militar desarrollada para dar de comer a los soldados.

Las primeras conservas iban en frascos de cristal. Las inventó un cocinero francés, Nicolas-François Appert, para la intendencia de los ejércitos napoleónicos, y el procedimiento para fabricarlas es idéntico al que todavía se usa para hacer conservas caseras: hervir o cocinar el alimento, introducirlo en un frasco de cristal que también se ha hervido (así queda esterilizado), cerrarlo herméticamente y volver a calentar desde fuera, por el procedimiento que nuestras madres llamaban «al baño María», es decir, sumergiendo los recipientes en agua caliente.

Trato de imaginarme aquellos primeros frascos de conservas, hechos de un cristal seguramente más basto que el de los actuales; entonces no existían esas tapas metálicas de ahora, que permiten cerrar herméticamente un frasco con solo un giro de muñeca, así que los frascos de conservas de Appert debían de estar cerrados con tapones de corcho y cubiertos de alguna sustancia que ayudase a sellar e impermeabilizar el tapón; seguramente se usaba lacre, la misma pasta roja que se utilizaba para cerrar las cartas y sellar los documentos, un producto que se funde a baja temperatura y se endurece rápidamente al enfriarse, creando un sello que solo puede violarse rompiéndolo.

Miles de frascos de ese tipo debieron de recorrer Europa con los ejércitos de Napoleón. Su transporte debió de requerir una logística importante, porque los recipientes eran frágiles y bastante pesados. Quizás había que transportarlos en grandes cajones llenos de paja, para que los frascos de vidrio no chocasen entre sí con el traqueteo del desplazamiento de los carros de intendencia, tirados por mulas; de modo que aquellas conservas primeras no solo eran frágiles y pesadas, sino también voluminosas. Pero supusieron un gran avance tanto para el propio ejército como, probablemente, para los lugares por los que pasaba, ya que las tropas de antes, en sus desplazamientos, esquilmaban las tierras, consumiendo todos los alimentos disponibles. El paso de un ejército era un año de hambre para la población civil, especialmente para los campesinos. Así que los frascos de verduras y de carne inventados por el cocinero francés debieron de evitar más de una hambruna.

Appert actuaba guiado por la pura intuición y su larga experiencia de cocinero. Es decir, no conocía los principios científicos en los que se basaba su invento. Faltaban más de diez años para que naciera otro ciudadano francés, el científico Louis Pasteur, que descubrió, entre otras cosas, la existencia de los microorganismos que producían la fermentación y descomposición de los alimentos, y cómo eliminarlos con calor. Justamente según ese principio había actuado Appert sin saberlo, de modo que, gracias a las investigaciones de Pasteur, se pudieron entender las bases científicas de una forma de conservar los alimentos que existía ya desde hacía décadas.

Casi al mismo tiempo que Appert, un comerciante inglés, Peter Durand, inventó el mismo método de conservación, pero utilizando recipientes metálicos hechos de hojalata, una lámina de acero recubierta de estaño. Por eso, por la hojalata, llamamos a esos recipientes *latas*.

Las primeras latas estaban selladas con soldadura de

plomo, un metal tóxico, y se abrían literalmente a golpes: con un escoplo y un martillo; también fueron ampliamente utilizadas por la intendencia militar en sucesivas guerras, y los soldados solían abrir aquel recipiente metálico herméticamente cerrado con una navaja (estremece pensar la cantidad de cortes en las manos que debían de producirse), con la bayoneta de su fusil o incluso a tiros. Seguramente esos procedimientos de apertura ayudaban a introducir un poco de plomo de la soldadura en la comida, pero la humanidad sobrevivió a la ingesta de plomo de las latas –aunque hubiera de vez en cuando alguna intoxicación– y pudo aguardar hasta que empezasen a usarse otros materiales menos venenosos, como el aluminio. Menos mal que a mediados del siglo XIX alguien inventó el abrelatas, que en principio era un armatoste enorme y peligroso, pero luego, como todos los inventos, fue perfeccionándose y refinándose.

Cuando yo era joven, en todas las casas había por lo menos un abrelatas, un pequeño objeto metálico y plano. Hacía falta cierta habilidad para manejarlo, y con bastante facilidad se salía del borde de la lata que le servía de guía y producía en los dedos unos cortes profundos que sangraban profusamente; por eso no se permitía a los niños que los manejasen. Luego se inventaron los abrelatas eléctricos, en teoría más seguros, pero que no se adaptaban con facilidad a todos los tipos de latas (abrían bastante mal las que no eran redondas u ovaladas, sino de forma cuadrangular, con los ángulos redondeados). Cuando íbamos de excursión y comíamos en el campo, siempre llevábamos con nosotros un abrelatas pequeño y plegable, de una marca que se llamaba Explorador, y con eso nos sentíamos nosotros exploradores de tierras lejanas e incógnitas, aunque apenas nos hubiéramos alejado unos kilómetros de casa.

Parece que siempre han estado ahí, pero los mecanismos abrefácil de las latas de conservas, que vienen con una anilla de la que solo hace falta tirar para que la lata se abra, apenas llevan veinticinco años entre nosotros.

Tanto los frascos de conservas como las latas son recipientes fácilmente reciclables. En casa, los colocamos en bidones aparte, separados del resto de la basura, para bajarlos a los contenedores de reciclaje que hay en nuestra calle.

Pero, antes de que existieran los contenedores y el sistema de recogida de residuos reciclables, las mujeres, nuestras madres, abuelas y bisabuelas, habían encontrado una manera de reciclar esos recipientes, dándoles una segunda o tercera vida.

Los frascos de cristal se reutilizaban para guardar otras cosas, e incluso, si eran bonitos, como objeto decorativo. Yo los he visto hasta en cementerios: ante la lápida modesta de un nicho o de una tumba, un frasquito de cristal con un poco de agua y un pequeño ramo de flores sencillas, a veces silvestres, recogidas de las hierbas que crecen entre las tumbas. El recipiente que contenía la comida que comimos sirve ahora para honrar a nuestros muertos.

Pero lo que más me gusta es el uso que han dado tradicionalmente a las latas de conservas las mujeres andaluzas, en esos patios de vecindad en los que las vecinas competían –todavía compiten– por mostrar quién es más aseada y más curiosa, más mujer de su casa. Las tareas domésticas no solo consisten en mantener la casa limpia y a sus habitantes bien atendidos, sino también en hermosear el entorno en que se vive, en el que se convive. Y en ese hermoseamiento del entorno han tenido y tienen un papel importante las latas de conservas.

En un patio andaluz, las macetas de flores y de plantas verdes cubren buena parte de los muros. A veces son macetas de verdad, es decir, tiestos de barro; pero otras, sobre todo en los pueblos y en los barrios populares de las ciudades, se usan como macetas los botes grandes de tomate o de aceitunas, los bidones de aceite de hojalata, convertidos en pequeños arriates colgantes que se distribuyen en gracioso desorden por toda la pared encalada. Algunas mujeres, especialmente aseadas, encalan incluso el recipiente de lata, para que a las flores no suban las hormigas.

Aunque por efecto de la tierra y la humedad el metal acaba corroyéndose, dura bastante tiempo. Las latas de conservas adquieren así una nueva vida, llena de dignidad, de gracia y de belleza.

PROHIBICIONES, PRESCRIPCIONES

Hoy es viernes y he comido cocido, un plato lleno de carnes diversas. Comer cocido un viernes hubiera resultado imposible en mi infancia porque los viernes no se comían guisos con carne ni en las casas particulares ni en los restaurantes, que para ese día ofrecían un menú especial, en el que había platos de pescado, legumbres, verduras y hortalizas o huevos, pero no carne ni sus derivados.

Durante la dictadura franquista, España era un país oficialmente católico y la influencia de la Iglesia marcaba las pautas de la vida cotidiana. Aún no se había celebrado el Concilio Vaticano II, que liberalizó en gran medida la práctica religiosa del catolicismo.

Así que desde que se instauró esa prescripción en la Edad Media, hasta mediados del siglo XX, todos los viernes (día de la semana en que Jesucristo murió en la cruz) y en otras ocasiones (como la Cuaresma o las vísperas de determinadas festividades), los católicos de todo el mundo debían hacer un pequeño ayuno penitencial, consistente en abstenerse de comer carne o productos cárnicos. Se llamaban *días de abstinencia,* y todavía existía un escalón ascético más, los días *de ayuno y abstinencia,* en los cuales, además de no comer carne, solo se podía hacer una comida en todo el día, si bien en mis tiempos se admitía –según formulación del catecismo de la religión católica que me hicieron estudiar en el colegio– «un ligero desayuno y una frugal colación». El catecismo estaba estructurado como un diálogo de preguntas y respuestas, en el que la pregunta correspondía al catequista (el maestro, el cura o un voluntario de la catequesis) y la respuesta la teníamos que memorizar los educandos (los *catecúmenos,* ese es el término preciso).

Gracias a esa pregunta del catecismo no solo aprendí, cuando tenía seis o siete años, una de mis obligaciones como católica, sino que supe el significado de una palabra nueva que nunca había oído antes: *colación,* que el Diccionario de la Real Academia define como «refacción que se acostumbra a tomar por la noche en los días de ayuno»; *refacción* es otra magnífica palabra que nunca he oído utilizar a nadie en mi vida y que significa «alimento moderado que se toma para reparar las fuerzas» (literalmente, para rehacerse). Así que en los días de ayuno y abstinencia no se podía comer carne, solo se hacía una comida principal, pero se podía tomar «un ligero desayuno» (eso sí que lo entendía yo, porque desde muy pequeña mi madre me había acostumbrado a desayunar por las mañanas) y «una frugal colación», o sea una refacción *frugal,* otra palabra nueva: «parco en el comer y beber». Aquella pregunta sobre las prescripciones dietéticas del catolicismo era un auténtico festín de palabras.

Esas prescripciones marcaban el ritmo temporal de los alimentos que consumíamos; un ritmo que era semanal y también anual. Todos los viernes del año eran días de abstinencia, así que la semana estaba marcada por un día de renuncia a las proteínas cárnicas; y luego, en primavera, entre el miércoles de ceniza y el domingo de Pascua, se extendían los cuarenta días de la Cuaresma, que implicaban una mayor complejidad en la privación de alimentos: los días corrientes de la Cuaresma eran de abstinencia de carne, pero en los viernes cuaresmales a la abstinencia se añadía el ayuno, es decir, la práctica de una sola comida al día y el ligero desayuno y la frugal colación-refacción que describía nuestro catecismo; aunque a los niños, de todas formas, nuestras madres nos daban también de merendar porque el ayuno no regía para los menores de siete años, para los ancianos ni para las mujeres embarazadas o lactantes.

Así que, en las casas, los viernes se tomaban verduras, legumbres o huevos y, si se podía, se compraba pescado, según la estación: boquerones, sardinas, jureles o palometa en las casas modestas; lenguado o merluza en los hogares acomodados; pescadilla o gallo en las familias de clase media. Toda una jerarquía de peces se distribuía, de acuerdo con su precio, por los distintos pisos de las casas de vecinos, según el poder adquisitivo de cada familia.

También los platos de cuchara se modificaban para cumplir con la prescripción: en lugar de añadírseles productos cárnicos llevaban pescado, normalmente bacalao en salazón, debidamente lavado o desalado, desmigado antes de añadirse al potaje de garbanzos o a las lentejas con arroz. A veces, sin embargo, ni siquiera se añadía pescado a las legumbres o las patatas: se tomaban *viudas,* es decir, sin carne, solo con verduras como el ajo, la cebolla, el pimiento o el tomate, aderezadas con pimentón, con azafrán, con laurel. «Hoy, lentejas viudas, que es abstinencia», decían nuestras madres. Y nosotros, inocentes, no captábamos la obscenidad implícita en esa viudez de las lentejas del viernes, privadas de carne igual que las mujeres que enviudaban se veían privadas de la carne del varón.

En casi todas las religiones existen prescripciones encaminadas a intervenir en la alimentación de sus fieles. Establecen lo que se puede comer, lo que no se puede, lo que solo se puede comer unas veces sí y otras no, lo que hay que comer en ocasiones concretas, las épocas en que no se pueden consumir determinados alimentos. Algunas, también, sacralizan el ayuno.

El pequeño ayuno de los viernes de Cuaresma de mi infancia no era más que un exiguo residuo del uso del ayuno como elemento purificador, que aleja del pecado y eleva a un estado espiritual superior.

Los santos eremitas del cristianismo primitivo se apartaban del mundo y se iban a vivir al desierto, donde voluntariamente pasaban mucha hambre. Cuando nos contaban en el colegio historias de santos, me imaginaba ese desierto de los ermitaños como un paisaje de dunas doradas, abrasadoras, surcadas de vez en cuando por caravanas cansinas de camellos; parecía imposible vivir allí.

Luego, ya algo mayorcita, comprobé que en la iconografía de esos santos –en las estampas que se metían como marcalibros en los misales, en los cuadros al óleo de los museos o en los grabados antiguos– esos desiertos no eran de arena: estaban representados como lugares pedregosos, llenos de rocas sobre las que crecían algunos matorrales y bajo las que se abrían cuevas oscuras en las que el eremita, semidesnudo o vestido de harapos desgarrados o de pieles sin curtir, se cobijaba de las inclemencias del tiempo.

Eran hombres y mujeres enjutos, de largas cabelleras desordenadas –ellos, con las barbas hasta la cintura–, que solían arrodillarse sobre la tierra áspera mientras en su mano derecha sostenían un libro abierto, un crucifijo o una calavera, memento de la muerte que esperaban como una liberación. Los llamaban los *padres del desierto,* y varios de ellos tenían nombres fascinantes que a veces iban acompañados de un topónimo exótico: junto a nombres corrientes y familiares, como Antonio Abad o Pablo Ermitaño, otros llevaban onomásticos tan sonoros como Pafnucio, Macario, Onofre, Pacomio de Tebas, Palemón, Besarión el Anacoreta, Serapión, Menas de Alejandría, Simeón el Estilita (que, como penitencia, pasó casi cuarenta años viviendo en lo alto de una columna) o Cristóbal de Licia. Había también mujeres de nombres igualmente fascinantes, como Thais de Tebaida.

Para algunas de estas mujeres el desierto no estaba en descampado, sino en el interior de sus propias casas y monasterios; eran las santas emparedadas, que se encerraban durante décadas en una pequeña celda sin puertas y sin más que una ventanita de ventilación: Marana y Cira de Berea, Wiborada de San Gall, Ida de Toggenburg, Veridiana de Castel Fiorentino o santa Oria de San Millán. Mujeres que se apartaron del mundo, no alejándose de sus pueblos y ciudades para ir al desierto, al descampado yermo, almo de virtudes, sino cerrando a cal y canto una habitación y dejando el mundo fuera.

Todos ellos compartían la práctica del ayuno como ascesis, la inanición como virtud. Fueron santos y santas por no comer, ya que su penitencia solía consistir en alimentarse solo de hierbas del campo y beber agua de los manantiales que también aparecían representados en los cuadros, surgiendo generosos de las rocas peladas; o, en el caso de los emparedados, ingerir el escaso alimento (ahí sí, una frugal colación) que sus devotos les pasaban por el ventanuco de la celda clausurada en una simple escudilla de madera. A algunos un ave del cielo, normalmente una paloma o un cuervo, les traía muy de vez en cuando en el pico una golosina de anacoreta: un pedazo de pan seco con el que se alimentaban durante semanas.

El ayuno era total, porque la abstinencia de comida

iba acompañada de (o, más bien, precedida por) la abstinencia de sexo. Solos y desnudos, oraban y martirizaban su cuerpo, a veces con azotes y cilicios, pero sobre todo privándose de todo lo placentero. Sufrían tentaciones del demonio, que ellos superaban heroicamente, rechazando las visiones que ofrecían a los varones muchachas desnudas y a todos los eremitas manjares suculentos. Venciendo la tentación, convertían su hambre en una forma de espiritualidad.

Todavía en países como Etiopía se practica esa espiritualidad sacrificial y austera, voluntariamente hipocalórica, de los eremitas del cristianismo primitivo. Una fotógrafa española, Cristina García Rodero, los ha retratado en unas fotografías tan descarnadas como los propios cuerpos penitentes. Hombres, mujeres y niños enjutos, de piel oscura, envueltos en mantos y túnicas claras, se postran en la tierra áspera o retuercen sus cuerpos para encajarse –casi como las santas emparedadas de la hagiografía– en minúsculas cuevas, semejantes a tumbas, excavadas en la roca. El lugar se llama Lalibela.

La India lleva años siendo el mayor exportador de carne de bovino del mundo. Sin embargo, la población de la India es mayoritariamente vegetariana y está prohibido por ley matar o maltratar a una vaca. Las toneladas de carne exportadas provienen de otro bóvido, el búfalo de agua. Así que no se pueden matar vacas, ni mucho menos comer su carne, pero los búfalos son objeto de grandes hecatombes para la exportación.

Hecatombe. Literalmente, cien bueyes. Los cien bueyes que los antiguos griegos sacrificaban para honrar a sus dioses. Una hecatombe era, por tanto, una matanza masiva de cien víctimas bovinas que desfilaban hasta el altar del sacrificio. Los vemos representados en los relieves griegos, caminando tranquilos y bien nutridos, a veces con los cuernos adornados con guirnaldas de flores, conducidos por boyeros vestidos de gala, hasta su muerte sacrificial.

En Atenas se celebraban todos los años hecatombes en honor de Apolo, de Atenea y de Hera: tres fiestas, tres dioses, por lo menos trescientos bueyes. Matar cien bueyes en un día, siguiendo un ritual preciso, debía de ser una tarea trabajosa y larga, de hombres forcejeando con bestias durante largas horas de muerte. Su grasa se quemaba en enormes hogueras y aquella humareda densa era el alimento de los dioses; para los hombres quedaba la carne, que imaginamos chamuscada por fuera por las llamas, sangrienta por dentro, olorosa a leña y a humo.

Las prescripciones religiosas relativas a la alimentación han determinado la vida cotidiana de millones de seres humanos durante milenios.

El islam no solo prohíbe consumir carne de cerdo y bebidas alcohólicas, sino que prescribe que solo pueden sacrificarse para el consumo animales que hayan llegado a la edad adulta. Una prescripción que, si bien se mira, resultaba muy lógica y económica en el momento en que se estableció, ya que evitaba que se esquilmasen los rebaños sacrificando a las crías y obligaba a esperar a que los animales se hicieran grandes y pudieran alimentar a más personas. Y luego están los cuarenta días del mes de ramadán, en los cuales hay que pasar las jornadas –largas, cuando el mes cae en verano– trabajando y atendiendo a las obligaciones cotidianas sin comer ni beber, y las noches desvelados comiendo, no simplemente para reponer fuerzas, sino para celebrar la festividad en familia.

Pero probablemente ninguna religión haya desarrollado una red tan densa y prolija de prohibiciones y prescripciones en torno a la comida como lo ha hecho el judaísmo. Las prescripciones abarcan no solo lo que se puede y lo que no se puede comer, sino qué características tiene que tener lo que está destinado a ser comido, y cómo ha de prepararse, y cómo ha de comerse, y cuándo. Buena parte de la idea de kashrut, de pureza ritual, se sustenta en la alimentación, y por eso la organización doméstica de una familia judía observante gira en gran medida en torno a la comida.

La mayoría de las prescripciones alimentarias del judaísmo derivan del capítulo 11 del libro bíblico Levítico, aunque luego las distintas escuelas rabínicas ampliaron y precisaron con prolijidad esas prescripciones básicas. Lo básico, no obstante, es bastante detallado. Empieza por indicar qué tipos de animales se pueden consumir y cuáles no:

> El Señor habló a Moisés y a Aarón:
>
> –Decid a los irsaelitas: de los animales terrestres podéis comer todos los rumiantes de pezuña partida.

Así que nada de comer cerdo (que tiene la pezuña partida pero no es rumiante), pero tampoco liebre ni conejo (a los que se considera rumiantes, pero no tienen pezuña y, por tanto, no la tienen partida), ni carne de caballo (un rumiante que tiene una pezuña entera). Los cérvidos, como el ciervo o el gamo, según esa prescripción podrían comerse, porque tienen la pezuña dividida y rumian, pero también son impuros porque son animales salvajes a los que solo se puede sacrificar cazándolos, y tampoco se pueden comer animales cazados. Para consumir cualquier carne es preciso que el animal haya sido sacrificado ritualmente de una manera precisa, evitándole en la medida de lo posible el dolor y el sufrimiento, pero procurando que se desangre; no puede comerse ningún animal herido, defectuoso o muerto violentamente, así que los animales cazados caen dentro de la impureza ritual debido a la violencia de su muerte.

El pasaje del Levítico no se detiene en los mamíferos. Establece también con precisión –una precisión reiterativa, para que quede bien claro lo que está prohibido, no sea que a la primera no nos hayamos enterado bien– qué peces son aptos o no para el consumo:

> De los animales acuáticos, de mar o de río, podéis comer los que tienen escamas y aletas. Y todo reptil o animal acuático, de mar o de río, que no tenga escamas y aletas, tenedlo por inmundo. Son inmundos: no comáis su carne, y tened por inmundo su cadáver. Todo animal acuático que no tiene escamas y aletas tenedlo por inmundo.

Así, con un solo párrafo, se han eliminado de la dieta judía todos los mariscos y moluscos; los cefalópodos como el pulpo, la sepia y el calamar; las anguilas y las angulas, y algunos peces que, aunque tengan aletas, carecen de escamas, como el rape, el cazón y todas las variedades de tiburón, el emperador o el congrio.

A continuación, el libro sagrado establece qué aves no pueden comerse, aunque en este caso la prohibición no es muy de lamentar, ya que se trata en su mayoría de aves rapaces o carroñeras, imposibles de criar en casa y en verdad poco apetitosas (aunque la interpretación de algunos de los nombres hebreos de las aves mencionadas es dudosa y varía de unas traducciones bíblicas a otras):

> De las aves tened por inmundas las siguientes (no son comestibles, pues son inmundas): el águila, el que-

> brantahuesos y el buitre negro; el milano y el buitre en todas sus variedades; el cuervo en todas sus variedades; el avestruz, el chotacabras y la gaviota; el halcón en todas sus variedades; el búho, el somormujo y el mochuelo; la corneja, el pelícano y el calamón; la cigüeña y la garza en todas sus variedades; la abubilla y el murciélago.

El murciélago, claro, no es un ave, sino un mamífero volador. Pero precisamente por eso se incluye en esta lista sobre todo lo que vuela y no se puede comer. Por si acaso, el texto bíblico avisa también de que comer insectos está prohibido, con una excepción:

> Todo insecto que camine a cuatro patas tenedlo por inmundo. De estos insectos de cuatro patas podéis comer únicamente los que tienen las patas traseras más largas que las delanteras, para saltar con ellas sobre el suelo. Podéis comer los siguientes: la langosta en todas sus variedades, el cortapicos en todas sus variedades, el grillo en todas sus variedades, el saltamontes en todas sus variedades. Los demás insectos de cuatro patas tenedlos por inmundos.

Dejando a un lado el despiste naturalista de un Dios que al parecer habla sin haberse detenido a contar cuántas patas tienen los seres que él mismo ha creado (los insectos no tienen cuatro, sino seis), lo cierto es que tampoco apetece demasiado el menú de insectos prohibidos, aunque en algunos ámbitos gastronómicos exquisitos los estén intentando poner de moda. Pero los judíos de la Antigüedad sí que estaban acostumbrados a comer saltamontes y langostas, que tanto abundaban en ese desierto por el que conducían sus rebaños cuando eran un pueblo de ganaderos seminómadas; por eso el Levítico les concede la posibilidad de seguir ingiriendo proteínas animales de los insectos que van saltando de mata en mata porque sus patas traseras son más largas que las delanteras.

También se señalan como impuros los reptiles, aunque en el concepto de reptil se incluyen también algunos roedores y algún mustélido, que de reptiles solo tienen el hecho de que corren a ras de tierra; no solo no se pueden comer, sino que ni siquiera se pueden tocar, y quien los toque deberá guardar una especie de cuarentena ritual, purificadora, hasta el día siguiente:

> De los reptiles tened por impuros los siguientes: la comadreja, el ratón, el lagarto en todas sus variedades, el geco, la salamandra y el camaleón. Estos son los reptiles que tendréis por impuros. El que los toque después de muertos quedará impuro hasta la tarde.
>
> Todo reptil es inmundo y no se come. Ningún reptil es comestible, ni los que se arrastran sobre el vientre ni los que avanzan a cuatro patas ni los ciempiés: son inmundos. No os volváis inmundos también vosotros con estos reptiles ni os contaminéis con ellos ni os dejéis manchar por ellos.

De otro pasaje del Levítico deriva una prescripción adicional, que ha tenido gran trascendencia en la gastronomía judía: «no comerás el cabrito en la leche de su madre». Y, por extensión, los judíos observantes nunca mezclan carne y leche en la misma comida.

En realidad, en las prescripciones bíblicas sobre los animales que se pueden comer y los que son inmundos, se percibe la ritualización de una serie de usos prácticos, en parte higiénicos y en parte motivados por razones económicas. No parece muy recomendable, desde el punto de vista higiénico, comer bichos que se arrastran por todas partes o aves que se alimentan de carroña, pescados que se corrompen con facilidad o mamíferos que viven en madrigueras en cuyo interior quién sabe qué habrá. En otros casos, la prescripción pudo tener más bien un origen económico: no comer el cabrito en la leche de su madre significaría, en su origen, no sacrificar a los animales lactantes (que todavía están «en la leche de su madre»), sino esperar a que crezcan, una medida rentable para un pueblo cuya economía, en tiempos antiguos, se basaba en la ganadería. Exactamente la misma precaución que en el islam prescribe consumir solo animales que hayan llegado a la edad adulta.

A toda abstención corresponde un exceso y, en consecuencia, en casi todas las religiones hay fechas de desenfreno alimentario. Las noches del mes de ayuno de ramadán están llenas de comidas familiares generosas, que empiezan con una sopa ligera (la que en Marruecos llaman *harira)* y acaban con dulces empalagosos y contundentes, reservas de energía para todo el día siguiente. A la Cuaresma cristiana precede el carnaval, la fiesta de la carne (carnaval viene del latín *carne levare,* literalmente «quitar la carne»). En algunos lugares el momento central del carnaval es el martes lardero, o el jueves lardero, es decir, el martes o el jueves del tocino, que es lo que *lardo* significa; y hay sitios en los que la fiesta se ha llegado a llamar Jueves de Lardero, como si lardero ya no fuese un nombre alusivo al tocino, sino el nombre propio de un personaje que nadie sabe quién fue pero que representa el carnaval mismo. En ninguna parte está representada con más gracia la lucha entre el ascetismo dietético de la Cuaresma y la exuberancia alimentaria del carnaval que en un poema del siglo XIV, el *Libro de buen amor,* que dedica un largo pasaje a tratar «de la pelea que ovo don Carnal con la Quaresma». La historia está contada como una guerra medieval, con todos sus pasos: primero, la Cuaresma manda a «don Carnal» una carta de declaración de guerra, este acepta el reto y forma su ejército, disponiéndolo en orden de batalla, en el que los peones o soldados de a pie son las aves a punto de ser asadas:

> Puso en la delantera muchos buenos peones:
> gallinas e perdices, conejos e capones,
> ánades e lavancos e gordos ansarones;
> facían su alarde cerca de los tizones.

Detrás de los peones, como solía suceder en los ejércitos medievales, están los ballesteros, que aquí son las cecinas, los jamones y las piezas de carne de vaca, cerdo y cabra, acompañadas de sus escuderos, que son una guarnición de frijoles o alubias:

> En pos de los escudados están los ballesteros:
> las ánsares cecinas, costados de carneros,
> piernas de puerco fresco, los jamones enteros;
> luego en pos de aquestos están los caballeros:
>
> las puestas de la vaca, lechones e cabritos
> allí andan saltando e dando grandes gritos;
> luego los escuderos, muchos fresuelos fritos,
> que dan de las espuelas a los vinos buenos tintos.

Detrás de ellos vienen los infanzones, es decir, los hidalgos nobles, que son faisanes y pavos haciendo alarde de sus coloridos plumajes:

> Traía buena mesnada rica de infanzones:
> muchos buenos faisanes, los lozanos pavones,
> venién muy bien guarnidos, enfiestos los pendones,
> traían armas estrañas e fuertes guarniciones.

Y los caballeros son piezas de caza mayor, como venados y jabalíes:

> Vinieron muchos gamos e el fuerte jabalí:
> –Señor –diz–, non me escuses de aquesta lid a mí,
> que ya muchas vegadas lidié con Don Alí:
> usado so de lid, siempre por ende valí.

Por otro lado, doña Cuaresma viene con sus huestes de esas verduras y hortalizas frescas que están empezando a nacer en los huertos y que se prodigarán, ubérrimas, durante marzo y abril, y con todos los pescados del mar; los dos ejércitos entran en lucha, pero los de don Carnal están en desventaja porque, desmesurados, la noche anterior a la batalla hacen un gran banquete, lo cual provoca que cuando entren en la lucha estén pesados por la digestión y abotargados por el vino:

> con la mucha vianda, mucho vino bebido,
> estaba apesgado e estaba dormido;
> por todo el su real entró el apellido.

La consecuencia es que, contra todo pronóstico, las lánguidas tropas de hortalizas y pescados vencen a las impresionantes huestes carnívoras, hasta el punto de que un simple puerro es capaz de herir gravemente a don Carnal, mientras los más humildes pescados caen sobre el resto de las tropas carnavalescas:

El primero de todos que ferió a Don Carnal
fue el puerro cuellealbo, e ferióla muy mal;
fízole escupir flema: esto fue grand señal;
tuvo Doña Cuaresma que era suyo el real.

Vino luego en ayuda la salada sardina,
firió muy reciamente a la gruesa gallina:
atravesóle en el pico, afogóla aína;
después a Don Carnal falsól la capellina.

[...]

De parte de Valencia venían las anguilas,
salpresas e trechadas, a grandes manadillas,
daban a Don Carnal por medio las costillas;
las truchas del Alberche dábanle en las mejillas.

Ahí andaba el atún como un bravo león,
fallóse con Don Tocino, díjole mucho baldón;
si non por Doña Cecina, que'l desvió el pendón,
diérale a Don Lardón por medio el corazón.

De parte de Bayona venién muchos cazones,
mataron las perdices, castraron los capones;
del río de Henares venían los camarones,
fasta el Guadalquivir ponían sus tendejones.

[...]

El pulpo a los pavones non les daba vagar,
ni aún a los faisanes non dejaba volar,
a cabritos y a gamos queríalos ahogar:
como tien muchas manos, con muchos puede lidiar.

El resultado de la batalla es desastroso, y doña Cecina y don Tocino, los mejores caballeros de don Carnal, son hechos prisioneros y colgados de una viga... por lo menos hasta después de la Pascua de Resurrección, cuando las gentes vuelvan a comer de todo:

> Mandólos colgar altos, bien como atalaya
> e que a descolgarlos ninguno y non vaya;
> luego los enforcaron de una viga de haya;
> el sayón va diciendo: «Quien tal hizo, tal haya.»

También el judaísmo tiene su carnaval, que, aunque no se llama así, viene a coincidir aproximadamente en las fechas con el carnaval cristiano: finales de febrero o principios de marzo, esas semanas en que empieza a notarse que los días son más largos y se muestran amagos de la cercana primavera.

El equivalente judío al carnaval es Purim, la festividad en la que se recuerda la historia de la reina Esther.

El libro bíblico de Esther en realidad cuenta una intriga palaciega del siglo V antes de Cristo: la rivalidad entre dos ministros del rey persa que ha pasado a la historia como Jerjes I, al que en el texto bíblico hebreo se da el nombre de Ahasverós y en las traducciones castellanas de la Biblia se llama Asuero.

Ahasverós, o Jerjes, o Asuero, es un emperador oriental, un monarca absoluto al que sus súbditos dan el apelativo de Rey de Naciones. Tiene, como era de esperar, un nutrido harén; y su esposa (seguramente, su esposa principal, porque tendrá más, amén de muchas concubinas) es la judía Esther. Su segunda esposa, más bien, porque a la primera, Vastí, el propio Asuero la mandó ejecutar por haberse negado a satisfacer un capricho del rey: exhibir su belleza desnuda ante los cortesanos durante un banquete. Así que con ese detalle ya sabemos que Asuero es un monarca inflexible, acostumbrado a que sus deseos sean órdenes para quienes le rodean, y que no vacila en ejecutar a cualquiera que le contradiga.

Por otra parte, el palacio de Asuero, que es a la vez su residencia, su fortaleza, el lugar desde donde se gobierna y donde se imparte justicia, es un nido de intrigas. Una de esas complicadas marañas es la rivalidad entre uno de sus ministros persas, Amán, y otro de sus ministros, el judío Mordejay o Mardoqueo, casualmente tío de Esther, la esposa del rey.

La historia que se narra en el libro bíblico es enrevesada, con intervención de los dos ministros, los cortesanos partidarios de uno y de otro, unos cuantos eunucos espías que se dedican a escuchar las conversaciones de todos, conspiraciones y maledicencias, magos adivinos que, a principios de año, le echan las suertes a Asuero para predecir el porvenir del año entrante (precisamente Purim significa «las suertes», y se refiere a esas prácticas adivinatorias con las que empieza el año y el libro que cuenta la historia) y varios banquetes en los que los comensales, al tiempo que se dedican a los excesos en el comer y el beber, aprovechan para sembrar cizaña u obtener información privilegiada.

De todo ese enredo resulta que Amán, el malvado ministro persa, simplemente para eliminar a su rival Mardoqueo, convence a Asuero de que extermine a todos los judíos. El mismo Amán se encarga de preparar la horca en la que Mardoqueo será ejecutado, y tras su muerte se prepara la matanza de los judíos restantes. A todo esto, Asuero, que debía de adquirir mujeres lo mismo que mandaba comprar caballos, ignora que su propia esposa, Esther, es judía.

Entonces llega el momento estelar de Esther, que la convierte en una heroína y ejemplo de mujer fuerte para los judíos hasta hoy. Su heroísmo consiste en que, tras una jornada de oración y ayuno, se viste con sus mejores galas y se atreve a entrar en la sala donde Asuero está reunido con toda su corte. Se atreve, y es mucho atrevimiento, porque no ha sido llamada y presentarse ante el rey sin haber sido convocado por él es una ofensa grave, y más delante de toda la corte; precisamente a Vastí le había costado la vida justo lo contrario: no presentarse ante los cortesanos cuando Asuero se lo mandó.

Esther entra, por tanto, en la sala, muerta de miedo. Tan angustiada y temerosa que, sin poder soportar más la tensión, pierde el sentido y cae a los pies del rey. Y el rey, al contemplar la belleza exangüe de su esposa desmayada –seguramente Dios la hizo en aquel momento más bella para tocar el corazón de Asuero–, se apiada de ella y acepta escuchar su ruego. Esther vuelve en sí y, envalentonada, se atreve a invitar al rey a un banquete en el curso del cual desenmascara a Amán y consigue que sea el ministro el ahorcado en la misma horca que él preparó para Mardoqueo y que Asuero perdone la vida a todos los judíos. Una salvación milagrosa, obrada por Dios por medio de una mujer valiente.

Purim es, por tanto, una fiesta de alegría, que celebra la salvación del pueblo judío de un intento de exterminio. De una alegría un tanto desenfrenada, algo insólito en el pueblo judío, normalmente tan circunspecto. El día de Purim se come sin tasa (especialmente dulces) y se bebe sin medida, hasta no distinguir el vino blanco del tinto. La gente intercambia regalos y, en recuerdo de las *pur* o «suertes» con que empieza el libro bíblico, se pasa la noche jugando a diversos juegos de azar. Y, como en el carnaval cristiano, las gentes se disfrazan; es el único día del año en que está permitido que los hombres se vistan de mujer y las mujeres de hombre, una transgresión con respecto a uno de los preceptos bíblicos. Los hasidim, los miembros del movimiento pietista judío centroeuropeo, cantan, bailan y beben en la misma sinagoga hasta caer sin sentido. Los sefardíes solían celebrar la fiesta en familia y cantar coplas en las que se narraba la historia de Esther, pero también invitaban al exceso gastronómico, enumerando los manjares propios de la festividad en listados parecidos a los de la batalla medieval de don Carnal y doña Cuaresma:

> Vengamos a la comida:
> sea muncha y sin medida;
> más y más en la bebida
> sea mucho el beber.
>
> Guisanderas en las cocinas
> desplumando las gallinas,
> cayimak, yegurt con meyinas [pasteles de hojaldre con yogur]
> que empecen a comer.
>
> [...]
>
> Miren de comer pescado,
> frito, cocho y asado
> y que no manque salado
> porque hace bien beber.
>
> Indianas muy bien asadas,
> piñonada y almendradas,
> lombos, elgüengas ahumadas
> porque hacen bien beber.

Gallinachos bien asados,
cabritos muy bien girados
y colos arellenados
para poder más beber.

Costillas de vitela de leche
al que come le aproveche
a dormir que no se eche
porque no podrá beber.

[...]

Bebé el vino sin peso
hasta salir del seso
y no comer carne y queso
que esto trae el beber.

No bebas vino aguado:
preto, puro y colorado,
y blanco muy alabado
no lo dejes de beber.

Purim, Carnaval, festividades de liberación a través del exceso en la comida y la bebida. Tras el largo invierno pronto llegará la primavera y los seres humanos celebran la fiesta de haber superado el tiempo crudo y seguir vivos.

Pienso en las dos mujeres que han preparado este plato, las que guisan en la pequeña cocina de la tiendecita de comida preparada. El establecimiento no parece haber sido creado por profesionales de la restauración, personas formadas en las escuelas de hostelería en las que se aprende a cocinar, a atender a la clientela y a gestionar un restaurante; tiene, más bien, el aspecto de un negocio familiar inventado sobre la marcha en tiempos de crisis. Así que las cocineras seguramente serán amas de casa metidas a empresarias por necesidad. Incluso tienen cierto parecido físico entre ellas; tal vez sean hermanas.

Si lo que sospecho es cierto, estas dos mujeres debieron de adquirir su sabiduría culinaria en el seno de sus familias; probablemente aprendieron a guisar de sus madres y suegras, esas mujeres que a su vez habían aprendido las recetas y trucos de cocina de las de la generación anterior, y así sucesivamente. La artesanía de dar de comer que, como todos los saberes artesanos, se aprendía practicando, y por la práctica pasaba de una generación a otra. Como otros cuidados, guisar formaba parte de ese trabajo no monetarizado de las mujeres, un trabajo que no se paga, que no recibe su precio en dinero –y que, en consecuencia, ni se ve ni se aprecia: no se aprecia hasta que falta–, pero que constituye una enorme riqueza para la sociedad.

Como en todo saber tradicional, en el proceso se iban produciendo cambios, modificaciones: recetas que se olvidaron y ya nadie recuerda ni hace, que salieron de la cadena de transmisión para nunca más reincorporarse a ella (en la tradición oral, lo que se olvida no se recupera jamás); innovaciones que cada cual incorporaba a sus guisos, y que traspasaba a la siguiente generación; un proceso de recreación constante, preservado sobre todo por la práctica y la memoria, que solo ocasionalmente recurría a la escritura: la receta que se apunta en un papel para no olvidarla, el cuadernito con sus mejores guisos que compiló la abuela y que pasó a su hija y a su nieta, el plato nuevo que se incorpora al recetario familiar por una influencia externa (la vecina, la amiga, la suegra) y se escribe precisamente porque es nuevo y desconocido, para fijarlo hasta que nos lo aprendamos de memoria. A veces, el libro de recetas de cocina que constituyó un regalo para un ama de casa novicia y del cual se extrajeron solo unas pocas, que pasaron a la práctica y la memoria y fueron a su vez aprendidas por las mujeres más jóvenes. Un proceso complejo de preservación, transmisión e innovación similar al que experimentaron los cuentos populares, las canciones antiguas o los romances que se cantaban en los pueblos para entretener las veladas de invierno.

Frente a la formación profesional de los grandes chefs, la mayoría de nosotros –las gentes de nuestra generación y de generaciones anteriores– nos hemos alimentado gracias al saber sencillo y cotidiano de las mujeres que, a lo largo de generaciones y de siglos, se enseñaron unas a otras sus conocimientos culinarios, en una cadena que se pierde en los confusos tiempos de los antepasados o, mejor dicho, de las antepasadas: «esta sopa la hacía ya mi abuela», «este guiso de carne lo aprendió mi madre de su suegra», «mi madre lo hacía así y así, pero yo no le pongo esto, sino aquello», «esto era un dulce de navidades de mi pueblo»; o, todavía más difusamente, «aquí siempre se han preparado así las legumbres», «esta es la forma de guisar tal o cual cosa en este pueblo». Legiones de mujeres enlazadas por un saber del cual la mayor parte de las veces estaban excluidos los varones. Solo en ocasiones determinadas –una festividad concreta, un momento del año, una ocasión excepcional, la reunión periódica de una sociedad gastronómica en el País Vasco– los hombres se reunían para hacer una comida especial. Pero la comida cotidiana, la que constituye el sustento habitual (y no el festín de la fiesta, no el placer de un día), era cosa de mujeres.

La cadena corre el riesgo de romperse. Empieza a tener eslabones abiertos, cabos sueltos, líneas sin continuidad. Cada vez hay más gente que no sabe guisar, tanto hombres como mujeres; personas que, en realidad, se han convertido en completamente dependientes, ya que solo pueden comer si alguien les da la comida preparada. Bien mirado, es algo parecido a lo que les sucedía a los nobles del Antiguo Régimen, que no sabían vestirse ni asearse solos y precisaban de la ayuda de un criado para hacerlo: una absoluta dependencia para las necesidades más básicas.

Y a mí, que todavía pertenezco a la cadena de mujeres guisanderas, me resulta difícil imaginar la vida de quien no sabe prepararse absolutamente nada de comer, de quien si no abre una lata, o compra comida hecha, o va al restaurante, no come; de quien está condenado a alimentarse con la comida desabrida que se saca ya preparada de un envase, y no porque no tenga tiempo o ganas de cocinar –como me ha pasado a mí hoy–, sino simplemente porque no sabe ni por dónde empezar. Pobres de quienes, como dirían nuestras madres, no comen caliente.

Sería fácil tachar de perezosos a los ignorantes, a esos pobres ciudadanos indefensos que no saben hacerse de comer, que dependen de otros para algo tan elemental e imprescindible como alimentarse. Pero la culpa de esa ruptura de la cadena de transmisión de saberes fundamentales –los saberes que permiten comer– no es de la indolencia, sino todo lo contrario: es de la vida dura, de los horarios imposibles, de la falta de tiempo para vivir, sobre todo en las grandes ciudades.

Los cambios en el ritmo y estilo de vida han hecho que muchas mujeres no tengan tiempo ni ocasión de adquirir ese saber ni de enseñarlo (a otras mujeres o a sus compañeros varones), urgidas por necesidades apremiantes: estudiar, formarse, trabajar, ser independientes, contribuir con su salario al mantenimiento de las personas a las que quieren. Llegan exhaustas a casa después de una jornada de trabajo de duración abusiva y de una o dos horas de viajes en transporte público, sin tiempo para comprar ni guisar, y acaban haciendo la cena (ellas o sus parejas) con cualquier producto precocinado. Cada vez comemos peor por falta de sosiego y de ese tiempo breve que exige cualquier guiso.

Los horarios saturados de tareas empiezan ya en la niñez, en la adolescencia. Cuando éramos niñas, las largas vacaciones de verano duraban tres meses en los que era posible aprender lo que no se enseñaba en la escuela. Eran largas semanas de juegos, de ocio, de lectura, de socialización, de convivir con las amigas, con los hermanos, con los padres, con los abuelos. En ese tiempo de «no hacer nada» se aprendían a hacer muchas cosas. Veíamos, por ejemplo, a nuestras madres y abuelas –la mayoría de ellas amas de casa, mujeres que, según se decía entonces, «no trabajaban» porque solo se consideraba trabajo el que se hacía fuera del hogar– preparar la comida todos los días; las acompañábamos a comprar, conocíamos los productos de las estanterías de los colmados, habíamos visto la variedad de los pescados crudos expuestos en la pescadería en amplios mostradores de piedra, inclinados, salpicados de hielo triturado para que se conservasen mejor; veíamos en los escaparates de las carnicerías la carne hábilmente despiezada y oíamos a nuestras madres pedir cuatro chuletas de cerdo de cabezada, un buen trozo de falda para el cocido, un redondo de ternera para asar o un morcillo de ternera para guisar; escogían los huesos de caña de jamón, los de espinada de cerdo y los de rodilla de vaca; solicitaban riñones de cerdo, manitas de cordero o criadillas en la casquería; y en la pollería las escuchábamos pedir que les deshuesasen los contramuslos de pollo o que les partiesen un cuarto de gallina de la parte del muslo. Aunque, como adolescentes, éramos distraídas y apenas prestábamos atención, aquellas palabras (y las realidades a las que se referían) iban aposentándose en nosotras; como se dice de María en los Evangelios, «guardábamos aquellas palabras en nuestro corazón».

Y en nuestro corazón guardábamos la imagen de nuestras madres, de nuestras abuelas, en el acto de preparar la comida diaria: las veíamos pelar, partir, trocear, cortar, picar, sazonar, rehogar, freír, cocer, guisar, asar los alimentos que habían comprado. A veces añadían agua o vino, a veces tapaban cuidadosamente la cazuela y a veces la dejaban destapada para que el agua se evaporase y en ocasiones hacían cocer la olla a fuego vivo para que se redujese la salsa. Sin darnos cuenta, aprendíamos los procedimientos, las causas y los efectos, los modos de hacer. Nadie nos los explicó, pero los vimos, fuimos testigos de aquellos procesos mediante los cuales, sin darle importancia, ellas convertían lo crudo en lo cocido para hacerlo no solo comestible, sino también sabroso.

Solían pedirnos pequeñas ayudas. Nos mandaban a la tienda a hacer un recado, dándonos instrucciones precisas sobre lo que debíamos traer: cuarto y mitad de jamón york cortado finito; una pechuga de pollo entera, que te quiten el hueso del esternón; pescadilla de pincho cortada a rodajas no muy gruesas: que te dejen la cabeza, pero que le corten los dientes; filetes de babilla de ternera cortados finitos, que son para empanar; un kilo de pera blanquilla, que estén maduritas; dos kilos de naranjas de mesa, que no te las den de zumo, que sean terciadas, no te las vayan a dar muy grandes.

O, en la cocina, hacíamos de pinches ocasionales: pelar las patatas con cuidadito, no nos fuéramos a cortar. Batir los huevos de la tortilla –unos huevos que ellas habían cascado hábilmente contra el borde del plato, con un golpe seco y sin derramar ni una gota de la clara, un golpe hábil que nosotras todavía éramos incapaces de reproducir–, lavar las hojas de la lechuga, picar finita la cebolla que nos hacía llorar.

Y así, cuando nos encontrábamos por primera vez solas, emancipadas con nuestros primeros trabajos que nos permitieron salir de la casa de los padres, abandonar ese domicilio familiar en el que nos habíamos criado pero que empezábamos a ver ya como una pequeña cárcel, sabíamos comprar y distinguíamos los productos y los alimentos y teníamos una idea acerca de qué hacer con ellos, cómo producir con aquellas cosas crudas algo cocido que llevarnos a la boca.

A veces se daba una relación estrecha entre la oralidad y el libro. Con frecuencia nuestras madres recibieron libros de cocina como regalo. Cuando eran jóvenes, recién iniciadas en su vida de amas de casa, el esposo, una amiga, una prima, una tía mayor, les regalaron el libro de recetas más famoso del momento; también nosotras, las hijas, rompimos alguna vez la hucha en la que acumulábamos pacientemente nuestros pequeños ahorros para comprar un libro de cocina como regalo del Día de la Madre.

Las recetas compiladas en esos repertorios –la mayoría, obras de chefs franceses mejor o peor traducidas al castellano– eran muchas veces complicadas y poco prácticas: platos muy especiales, de los que no se comen todos los días, y que requerían todo un instrumental del que carecían nuestras cocinas de baja clase media, aquellas cocinas en las que las madres preparaban la comida diaria. Hacía falta, por ejemplo, un horno en el que cupiera un pavo entero, o unos moldes para hacer magdalenas, mangas pasteleras, varillas batidoras, cocottes de hierro fundido (en vez de las cacerolas de aluminio o de porcelana de casa), cuencos y boles de distintos tamaños y materiales (en casa, entonces, solo había tazas y platos), bandejas de hornear, ralladores de queso, picadoras de carne, espumaderas de distintas clases, marmitas altas que solo existían en los restaurantes y las cocinas de los hoteles, planchas de hostelería, quemadores de hierro para caramelizar la capa superficial de azúcar de los dulces. Los nombres de algunos de los alimentos e ingredientes no los habíamos oído nunca: gofres, paté, salsa tártara, chantillí, salsa holandesa, velouté, eneldo, chalotas, salsa menier, pasta brisa, queso emmental, quiche lorraine, cordon bleu, crepes.

Nuestras madres hojeaban las recetas del libro recién

estrenado –un libro suntuoso de muchas páginas, encuadernado en pasta dura, de letra pequeña y papel ligeramente verjurado: un libro para colocar en la estantería del cuarto de estar, no para abrir en la cocina, junto a los fogones desde los que salpicaban gotas de aceite– e iban descartando recetas: una, porque los ingredientes eran difíciles o imposibles de encontrar; otra, porque carecían de los utensilios necesarios para hacerla; y otras, simplemente, porque no entendían de qué estaba hablando el chef francés mal traducido cuando decía «blanquear ligeramente las zanahorias y, una vez escurridas, añadirles las echalotas cortadas en fina juliana y confitadas en mantequilla clarificada» (una frase de la que lo único comprensible era que había que hacer algo con zanahorias y mantequilla, dos ingredientes que nunca iban juntos en nuestra dieta habitual).

Al final, de las trescientas o cuatrocientas recetas del libro, se incorporaban a los menús domésticos solo tres o cuatro, las más fáciles de hacer, aquellas de las que nuestras madres decían «esto tiene que estar bien», y ensayaban a hacerlas sustituyendo la mantequilla por aceite de oliva y el cebollino por perejil. Eran en eso nuestras madres como los lectores del siglo XVI, que aprendían los romances impresos en pliegos sueltos y luego los cantaban a su manera, mezclando en sus versiones los versos que habían leído y los que se sabían de antemano de memoria, adaptando el poema a sus gustos y sus necesidades.

Hoy esa tradición oral familiar ha sido sustituida por intentos vanos en los medios de comunicación. Nunca como hoy ha habido tantos programas de cocina en las cadenas de televisión. Chefs famosos, casi todos varones, componen menús que califican de sencillos en cocinas impolutas como quirófanos. Es como si los libros de cocina que nuestras madres recibían como regalo suntuario y un tanto inútil hubieran cobrado vida para meterse en el salón de casa a través de la pantalla del televisor. Me pregunto cuánta gente hará de verdad esas recetas en su casa.

FÍSICA Y QUÍMICA DE LA COCINA

En un periódico he leído una información sobre las recetas de cocina de un ingeniero vasco, Aurelio Abacens.[1] Un nombre para mí hasta ahora desconocido, pero cuya biografía me ha parecido tan fascinante que siento mucho no haber tenido noticia de él antes, porque hubiera podido ser uno de los personajes del primer libro que publiqué cuando tenía solo diecinueve años, *Biografías de genios, traidores, sabios y suicidas según antiguos documentos* (y que muchos años después se reeditó ya con una nueva tecnología, el ebook, con el título de *Ilustres desconocidos).*

Ese mi primer libro adolescente consiste en 97 biografías apócrifas de otros tantos personajes que dedicaron toda su vida a una sola actividad. Son textos brevísimos, lo que hoy llamaríamos microrrelatos –pero por aquel entonces, en 1973, el concepto de microrrelato estaba empezando a gestarse en América y el término era todavía desconocido en España, así que yo, con dieciocho o diecinueve años, escribía microrrelatos sin saberlo–, en cada uno de los cuales se ofrece una semblanza de un personaje completa-

1. https://verne.elpais.com/verne/2018/04/16/articulo/1523897626_586549.html

mente inventado; aunque el paso de los años y la experiencia de la vida me han ido demostrando que aquellos personajes eran, aunque ficticios, completamente verosímiles; prueba de ello es que a veces encontramos a personas reales que podrían ser protagonistas de una de las biografías de mi libro.

Si yo hubiera conocido esta historia en los años setenta, el capítulo dedicado a Aurelio Abancens en *Biografías de genios, traidores, sabios y suicidas* podría haber sido como sigue:

> Aurelio Abancens nació en San Sebastián en 1922 y dedicó toda su vida a la ingeniería industrial. Aplicó sus conocimientos de ingeniería a todos los ámbitos de su actividad: el ejercicio profesional en empresas, la docencia en la Escuela de Ingenieros de San Sebastián y la cocina.
>
> Como miembro de una sociedad gastronómica donostiarra, elaboró un libro de recetas de los platos más típicos de la cocina vasca, utilizando para ello el método de diagramas de flujo, esquemas que se utilizan en el ámbito industrial para representar gráficamente los distintos pasos del proceso de elaboración de un producto, detallando de forma ordenada y lógica las acciones y los elementos que participan en cada acción. Su recetario en diagramas, que se conserva en la Sociedad Gastronómica del Colegio de Ingenieros de San Sebastián, constituye una de las mayores y más originales aportaciones a la abundante bibliografía de recetarios de cocina vasca.
>
> Murió en su ciudad en 2002, a los ochenta años de edad, después de una larga y fecunda vida de ingeniería y gastronomía.

Este es el cuento que nunca escribí y que ahora escribo con trampa, sabiendo que no me estoy inventando un personaje, sino resumiendo una vida de la que conozco solo unos pocos acontecimientos.

Miro con atención los diagramas de flujo de varias recetas, fotografiadas en la noticia publicada en un periódico. Encuentro allí platos muy vascos, casi identitarios (pimientos rellenos de bacalao, tortilla de anchoas y gambas, chipirones en su tinta, merluza a la vasca), junto a otros que me traen aromas de los productos de la tierra de Navarra (patatas con alcachofas, lengua de ternera a la tolosana) y otros más genéricamente españoles, los típicos guisos caseros que hacían nuestras madres (garbanzos de vigilia, lentejas con arroz, cordero asado); hay un besugo al horno con patatas panadera que seguramente sea también muy vasco, pero que yo recuerdo como típico de las cenas de Nochebuena en Madrid, seguramente porque en tiempos era un recurso barato para quienes no podían celebrar las fiestas navideñas comiendo carne de ave, mucho más costosa; aunque en los tiempos que yo recuerdo el besugo ya cotizaba al alza en las subastas de pescado previas a la Navidad.

No tengo ni idea de ingeniería, pero atrevidamente me convierto durante un rato en alumna a distancia (la distancia que marca el tiempo) de Aurelio Abancens e intento crear un diagrama de flujo de este plato que he comido hoy, el cocido madrileño; un cocido un tanto heterodoxo, como yo lo hago, pero ya se sabe que en la cocina casera cada maestrillo tiene su librillo y cada cocinero su diagrama de flujo, así que las modificaciones y las transgresiones son aceptables, incluso aplaudidas: se convierten con facilidad en el secreto de mamá, en el truco de mi abuela.

Si no he entendido mal, el cocido se resumiría en el diagrama adjunto.

INGREDIENTES:

Garbanzos (una taza de café por persona)
Un trozo de carne de vacuno (morcillo, falda)
Gallina (un cuarto)
Un hueso de codillo de jamón
Un hueso de espinada de cerdo
Un hueso de caña de vacuno
Un trozo de chorizo por persona
Un trozo de morcilla por persona
Un cuarto de col
Uno o dos nabos
Una patata por persona
Dos puerros
Una zanahoria por persona
Una rama de apio
Fideos (un puñado por persona)
Agua, sal

La cocina es un pequeño laboratorio doméstico. Cuando cocinamos ponemos en marcha, sin ser conscientes de ello, una serie de procesos físicos y químicos.

Por ejemplo, si yo hubiera hecho hoy la comida, hubiera tenido que seguir un proceso que es el que se describe en el diagrama.

Como paso previo, habría tenido que poner los garbanzos en remojo el día antes. Mejor, dicen las abuelas (y también los chefs que han aprendido a guisar de sus abuelas antes de ir a la escuela de hostelería), que el agua sea tibia. En todo caso, es importante que los garbanzos pasen varias horas (toda la noche, por lo menos) sumergidos en

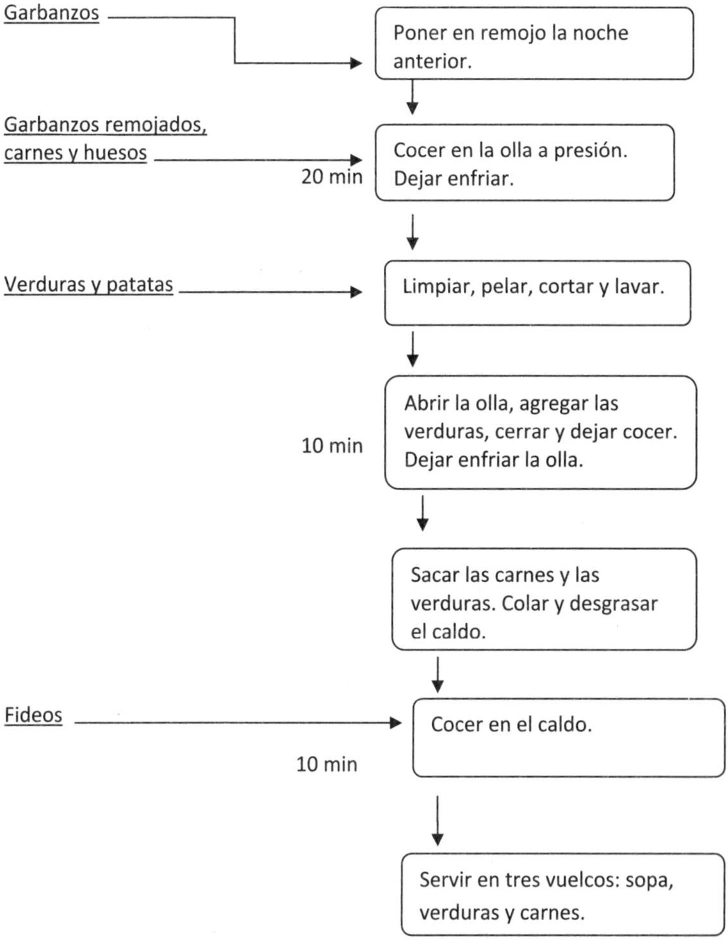

agua porque son un producto desecado, sometido a un proceso de deshidratación natural que consiste en dejar que el agua que contienen los tejidos de los garbanzos frescos, recién recolectados, se vaya evaporando en un secadero. Se hace con la mayoría de las legumbres; son muy pocas las que se consumen frescas, recién recogidas, levemente cocinadas, comidas enseguida precisamente para que no se desequen ni endurezcan: las habas tiernas, los delicados guisantes, las pochas (que no son otra cosa que un tipo de alubia que se consume fresca), las judías verdes (que mi abuela andaluza llamaba habichuelas y mis familiares catalanes *mongeta tendra),* los maravillosos tirabeques o bisaltos, que pueden comerse crudos.

Pero lo normal es que las legumbres se extraigan de su vaina (la vaina del garbanzo es pequeña, apenas un estuchito peludo de un verde intenso, que contiene como mucho dos o tres semillas, a veces una sola) y se extiendan sobre rejillas para que, bien aireadas, se sequen al aire y al sol. Ahora sin duda el proceso de secado se hará por procedimientos industriales, pero esas máquinas no hacen más que imitar, deprisa y corriendo, el efecto desecante del aire.

El procedimiento garantizaba comida para todo el año, incluso para varios años, ya que las legumbres así desecadas se conservaban bien durante muchos meses y podían irse consumiendo poco a poco, en la medida de las necesidades de la familia.

También los cereales podían preservarse igual. El bulgur de Turquía y Oriente Medio se hacía de forma tradicional cociendo largamente el trigo en grandes calderos de agua (hoy el procedimiento también se habrá industrializado). El cereal así cocido se extendía sobre las terrazas de las casas –esas casas mediterráneas que no tienen tejado, sino un terrado plano en la cubierta– para que se secase al sol durante varios días; una vez seco, se descascarillaba el trigo y se molía más o menos grueso, y el resultado de esa molienda es un producto precocinado natural que puede usarse durante meses o años como base de platos como el tabulé, o combinarse con legumbres en platos sólidos y alimenticios, llenos de proteínas vegetales. En todo caso, para hacer el bulgur de manera tradicional hay que vivir en un país mediterráneo y cálido, en el que la humedad sea baja y estén garantizados largos días de sol (el proceso se estropea si llueve sobre el trigo cocido puesto a secar) y en el que las casas no tengan tejado.

Lo mismo se hacía también con las frutas: los racimos de uvas colgados al sol para producir uvas pasas; los albaricoques y los melocotones que el verano ofrecía en abundancia –en tanta abundancia que resultaba imposible consumirlos todos en temporada– y se desecaban para hacer orejones, que luego comíamos por Navidad, en la fiesta invernal en la que ya no había fruta fresca; los tomates, las ñoras, las guindillas, arracimadas y expuestas en los balcones de solana de las casas de los pueblos de Cantabria o de La Rioja, como guirnaldas encarnadas que daban a las fachadas un aire festivo. Se trataba, siempre, de guardar los productos de la primavera y el verano, tiempos de abundancia, para el invierno, la estación yerma en la que la tierra apenas produce nada.

La forma de conservar era siempre la misma: si le quitas a un alimento el agua que contienen sus tejidos, el alimento no se pudre porque los gérmenes (las bacterias, los hongos) no pueden proliferar en un medio tan seco. Quitar el agua es quitar el medio en el que prolifera la vida, incluso la vida de las bacterias. Luego, el alimento seco, guardado durante largos meses, recobra sus propiedades y vuelve a ser comestible cuando se sumerge largamente en agua y sus tejidos se impregnan poco a poco de humedad; de nuevo se vuelven turgentes y blandos, aptos para comer.

El proceso de desecado, que tradicionalmente se hacía gracias al efecto del aire, el sol y el tiempo (se necesita un cierto tiempo para que el sol ejerza su acción, convirtiendo la comida fresca en comida seca), puede hacerse actualmente de manera mucho más rápida por un proceso industrial, la liofilización.

Para liofilizar algo hay que congelarlo y luego aplicar

temperatura y hacer el vacío para conseguir que el agua congelada pase al estado gaseoso (vapor de agua) sin pasar por el estado líquido, de manera que el producto queda desecado, sin agua, pero con todas sus demás propiedades intactas. El procedimiento se inventó a principios del siglo XX, y entre las primeras cosas que se liofilizaron están el virus de la rabia (para fabricar con él vacunas) y el suero de la sangre humana (para hacer transfusiones a los heridos de guerra, durante la Segunda Guerra Mundial). Pero hoy en día pueden encontrarse muchos alimentos liofilizados, desde pescado o frutas o cereales hasta café. Cuando disolvemos en agua caliente una cucharadita de café soluble, estamos invirtiendo el proceso de liofilización, volviendo a humectar los gránulos de café seco, liofilizado, para convertirlo en una taza de bebida aromática.

Pero pasemos a la siguiente fase del diagrama de flujo de mi cocido. Una fase que consiste, precisamente, en cocer.

Los puristas del cocido dicen que hay que cocer por separado los garbanzos (que se ponen a hervir en agua tibia) y las carnes y huesos (que se ponen a cocer en agua fría).

En cualquier caso, se trata del procedimiento más elemental para procesar alimentos: someterlos al efecto del calor. Volvemos aquí a la vieja diferencia entre lo crudo y lo cocido, lo que se consume tal cual se encuentra en la naturaleza y lo que se procesa para convertirse en un alimento elaborado.

En algún momento del Paleolítico –ese largo período de la humanidad que empezó hace más de dos millones y medio de años y acabó hace poco, hará solo unos diez mil años– alguien se dio cuenta de que, acercando los alimentos al fuego, estos cambiaban de textura, de olor, de color, de sabor. Se hacían más sabrosos y fáciles de masticar y digerir. Lo primero que hicieron fue colocar los alimentos directamente sobre el fuego, es decir, lo que nosotros llamamos brasear o asar. Solo miles de años después se desarrolló la tecnología necesaria para fabricar recipientes capaces de soportar el calor del fuego sin quemarse ni fundirse, y así la humanidad aprendió otra forma de preparar los alimentos: hervirlos sumergidos en un recipiente con agua; es decir, cocer y guisar.

Lo que hago cuando sumerjo los ingredientes del cocido en agua y pongo el puchero al fuego es un proceso a la vez físico y químico. Físico, porque lo que pretendo es que el fuego caliente el agua y el agua transmita su calor a los ingredientes, que irán cambiando de textura y propiedades a medida que se van calentando. En este caso, será necesario que todos los ingredientes de lo que luego va a ser el tercer vuelco del cocido (las legumbres, las carnes y los huesos) se cuezan durante largo tiempo a temperatura relativamente baja (solo un poco por encima de los cien grados centígrados, la temperatura de ebullición del agua) para que los productos, duros y recios, vayan ablandándose, al mismo tiempo que emanan de ellos olores y sabores que van mezclándose poco a poco, en el suave hervor, para ir adquiriendo unas cualidades completamente diferentes de las iniciales: esto ya no sabe ni huele a carne de vaca, de gallina, de cerdo, a huesos ni a legumbres, sino que los sabores y olores han cambiado y se han combinado entre sí produciendo algo completamente diferente.

Para ello, han tenido que intervenir también reacciones químicas, propiciadas por el calor. Todos los ingredientes que he metido en la olla tienen enzimas, unas moléculas de proteínas que aceleran las reacciones químicas. Las enzimas actúan sobre unas moléculas que se llaman sustratos, convirtiéndolas en unas moléculas diferentes llamadas productos. O sea, las enzimas que estaban presentes en las carnes y en los garbanzos, activadas por el calor, han modificado las moléculas de esos sustratos y han dado lugar a un producto diferente.

El proceso, hecho de manera tradicional, requiere horas de cocción. Pero, como vivo en el siglo XXI, puedo hacer uso de la tecnología descubierta en el siglo XVII para acelerar el proceso. En otras palabras: voy a usar una olla a presión.

Una leyenda urbana cuenta que la máquina de vapor la inventó un físico inglés, al observar la fuerza con la que salía por la válvula el vapor acumulado en el interior de una tetera. Se supone que, más que una tetera de las que sirven para infusionar el té, debía de tratarse de uno de esos recipientes metálicos, cerrados, de forma semiesférica, con un asa curva en la parte superior, que se colocan sobre el fuego para calentar el agua y cuyo único orificio es un pitorro por el que se introduce el líquido y por el que, cuando este empieza a hervir, sale el vapor, produciendo un silbido: lo que en Argentina se llama una pava y en inglés (idioma del apócrifo inventor) es una *kettle.*

La historia, aunque sin duda apócrifa, es bonita porque representa la importancia de la observación de los gestos rutinarios, cotidianos, y cómo un ojo que mira atentamente puede cambiar el mundo. Nos imaginamos al ilustre físico inglés (innominado) en batín y zapatillas de andar por casa, esperando a que se caliente el agua para hacerse un té (no sabemos si es un English breakfast o un tópico té de las cinco), como todos los días, como todas las mañanas o todas las tardes. El agua empieza a hervir y un silbido surge, como cada día, del pico de la kettle. Y de repente el hombre deja de comportarse como un sabio distraído doméstico y actúa como un científico, observa con atención la fuerza del vapor y piensa que con esa energía puede hacerse algo útil; el pitido de la tetera se hace cada vez más intenso, cada vez más agudo, y el científico vuelve a ser un inglés y retira el recipiente del fuego. El agua ha hervido demasiado.

Si la historia fuese verdadera (que seguro que no lo es, porque en realidad tenemos noticias de la existencia de mecanismos movidos por vapor desde la Antigüedad grecolatina) aquel momento de atención y lucidez en medio de un acto completamente doméstico habría dado lugar a toda una revolución: la revolución industrial, que en gran medida fue posible gracias al invento de la máquina de vapor.

La máquina de vapor se basa en un principio muy sencillo: se calienta agua en una caldera (es decir, en un depósito cerrado, como la pava del cuento). El agua, al calentarse, va evaporándose y generando vapor de agua, que tiene un volumen mayor que el agua fría; el vapor acumulado en la caldera genera presión. Y aquí ya hay solo dos posibilidades: que la caldera esté totalmente cerrada, y entonces llegará un momento en que la presión del vapor sea tan grande que haga estallar la caldera, o que –¡salvación!– la caldera tenga una válvula que permita salir el vapor al exterior. Como el vapor acumulado es mucho y la válvula es pequeña, el vapor sale a gran presión; y si en la válvula colocamos un pistón, con la fuerza del vapor el pistón se mueve, y ese movimiento puede transmitirse a un mecanismo (una manivela) que a su vez mueve la máquina.

Así funcionaban las máquinas industriales de aquellas fábricas con altas chimeneas de ladrillo, y las locomotoras de los primeros trenes, que llevaban una caldera que había que alimentar durante todo el trayecto echándole paletadas de carbón para mantener la llama, que calentaba el agua, que generaba el vapor, que movía las bielas, que hacían girar las ruedas sobre los raíles. Si faltaba carbón o se consumía el agua, la máquina dejaba de funcionar y el tren quedaba detenido en mitad de las vías. Por eso en los trenes de vapor el equipo que conducía el convoy estaba formado por un maquinista, que manejaba los mandos, y un fogonero, que tenía que estar continuamente alimentando el horno de la caldera; hoy los trenes los maneja solo el maquinista o, a veces, ni eso, los maneja la propia máquina controlada por ordenador, pero durante el primer siglo del ferrocarril las locomotoras se alimentaban de carbón y agua, de la chimenea del tren salía esa nube de humo que todavía aparece en algunos dibujos infantiles y, si el viento soplaba contra la marcha, los viajeros llegaban a su estación de destino tiznados de la carbonilla que había entrado por las ventanillas abiertas de los vagones de pasajeros.

Mi olla a presión se basa en el mismo principio, pero no está hecha para mover nada. Es una caldera herméticamente cerrada –su hermetismo se consigue gracias a ese aro de goma colocado entre la olla y su tapa, un aro que hay que renovar de vez en cuando porque con el calor y el uso se reseca y resquebraja, pierde elasticidad y eficiencia– con una válvula, sí, pero el objetivo de la válvula no es mover ningún pistón, sino simplemente facilitar la salida de una pequeña cantidad de vapor para que mi olla exprés no estalle mientras la utilizo. El objetivo para el que se acumula vapor de agua en el interior de la olla es producir mucha presión dentro de la olla, ya que a más presión, más calor. Así que si meto los garbanzos y las carnes del cocido en agua, tapo la olla y la coloco en el fuego, en poco rato el agua allí encerrada empezará a calentarse; cuando llegue al punto de ebullición (o sea, cien grados centígrados), el agua comenzará a evaporarse y generará presión dentro de la olla cerrada. Así que al calor del fuego se vendrá a unir el calor generado por la presión del vapor y ese pequeño truco hará que los alimentos se cuezan más rápido, mucho más rápido: mientras que con una cocción en olla normal el cocido tarda varias horas en hacerse, ayudándome de la presión del vapor podré cocer los mismos ingredientes en poco más de veinte minutos. Cuando la presión en el interior de la olla sea ya insoportable, el vapor sobrante saldrá por la válvula, al pasar por ella emitirá un pitido y ese pitido me avisará de que tengo que retirar ya la olla del fuego si no quiero provocar una explosión en la cocina.

Sin embargo, muchos recomiendan dejar la olla abierta hasta que el agua llegue a su punto de ebullición, hacer una operación intermedia y solo después cerrar la olla. La operación intermedia consiste en lo que en castellano se llama espumar la olla.

Espumar, según el Diccionario de la Lengua Española, consiste en «quitar la espuma del caldo o de cualquier líquido». La finalidad es que quede un caldo más limpio, porque, con el calor, la sangre presente en los tejidos de la carne se libera, se coagula y sube a la superficie formando una fea espuma de color grisáceo oscuro: un proceso a la vez químico y físico que puede estropear el plato. En todas nuestras cocinas mediterráneas hay un utensilio que solemos usar para sacar los alimentos fritos del aceite hirviendo, escurriéndolos de paso; pero su nombre es *espumadera,* lo cual indica que su primitiva función no era escurrir el aceite de los fritos, sino precisamente espumar, retirar esa espuma oscura de la superficie del caldo en ebullición.

Espume o no, cuando hayan pasado unos veinte minutos de cocción con la olla exprés cerrada, tendré que dejar que las cosas se remansen, que la olla se enfríe y el vapor de agua que hay en su interior pierda temperatura y, por tanto, reduzca su volumen, vuelva a condensarse y a convertirse en agua; si quiero acelerar el proceso de enfriado puedo abrir un poco más la válvula, con cuidadito, para que salga más vapor al exterior y disminuya la presión; o puedo, como hacía mi madre cuando tenía prisa, llevar la olla cerrada al fregadero y allí sumergirla en agua fría para que el baño exterior ayude a bajar la temperatura interior y acelere el proceso de enfriado del vapor.

Solo cuando la olla esté suficientemente fría podré destrabar el cierre de seguridad y abrir la tapa. Si, forzando las cosas, me empeño en abrir la olla exprés antes de que esté suficientemente fría, el vapor acumulado saldrá de golpe a gran temperatura, generando una fuerza que puede hacer que parte de la comida ya cocida se proyecte disparada hasta el techo, y lo más probable es que yo misma me abrase las manos y la cara con la mezcla de vapor caliente, caldo hirviendo y partículas de comida. En fin, hacer un cocido en olla a presión resulta bastante práctico, pero requiere de algunas precauciones porque es un procedimiento un tanto peligroso: jugamos con fuego, agua y vapor a altas temperaturas y una presión elevada.

Al abrir la olla comprobaré que el agua que eché al principio apenas ha mermado. Si en lugar de utilizar la olla a presión, herméticamente cerrada, hubiera hecho el cocido en puchero, a la manera tradicional, a lo largo de varias horas de hervir, el agua se habría ido evaporando y saliendo del puchero en forma de vapor (incluso con el puchero tapado, al no ser el cierre hermético, el vapor escapa entre el borde del recipiente y su tapa); esa emisión de vapor hacia el exterior habría producido una reducción del líquido del interior del recipiente y, por tanto, yo hubiera tenido que ir añadiendo más agua a lo largo del proceso de cocción (lo que se llama *asustar),* para evitar que, al evaporarse totalmente el líquido, los alimentos se quedasen en seco y acabasen pegándose al fondo de la olla y quemándose por falta de humedad. De hecho, una forma fácil y rápida de espesar un caldo o una salsa es hacerla hervir brevemente a fuego vivo en un recipiente destapado: el agua se evapora, el vapor sale libremente al aire y la comida queda más espesa, menos líquida.

En realidad, el principio de la olla a presión es el mismo que el de un aparato de laboratorio llamado autoclave que sirve para esterilizar, es decir, para eliminar los microorganismos por medio del calor generado por vapor de agua a alta presión. Mi olla a presión es un pequeño autoclave doméstico, que yo uso para cocer alimentos; pero, de paso, los alimentos salen de la olla bien desinfectados. Si uno de los animales cuya carne he metido en la olla estaba enfermo –por ejemplo, si la gallina tenía salmonelosis–, puedo estar segura de que esos gérmenes no llegarán a mi boca, porque habrán muerto por efecto del calor.

En mi diagrama de flujo del cocido, el siguiente paso es preparar y lavar las verduras. Para ello voy a necesitar varios instrumentos: una tabla de cortar, que me proporcionará una superficie estable y nivelada para apoyar las verduras que pienso cortar, y una o varias palancas.

Una palanca es una máquina simple que sirve para multiplicar la fuerza y así ahorrar energía, de manera que se pueda mover algo pesado aplicando relativamente poca presión; aunque a veces es al revés, y lo que se pretende es mover algo ligero utilizando una palanca que reduzca o aminore la presión que aplicamos, que sería excesiva para mover un objeto tan delicado. En ese caso, la palanca multiplica la fuerza, pero por un número negativo, reduciendo su efecto en vez de aumentarlo.

Normalmente la palanca consiste en una barra rígida que se apoya en un punto y permite, aplicando una fuerza, mover un peso o carga. El punto de apoyo se llama fulcro, el peso que hay que mover es la resistencia y la fuerza que se hace es la potencia.

Hay tres tipos de palancas, según la posición relativa que ocupen el fulcro, la resistencia y la potencia. En las palancas de primera clase (o primer grado, o de primer orden), el fulcro o punto de apoyo se sitúa entre la resistencia que hay que vencer y el punto donde se hace la fuerza (un ejemplo típico son los balancines de los parques infantiles, en los que un niño se sienta en un extremo de la barra, el otro en el otro extremo, y en el centro está la bisagra que permite a la barra moverse, de forma que un niño y otro se elevan alternativamente; pero para que el mecanismo empiece a funcionar, uno de los niños tiene que hacer fuerza y elevar al otro, que hace de resistencia); en las palancas de segunda clase (o de segundo grado) es la resistencia la que se sitúa entre el fulcro y la potencia; y las de tercera clase son aquellas en las que la potencia se sitúa entre el fulcro y la resistencia (en estos casos, casi siempre la palanca sirve para reducir, y no para aumentar, la potencia que se aplica sobre la resistencia).

En mi cocina hay toda una variedad de palancas: los cuchillos, las tijeras y el pelador de verduras son palancas de primera clase; sin embargo, el cascanueces es una palanca de segunda clase, porque el punto de apoyo está en la punta del cascanueces, yo aplico la fuerza en el mango y la nuez, que hace aquí de resistencia, hay que colocarla en medio. También tengo algunas palancas de tercera clase, pero están en el cuarto de baño: son las pequeñas pinzas que uso para depilarme las cejas; para usarlas tengo que ejercer fuerza en el centro de la pinza, en un punto que suele estar marcado por una superficie ligeramente estriada. Un poco más complicado es el sacacorchos, que combina un tornillo (el tornillo es también una máquina simple) y una palanca.

Para preparar las verduras de mi cocido utilizaré principalmente dos palancas de primera clase: el cuchillo y el pelador de verduras.

Así que, como primera medida, tomaré la palanca cuchillo en mi mano derecha. Tengo la suerte de ser diestra, lo cual me facilita las cosas, porque la mayor parte de las palancas domésticas están diseñadas para ser activadas con la mano derecha, lo cual desespera, con razón, a las personas zurdas, que se ven obligadas a adoptar posturas forzadas para manipularlas.

Con la palanca cuchillo empezaré partiendo las verduras grandes o largas en pedazos. Por ejemplo, voy a añadir un trozo de col, un par de puerros y una rama de apio. Como tengo varios cuchillos, será conveniente que escoja el más adecuado, que en este caso será el que se llama cuchillo cebollero, compuesto de un mango grueso (en el que aplicaré la fuerza) y una hoja grande y ancha. El que la hoja sea ancha me facilita hacer un gran corte recto en verduras voluminosas y duras, como la col o la cebolla; si la hoja fuera estrecha o corta, o ambas cosas, tendría que hacer varios cortes sucesivos, con el riesgo de desviarme, e incluso de desviarme tanto que podría acabar aplicando la fuerza (y la hoja del cuchillo) no sobre la verdura, sino sobre los dedos de mi mano izquierda, que sujetan la col o la cebolla sobre la tabla de cortar.

Otro asunto son las patatas, las zanahorias, el puerro y la chirivía, verduras que requieren no solo ser cortadas, sino también peladas, porque uno no echa las patatas o la chirivía sin pelar, llenas de tierra, directamente al cocido.

Naturalmente, puedo pelarlas con un cuchillo, aunque no con el cuchillo cebollero, cuya hoja, demasiado grande y ancha, no resulta útil para recortar la capa superficial de esas hortalizas, pequeñas y redondas: es fácil salirse y rebanarse un dedo; es decir, acabar aplicando la fuerza sobre la resistencia equivocada: mi dedo en lugar de la patata. Por tanto, necesito un cuchillo más corto y más pequeño, que me permita ir desplazando la palanca (que tiene un filo cortante) sobre la superficie de cada pieza, adaptándose bien a su forma. Casualmente, en mi cocina hay un cuchillo corto y de hoja media, ni demasiado ancha ni demasiado estrecha, que suele llamarse patatero, precisamente porque su utilidad principal es pelar patatas.

Pero, para mayor seguridad, voy a utilizar otra de las palancas de primera clase de mi cocina: el pelador de verduras. Cuando yo era niña, en ninguna casa había peladores de verduras: las patatas, zanahorias y otras hortalizas se pelaban con el cuchillo patatero, que era el que se usaba en las casas para casi todo, porque verdaderamente es muy útil y versátil. El uso de cuchillos con hojas de distintos anchos y largos era propio de profesionales (carniceros, pescaderos, charcuteros y cocineros de restaurantes), y esos instrumentos tenían la consideración de herramientas profesionales.

La entrada de cuchillos de distintos tipos en el ámbito doméstico es una sofisticación relativamente reciente, y el pelador de verduras era hasta hace poco un utensilio que solo se veía en Francia; de hecho, el tipo de pelador que voy a utilizar se llama precisamente francés, y tiene la particularidad de que la parte cortante tiene forma de ojal, con dos hojas cortantes enfrentadas una a otra, de manera que resulta casi imposible accidentarse con él, porque la hoja de corte no mira al exterior, donde están mis dedos. Basta deslizar suavemente, sin ejercer apenas fuerza, la doble hoja sobre la hortaliza para que esta extraiga limpiamente una fina y larga viruta de piel de patata, de zanahoria, de nabo o de chirivía. Una vez peladas, lavaré de nuevo las verduras y volveré a recurrir al cuchillo patatero para cortarlas en pedazos bastante grandes.

Ahora ya puedo abrir la olla –que ha soltado por la válvula la mayor parte del vapor a presión que se había formado en su interior y, por tanto, puede abrirse sin ningún riesgo–, sumergir las verduras en el caldo y volver a cerrar la olla para cocerlas brevemente, unos diez minutos.

Así hago yo el cocido en olla a presión, en dos fases, un sistema algo engorroso, pero que se parece más al de la elaboración tradicional, en el que primero se cuecen las carnes (el llamado tercer vuelco del cocido) con las legumbres y luego se añaden las patatas y las verduras (que forman parte del segundo vuelco), que requieren menos tiempo de cocción.

Pero todavía queda la preparación del primer vuelco del cocido: la sopa.

Aunque hay quien hace la sopa con toda la sustancia de los ingredientes, a mí me parece una forma de preparación un tanto basta. Lo mejor es sacar el caldo y desgrasarlo. Y aquí entran en juego otros procesos físicos y químicos.

El agua que echamos al principio ya no es simplemente agua: al hervir a alta temperatura se ha formado un caldo compuesto de agua, sustancias solubles y múltiples partículas en suspensión.

El caldo que sacamos de la olla tiene, por tanto, sustancias disueltas: desde luego, la sal que hemos echado, o la que llevaban los huesos salados, que se ha disuelto en el líquido casi enseguida porque el cloruro sódico (la sal común) tiene gran solubilidad. Además, la presión y la temperatura han contribuido a que se disuelvan en el agua otros minerales, como el calcio, el hierro o el potasio de las carnes y de las verduras, y algunas vitaminas, sobre todo del grupo B, presentes en la carne.

Pero mi caldo también tiene partículas en suspensión. La suspensión es una mezcla de partículas no solubles dispersas en un líquido. En el caldo que saco de la olla hay proteínas y grasa en suspensión, y me interesa quitar por lo menos parte de la grasa para que la sopa no resulte demasiado pesada e indigesta.

El mejor procedimiento es esperar a que el caldo se enfríe un poco, de manera que las partículas en suspensión precipiten; en otras palabras, que dejen de estar en suspensión en el agua y se separen de ella. Como la grasa pesa menos que el agua, al enfriarse sube a la superficie y forma una capa más o menos gruesa que flota sobre el líquido: es esa grasa la que tengo que retirar. Mi madre usaba para ello una simple cuchara de sopa; yo, algo más sofisticada, tengo un cucharón de desgrasar con una forma especial, que permite retirar la capa superficial de grasa con cierta facilidad. Luego, cuando vuelva a calentar el caldo para hacer la sopa, los restos que queden de grasa volverán a licuarse con el calor y a mezclarse con el agua, quedando otra vez en suspensión; así que, dependiendo de la cantidad de grasa que retire, el caldo quedará más claro o más grasiento.

A veces hago un pequeño truco: comemos dos vuelcos del cocido a mediodía y dejo la sopa para la cena, lo cual me permite reservar el caldo hasta que está a temperatura ambiente y luego enfriarlo todavía más en el frigorífico, a unos cinco grados centígrados. El frío facilita que prácticamente toda la grasa precipite y se solidifique, formando sobre el líquido una gruesa capa blanca que resulta muy fácil de retirar. El caldo conserva así todos sus aromas vegetales y cárnicos, pero resulta todavía más ligero, más libre de grasa.

El último paso del diagrama de flujo es cocer los fideos en el caldo desgrasado.

Los fideos son una masa hecha con harina, sal y agua, que, utilizando una máquina, se divide en porciones filiformes, unos hilos más o menos gruesos que luego se dejan secar. Lo tradicional era enrollar esos hilos en forma de madejas en torno a varas de madera; por eso en los colmados antiguos los fideos se presentaban en madejas, tanto si uno los adquiría empaquetados como si los compraba a granel. Las madejas de fideos eran ligeras, duras y muy frágiles, pero de todas formas su fragilidad no constituía un inconveniente, ya que para cocerlos de todas formas había que partirlos apretándolos en la mano; la madeja de fideos chascaba entre los dedos y se fragmentaba en múltiples trocitos de tamaño irregular, así que era necesario apretarlos varias veces, con habilidad adquirida por el uso, hasta que quedasen pedazos de un tamaño más o menos parecido. Solo entonces se echaban al caldo ya hirviendo y empezaba otro proceso.

Ese proceso era la rehidratación de un producto desecado, algo que ya hemos visto a lo largo de la elaboración de este mismo plato. Solo que ahora lo que se rehidrata no son las legumbres, gruesas y endurecidas por meses de almacenamiento, sino unos delicados hilos de pasta. El calor ayuda a dilatar la pasta, facilitando que se rehidrate rápidamente y absorba el líquido lleno de aromas; por eso hay que echar los fideos cuando el caldo ya ha empezado a hervir; si se vierten sobre el caldo frío, la pasta va hidratándose lentamente a medida que se calienta el líquido, los fideos se pegan unos a otros, y el resultado es una masa que recuerda un amasijo de gusanitos babosos y apelmazados.

La tradición indica que, después de hervir los fideos, se cuele el caldo con un colador fino y se devuelva a la olla donde están el resto de los ingredientes. Los fideos hervidos, que han quedado en el colador, se reservan y, en el momento de empezar a comer, se colocan secos sobre el plato de cada comensal y sobre ellos se echa el caldo, no sirviéndolo con un cucharón de cocina, sino vertiéndolo directamente desde el puchero parcialmente cubierto con su tapa. El procedimiento requiere cierta habilidad (hay que sujetar al mismo tiempo la boca del puchero y la tapa, dejando una pequeña ranura entre ambos para que, al inclinarlo, salga el líquido), pero esa es la forma castiza de servirlo. Por eso la sopa se llama «primer vuelco» del cocido: porque para servirla hay que volcar el puchero, ligeramente y con tiento, sobre el plato.

CULPABLES DE HABER COMIDO

Me recuerdo hace ya unos años, zapeando en el televisor durante una tarde de domingo en la que no me apetecía hacer nada. Saltando distraídamente de canal en canal sin encontrar ninguna emisión que me interesase, de repente me quedé detenida en un programa infantil, no sé cuál. Es más, ni siquiera supe entonces (ni, por supuesto, sé ahora) si lo que se emitía era un episodio de una serie para niños y preadolescentes o una película de largo metraje para público de la misma edad. Pero algo que vi me hizo detenerme, presenciar una secuencia y, después de unos segundos que no sé si llegaron a ser minutos, pasar, un tanto asqueada, a otro canal.

Lo que vi me escandalizó porque era una escena que me pareció impropia, ofensiva, inaceptable para un público de esa edad. Salió a relucir la puritana que habita en mí y sentí pudor, vergüenza y una profunda sensación de ofensa, pero durante unos instantes –como suele suceder con todo lo morboso– no pude apartar los ojos de lo que veía.

No, no era una escena de sexo, ni siquiera de violencia. Era algo que me pareció y me sigue pareciendo casi peor: un grupo de niños y niñas que aparentaban tener entre siete y doce o trece años (en la ficción eran amigos, o tal vez hermanos) jugaban y reían. De repente, una chica preadolescente gritaba: «¡Guerra de comida!», y le lanzaba a otro algo comestible, quizás un pastel, o una bola de helado, o una de esas magdalenas empalagosamente adornadas que ahora se llaman *cupcakes*. El receptor del impacto debía de entender la clave (o sea, que por lo visto era un juego que conocía, al que debía de haber jugado ya otras veces), puesto que, riéndose, respondía con el lanzamiento de otro pastel, o un trozo de tarta, o una taza de chocolate, o un puñado de chucherías, y en pocos instantes todos se arrojaban comida unos a otros entre risas, llenándose la cara, el pelo y la ropa, el cuerpo entero, de sustancias comestibles, pisoteando la merienda y poniendo perdidos la mesa, las sillas, los muebles de la cocina –la escena se desarrollaba en una cocina amplia y moderna, donde los niños estaban merendando para celebrar algo– y hasta las paredes.

La fiesta improvisada consistía en desperdiciar y arrojar comida, ese bien necesario y escaso para muchos, esos pasteles y bocados que alguien había preparado antes con esmero para que fuesen comidos, para que los niños disfrutasen con su sabor. El despilfarro era no solo divertido –los niños no paraban de gritar y de reír, alborozados con una fiesta tan estupenda– sino que parecía establecer unos lazos de solidaridad, de amistad, de cariño entre esos niños que luchaban alegremente a tartazos, que se pringaban unos a otros con nata, chocolate y siropes. Qué bien lo estaban pasando: los lazos inquebrantables que se crean entre los que aprenden, desde la infancia, a despreciar y desperdiciar la comida, demasiado abundante y accesible.

Hay un programa de televisión, de los que se llaman *talent-show,* en el que los participantes tienen que mostrar sus habilidades como cocineros. El programa tiene varios avatares: hay una versión en la que los concursantes son gente común, en otra los que concursan son más o menos famosos y hay también una versión en la que niños entre seis y trece años (otra vez la misma franja de edad infantil y preadolescente) compiten adoptando maneras de chef famoso. Se entiende que, aparte del espectáculo que supone para los espectadores (mayoritariamente adultos) ver a un niño llorando porque se le ha quemado el sofrito, a una niña enfadada con sus compañeros de equipo porque han batido mal las claras de huevo, o a una criatura humillada por tres chefs porque la presentación de su plato es una chapuza inaceptable, el programa debería servir al menos para que los niños aprendiesen a conocer y preparar los alimentos y a valorar desde tan jóvenes el placer de las texturas, olores y colores de la comida.

En todas las ediciones hay un momento apoteósico, que suele consistir, precisamente, en desperdiciar kilos de comida, por lo general dulce. Por ejemplo, un baño en una piscina de chocolate tibio en la que chapotean y se revuelcan vestidos, entre risas, los niños participantes y los chefs del jurado. Es el momento en que los adultos se hacen un poco niños para compartir con los niños verdaderos un rato divertido: una guerra de comida organizada como el gran momento del programa y emitida para millones de espectadores. Es el valor educativo de la televisión, que enseña que –al contrario de lo que afirma el dicho– con las cosas de comer sí se juega.

Si de niña yo hubiera tirado al suelo y pisoteado una sola onza de chocolate, mi madre me habría dado un par de azotes en el trasero. «¡Con las cosas de comer no se juega!», nos decían enérgicamente, nos gritaban casi. «¡La comida no se tira!»; y, para que lo entendiéramos mejor, nos explicaban, en un tono más dulce: «hay muchos niños que no tienen nada que comer» (también había muchos adultos que no tenían nada que comer, pero se suponía que si nos hablaban de los niños sentiríamos más cercana su hambre).

Hoy probablemente haya todavía más niños que no tienen nada que comer, pero no importa: vivimos en países desarrollados, en una sociedad de ficticia abundancia, en la que las guerras de comida son un pasatiempo infantil.

El país de mi niñez acababa de salir de una guerra y una larga posguerra: tiempos de hambre y de escasez. Un dicho afirma que cada niño nace con un pan debajo del brazo, es decir, que el nacimiento de un niño siempre va acompañado, de forma azarosa y casi milagrosa, de una mejora económica para la familia que debe sustentarle; al menos, eso se pensaba antes.

Mis padres me repitieron muchas veces que el pan que yo traje debajo del brazo fue la supresión definitiva de la cartilla de racionamiento, aquel corralito alimentario de la posguerra que limitaba la cantidad que cada familia podía comprar de determinados alimentos. Durante casi veinte años (desde la guerra civil hasta 1952, poco antes de que mi madre se quedase embarazada de mí), uno no podía adquirir toda la comida que quería, independientemente de que tuviera dinero para pagarla, porque había una cantidad tasada de alimentos por unidad familiar o por persona. En paralelo, claro, había también, desde los tiempos de la guerra, un mercado negro (el estraperlo) en el que los bienes de primera necesidad y otros superfluos podían conseguirse clandestinamente a precios exorbitantes. No se tiraba comida en aquella España de mi infancia, y nuestros padres –sobre todo, nuestras madres, encargadas de la intendencia doméstica– procuraban crearnos un sentimiento de culpa si desperdiciábamos los alimentos, si nos dejábamos comida en el plato o si tirábamos un trozo de pan.

En casa no se tiraba nada. Si sobraba algo de comida, se aprovechaba para preparar otra comida: el pan se rallaba para hacer filetes empanados o rebozar las croquetas; con la carne sobrante del cocido, bien desmenuzada (lo que en Andalucía se llama *pringá),* se preparaba un guiso de carne con tomate para la comida del día siguiente; y si lo que había sobrado del cocido eran patatas y verduras, las madres hacían con ello una tortilla para la cena, a la que daban un nombre a la vez rústico y elegante: tortilla paisana.

Nos repetían que éramos unos privilegiados por poder comer todos los días, varias veces al día, y nos llenaban de reproches si desperdiciábamos la comida.

Hoy, el sentimiento de culpa parece haberse invertido, puesto que existen mil presiones para que nos sintamos culpables, no por tirar la comida (que de todas formas la tiramos), sino precisamente por haber comido.

Una chica de quince, dieciséis, diecisiete años. Es lista y estudiosa. Saca buenas notas. Quizás, también, practica algún deporte y lo hace bien. Se esfuerza y se exige a sí misma. No le vale con salir del paso: necesita ser de las mejores y se siente frustrada cuando no lo consigue. Entonces se exige más.

Por añadidura, es guapa. «Qué guapa te has puesto», le dicen los adultos, asombrados de haberla visto crecer, hacerse una mujer en tan poco tiempo. Ella también ha visto con asombro el cambio de su propio cuerpo. Se mira al espejo, se escudriña, analiza cada detalle de su cuerpo recién estrenado, recién descubierto. Intenta adivinar cómo la ven los otros, qué imagen presenta ante sus amigas, ante los chicos que le gustan, ante los desconocidos que la ven por la calle. Esculca cada resquicio. En el espejo se mira y ve una piel de leche, unos ojos almendrados, unos labios como fresas o cerezas o frambuesas (depende del color con que se los pinte), unos pechos como manzanas, unos brazos tersos, un poco mantecosos: todo su cuerpo podría describirse con metáforas comestibles, apetitosas. La mayor parte de esas cosas le parecen bien. Todo, menos los brazos mantecosos: deberían ser menos gruesos, estar un poco más tonificados, ser más enjutos y atléticos. Va a un gimnasio porque necesita –no quiere: necesita– tonificar esos brazos juveniles, agradablemente recubiertos de una grasa apretada, muy femenina, que le tersa aún más la piel.

En el espejo del gimnasio se ve con más perspectiva que en su propia casa y cae por primera vez en la cuenta de que también los muslos son un poco más gruesos y rotundos de lo que deberían. Parecen jamones, otra metáfora comestible; y eso que la chica, como es muy joven, desconoce la palabra que se aplicaba hasta hace unos años a la mujer madura entrada en carnes, y que hoy parece en desuso: una jamona.

Tiene que reducir esos jamones, tiene que hacer más ejercicio para reducir los muslos, las caderas. Lo malo es que resulta difícil, porque la opulencia de los muslos y caderas no deriva de la acumulación de grasa, sino de que tiene los huesos anchos, huesos de mujer bien preparada para el embarazo y el parto, una constitución física que en otros tiempos habría sido un atractivo para los hombres; pero ahora no, ahora hay que estar delgada, es la moda, si estás gorda los chicos ni te miran, las amigas te desprecian, malignas, porque la ropa te queda mal.

La ropa, hecha para mujeres sin formas, reducida a tallas inverosímiles. Como máximo, hay que tener una talla 38; si no, estás como una vaca. Una vaca, otro animal comestible.

Pero la talla 38 debería equivaler a un perímetro de 75 centímetros en las caderas y otros tantos en el pecho, unas medidas casi de niña. Hasta los años setenta del siglo XX, la proporción áurea del canon de belleza femenina era 90-60-90, es decir, 90 centímetros de perímetro de pecho, 60 centímetros de perímetro de cintura y 90 de perímetro de cadera; eran las medidas que proclamaban tener las actrices de Hollywood de los años cincuenta y sesenta, aunque la mayor parte de las veces era mentira (medían más, sobre todo de cintura). Y como las tallas femeninas se calculaban dividiendo por la mitad el perímetro, resulta que, con esas medidas, aquellas diosas de la belleza cinematográfica, en la época en que el cine era una fábrica de sueños, necesitaban una ropa de la talla 44. Las mujeres de tantas ensoñaciones eróticas gastaban una talla que hoy, en teoría, es un horror. Una talla de gorda, de vaca, de gocha (gocha, cerda; el cerdo, un animal también comestible).

Como no se puede reducir el hueso de la cadera y del muslo, habrá que reducir la grasa, y luego la carne, hasta que el hueso se marque bajo la piel. Solo así la adolescente bella y comestible podrá ponerse esos vestidos y pantalones ajustados que ella piensa que ahora la hacen parecer gorda, deforme.

Pero, si los mira con atención, con mirada que ella cree imparcial, los pechos no son como manzanas. Son un poco más grandes, menos apretados, más ubérrimos. Empiezan a parecerse a melones: de la fruta de otoño, densa y apretada, hemos pasado a la fruta de verano, fresca y jugosa. No le gusta.

Y además hay que reducir la tripa, que se abomba, tersa, formando una curva también muy femenina, frutal.

Para conseguirlo, no basta con el ejercicio. Hay que hacer dieta. Reducir las grasas, reducir los hidratos de carbono. Solo proteínas, y pocas. Empieza a buscar por internet. Internet es la fuente universal de conocimiento. Primero busca tablas de los alimentos más saludables, la pirámide nutricional en cuyo vértice están los alimentos que solo deben tomarse ocasionalmente, en la base los que deben constituir el fundamento de la alimentación. Encuentra datos contradictorios, los coteja. Decide prescindir de la base de la pirámide: son hidratos de carbono, harina, pasta, arroz, patatas. Empieza a no comer lo que hasta ahora tanto le gustaba: nada de pasta, ni de dulces, ni de patatas; sacarina, no azúcar en el café.

Antes era golosa, disfrutaba con un buen pedazo de tarta. Ahora, eso está prohibido, pero la tentación está en todas partes: en los escaparates de las pastelerías, en las comidas familiares que acaban con un postre, en los lineales del supermercado, repletos de bollería industrial, de bebidas azucaradas, de panes.

Sin embargo, no basta con suprimir alimentos: hay que cambiar la alimentación entera. Busca ahora en la red dietas para adelgazar, y también encuentra información contradictoria, planes que compiten unos con otros, que recomiendan una cosa y su contraria. En un sitio se proclama que la fruta está llena de azúcares; la fruta engorda, por tanto, y la muchacha suprime de su dieta las frutas que antes tanto le gustaban. Tampoco se puede comer pan. Y tampoco mezclar alimentos proteínicos con hidratos de carbono: la dieta disociada es lo mejor, comer solo carne magra un día, al otro frutas y verduras. Pero la fruta no, la fruta engorda. También los tomates son fruta: no se pueden comer tomates. El pan, mejor integral. Pero también puede prescindir del pan, alimento maldito, lleno de venenos. Hay que contar las calorías que se ingieren; mejor hacerse un cuadro, una tabla, con la información que va recabando de aquí y de allá. Resulta que las nueces y las almendras son venenos, bombas calóricas, llenas de grasas saludables. Un kilo de nueces, ¿sabes cuántas calorías tiene?, ¡más de 6.500 calorías! No cae en la cuenta de que, cuando uno come nueces, nunca se come un kilo de una sentada: una nuez, dos, tienen menos de 50 calorías. Pero las nueces, antes cargadas de amistosos ácidos grasos, vitaminas y proteínas saludables, se han convertido en enemigas de repente: nunca más comeré nueces.

Y las legumbres, ¿qué decir de las legumbres, esas que preparaba su abuela? Tienen un 60 % de hidratos de carbono. Un cocido, unas lentejas, son un suicidio, algo que aboca inmediatamente a la obesidad. Las uvas, los guisantes, son también enemigos cargados de azúcares; las aceitunas están llenas de grasas traicioneras.

Acaba alimentándose de ensaladas de lechuga sin aceite ni sal, solo agriadas con un poco de vinagre: alimentos desabridos, que ni le gustan ni le satisfacen. De vez en cuando, un embutido de pavo; pero si un día lee la composición en el envase, la ve llena de elementos desconocidos, saborizantes y conservantes y estabilizantes, y entre ellos hidratos de carbono y azúcares en un porcentaje sorprendentemente alto para un alimento de dieta.

Necesita, por tanto, asesoramiento especializado. No hay manera de aclararse con tantas informaciones contrapuestas, con tantas dietas incompatibles entre sí como se publican en la red. Así que acude a un centro de adelgazamiento. Quizás solo tiene dieciocho años, su cuerpo aún sigue creciendo, desarrollándose, y es ese proceso de maduración el que hay que detener, mantener a raya.

El primer paso es provocar una cetosis, un estado metabólico deficitario en hidratos de carbono, para que el organismo, falto del combustible necesario, empiece a quemar grasa en lugar de azúcares. Una desnutrición controlada, o aparentemente controlada. Luego, ya se puede empezar a comer con tiento, administrando mucho los alimentos, sustituyendo alimentos naturales por compuestos artificiales. Un batido sustituye a una comida, una barrita de sabor dulce –pero sin azúcares: una dulzura que se obtiene por medios misteriosos– a una cena. Durante todo el día tiene hambre, por la noche le despierta el hambre, cuando ve comer a otros envidia su apetito.

¿Por qué los seres humanos se relacionan comiendo? ¿Es que no saben hacer otra cosa que reunirse para comer? En cada reunión de amigos o de familia, la comida impone su presencia nefasta. Mejor no ir, no quedar con nadie, si quiere mantener su dieta. Porque sabe que le pondrán por delante platos de comida, alimentos apetitosos, a los que no sabrá renunciar.

No obstante, muchas veces cede. Cada vez con mayor frecuencia. Estaba convencida de tener fuerza de voluntad y siempre había logrado lo que se proponía. Pero con la comida es otra cosa: la comida tienta, la comida hace débiles las voluntades. Sucumbe a la comida y luego odia a los que la incitaron a comer, a cometer ese pecado de alimentarse, y se odia a sí misma. Come, comparte la mesa con los demás; y luego, en la sobremesa, se levanta, se disculpa con una sonrisa, se ausenta un momento, va al servicio solo un momentito: el momentito suficiente para vomitar. La taza del retrete se llena de la comida recién ingerida, la misma que acaba de disfrutar, convertida ya en una pasta repugnante, de olor agrio: ahí está su triunfo; ha comido, ha sido débil por un momento, pero luego ha cometido el acto heroico de vomitar y los alimentos no podrán hacerle ya ningún daño. Al comer se ha saltado las reglas autoimpuestas, ha cometido una transgresión, pero con el vómito liberador ya ha pagado su culpa.

¿De qué era culpable? Era culpable de haber comido.

Así que de la culpa de tirar o malgastar la comida, del reproche materno porque hay muchos niños que no tienen nada que comer, de la obligación de comerse el plato hasta el final («¡venga, todo!», nos animaban nuestras madres), de comerse sin rechistar el guiso que no nos gustaba, hemos pasado a la culpa contraria: la culpa de comer. Sentirse culpable por comer alimentos con muchas calorías, o con muchas grasas, o con ingredientes insanos. Nutrientes que de la noche a la mañana se convierten en demonios, en víboras, en venenos: «Yo nunca como pan con gluten», dice alguien que nunca ha sido celíaco. Y el gluten pasa, en nuestra imaginación, de proteína sana y amigable a producto tóxico. «Sin azúcar añadido», dice la etiqueta, pero probablemente el producto tenga otro añadido, un edulcorante artificial. «Light», «sano», «natural», «bio», «eco», proclaman, mentirosos, los alimentos más procesados. Y de repente los guisos caseros, los de toda la vida, pasan a ser sospechosos: demasiada grasa, muchos hidratos de carbono. La fruta, nunca en el postre. Pero el postre lácteo tampoco. La leche se sustituye por bebidas que se llaman «leche de» (de almendras, de arroz, de cebada) y que no tienen de leche más que el nombre.

Y, simultáneamente, a nuestro alrededor todo son reclamos tentadores: las televisiones están llenas de programas de cocina en los que chefs profesionales y cocinillas aficionados exhiben sus habilidades. Las pastelerías y las panaderías muestran en sus escaparates dulces que nunca habíamos comido antes. Cada vez consumimos menos pan, pero en las panaderías se multiplican las variedades de panes tradicionales, perdidos y recuperados, y de otros nuevos, nunca vistos, incluso inverosímiles (pan con chocolate, panes de frutas y de frutos secos).

Los reportajes de la televisión visitan pueblos de todas las geografías en los que el reportero prueba las más abigarradas muestras de la gastronomía local: desde exóticos platos orientales hasta la cocina de nuestras abuelas. Nos enseñan cómo se fabrica un queso artesano; visitamos, guiados por las cámaras, secaderos de jamones o fábricas de embutidos; entramos con la cámara en las cocinas de las casas y en los obradores de las pastelerías y de las tahonas de los pueblos y aprendemos los nombres de los dulces tradicionales: buñuelos, pestiños, hojuelas, alfajores, tortas de aceite, perronillas, flores fritas, filloas, torrijas, rosquillas tontas, rosquillas listas, rosquillas de San Isidro, rosquillas de Santa Clara, empiñonados, panellets, bartolillos, panquemados, cocas, huesos de santo, tocinillos de cielo. Si los probásemos todos, nos sentiríamos culpables: culpables de haber comido.

En las librerías y en las secciones de libros de las grandes superficies, dominan los libros de cocina, conviviendo en contradictoria armonía con los de dietas para adelgazar y los de consejos dietéticos: aprenda a hacer cupcakes cubiertos de chocolate y azúcar, siga la dieta mediterránea, mil recetas de crepes dulces y salados, la dieta de la alcachofa o cómo adelgazar cinco kilos en seis días, ¡para chuparse los dedos!: tartas decoradas con fondant, cien recetas para bajar el colesterol, cien salsas fáciles de hacer en casa, dieta para prevenir el cáncer, barbacoas de jardín, chuches caseras, alimentación sana para el bebé, ¿quieres bajar de peso?, churros y buñuelos para hacer en casa, el libro del chocolate. La gula y su penitencia, en forma de dietas para adelgazar, comparten las mismas estanterías. Es como para volverse loco, y sí, así es, la relación malsana con la comida desemboca muchas veces en un trastorno mental. Cuanto más fácil tenemos el acceso a la comida, peor relación establecemos con los alimentos, con el acto mismo de comer, que acaba convirtiéndose en un acto culpable; en los países en los que se pasa hambre no hay trastornos alimentarios: hay, simplemente, la vieja lucha de los seres humanos para intentar comer.

Si por un momento pensásemos el camino que cualquier alimento ha seguido hasta llegar a nuestras manos, a nuestra boca, quizás podríamos mirarlo con otros ojos. Para que yo pueda comer esto han hecho falta siglos, milenios de historia y de sabiduría, cientos, quizás miles de personas que se han esforzado y han aportado su trabajo y su ingenio para producir y preparar ese alimento. Solo tenemos que pensar en ellos y, para nuestros adentros, decir *itadakimasu,* la palabra de agradecimiento hacia la comida y quien la preparó para que nosotros disfrutásemos de ella. Porque la única manera de no sentirse culpable es estar agradecido.

CORRER MUCHO

Cuando comemos juntos, él suele decir sencillamente: «Esto está muy bueno.»

Una frase dicha como de pasada entre bocado y bocado, sin interrumpir el acto de comer. Una frase casi banal, que pasa de puntillas por nuestra conversación de sobremesa –nuestro convivio, el acto de convivir– y yo recibo como un delicado homenaje.

A veces, ni siquiera contesto, como si no hubiera oído, como si creyera que se trata de un comentario que él hace para sí mismo, o como si el elogio implícito –aunque no lo diga expresamente, me elogia a mí, que he preparado la comida– no mereciese ningún comentario. Otras, con la misma aparente despreocupación, digo simplemente: «Me alegro de que te guste.» Y en ocasiones, falsamente modesta, me extiendo un poco más, explicando que es un guiso muy fácil de hacer, o que los ingredientes son simples y baratos. En estos casos él suele añadir algo más, algún comentario sobre la calidad de esos ingredientes sabrosos, o sobre lo en su punto que estaba la cocción, o lo mucho que le gusta tal o cual plato, o hace una pregunta acerca de dónde he conseguido algún ingrediente un poco más exótico, que se sale de lo normal en nuestras comidas cotidianas.

Sin saberlo, él se comporta como si fuera japonés. *Gochisousama deshita,* es la frase que dice quien acaba de comer para agradecer la comida que se ha consumido ya. En la misma página web del ciudadano japonés que me ilustró sobre qué significa *itadakimasu,* encuentro la siguiente explicación:

> Esta expresión se puede dividir como *go, chisou, sama, deshita.*
>
> *Chisou* significa «correr mucho». Anteriormente no existían ni el frigorífico ni el supermercado, así que era difícil tener (recoger) los ingredientes; así pues, *chisou* representa el hacer todo lo posible para servir la comida.
>
> *Go* denota la cortesía en el hecho de «agasajar» y también «banquete» o «comida lujosa».
>
> En fin, para agradecer a las personas que han hecho todo lo posible para prepararte la comida se pone *sama,* que es el estado más honorífico y respetuoso que usamos para referirnos a una persona.

O sea, comida lujosa, para preparar la cual has tenido que correr mucho y por eso te honro con respeto.

En su «esto está muy bueno» hay la misma concreción, la misma sobriedad, la misma quintaesencia de contenida alabanza que en la expresión japonesa. En ambos casos, son cuatro palabras que incluyen la satisfacción por haber comido bien, la ponderación de la bondad de los alimentos, la alusión al esfuerzo de prepararlos, el honor que se otorga a quien los preparó. Y yo me siento halagada como si me hubiera tratado de *sama,* «el estado más honorífico y respetuoso que usamos para referirnos a una persona».

Chisou, correr mucho. La azacanada tarea de quien reúne los ingredientes y los prepara con mimo, pero también con diligencia, para que lleguen a tiempo a la mesa.

Las cocinas de los restaurantes son lugares estresantes, tensos, en los que varias personas se afanan para preparar sobre la marcha, rápidamente, los platos que en poco tiempo tendrán que estar en la mesa. Hay que ser diligentes, trabajar a buen ritmo, pero también con seguridad y sin atolondramiento, porque las prisas son malas consejeras y la cocina está llena de elementos peligrosos, que cortan, machacan, queman, escaldan, hieren.

En los restaurantes baratos, de menú del día, el repertorio limitado y el recurso a los platos de cuchara permite que el momento de servir a los clientes sea algo más relajado: cuando se abre el restaurante, la comida está ya preparada y a cada plato solo hay que darle un último toque y llevarlo a la mesa. En esos restaurantes de todos los días el «correr mucho», el *chisou,* tiene lugar antes, en las horas previas a la apertura, cuando los ayudantes de cocina pelan, cortan, pican, trituran, machacan, baten, mezclan para que el cocinero –muchas veces la cocinera– vaya preparando los platos a buen ritmo, sin descansar ni un momento. Cuando se abre el comedor, el personal de cocina puede sentirse agotado de tanto *chisou,* pero tiene ya hecha la mayor parte de su tarea.

Sin embargo, cuanto mayor es la categoría del restaurante, más estrés hay en la cocina, porque los platos se preparan en el momento, con alimentos frescos recién cortados y preparados, y los comensales esperan con la impaciencia propia de quien se ha hecho a la idea de que va a comer pronto y ya ha empezado a salivar aguardando los platos. Un refrán sefardí dice que hay tres cosas que «son de desesperar: esperar y no venir, meter mesa y no comer, echar en cama y no durmir». Así que la impaciencia de quien está sentado a la mesa esperando una comida que tarda en llegar se equipara a la frustración de quien ha sufrido un plantón aguardando a alguien que nunca vino, o a la malhumorada desesperación de quien se acuesta y no logra conciliar el sueño.

El sueño. No dormir. El sueño de los cocineros es breve y sus mañanas empiezan en plena noche. Hay que afanarse, correr mucho para obtener los ingredientes de la comida, sobre todo en los mejores restaurantes, que se precian de tener cocina de mercado. En esos casos, el chef se levanta varias horas antes del alba para ir a la lonja o a los grandes mercados de abastos a comprobar qué mercancías han llegado y escoger las más convenientes. Entre descargadores de muelles, asentadores de fruta y de pescado, distribuidores de carne, subastadores, se mueven los cocineros más o menos célebres que acuden a abastecerse de productos para su restaurante. Luego llega la hora de pensar, de componer el menú con los productos adquiridos, y todavía después hay que organizar la logística de la cocina, y cuando abre el comedor, ir preparando los platos a buen ritmo, a medida que los clientes, muchas veces caprichosos, los piden. Hay que correr mucho, pero los comensales no deben notar el esfuerzo y los platos han de llegar a su mesa como si vinieran volando, como si se hubieran hecho solos.

Yo, sin embargo, no corro mucho. Tengo en mi casa una buena despensa de productos imperecederos, en conserva o congelados (muchas veces los compro frescos y los congelo yo misma) y adquiero con antelación y calma los productos frescos. De un día para otro pienso qué haré mañana de comer, y a veces le pregunto a él qué prefiere.

Para preparar la comida, escojo procedimientos sencillos, que no requieran largo tiempo de elaboración. Normalmente voy con calma, pero de todas formas (y seguramente por eso) me gusta guisar sola; como a la mayoría de las cocineras domésticas, me estorban las ayudas y me impaciento cuando alguien quiere echar una mano. En la pequeña cocina de casa, dos personas se tropiezan continuamente, se cruzan cuando no deben, una ocupa el lugar exiguo de la encimera que la otra necesitaría para trabajar. Me incomodan los ayudantes bienintencionados que me preguntan: «¿Puedo echar una mano?» Esa ayuda no solicitada me impacienta tanto que tengo que contenerme para no contestar con brusquedad: «No, me estorbas.»

Me gusta guisar para él y para mí; platos no muy complicados, pero que preparo con mimo para que los compartamos y los disfrutemos juntos. Sin embargo, cuando le digo a algún desconocido que me gusta guisar, quien me escucha suele pensar en comidas complejas para muchos comensales, compuestas de platos complicados y suntuosos, que requieren horas de encierro en la cocina. Nadie imagina el placer que me produce dedicar un rato –solo un rato, el suficiente: entre media hora y una hora– a preparar cada día una comida simple y cotidiana para compartir entre dos.

Recuerdo un cursillo profesional sobre inteligencia emocional aplicada al ámbito del trabajo. El primer día, para romper el hielo, la profesora del curso –una psicóloga que en este caso demostró tener muy poca psicología– fue preguntando a los alumnos qué aficiones tenían. Se me ocurrió decir que me gustaba guisar, y al decirlo yo pensaba en esas comidas para dos que preparo habitualmente, y que solo de vez en cuando se amplían un poco para tres, cuatro, como mucho cinco comensales, familiares o amigos. Me preguntó que por qué y yo le contesté que me gustaba compartir los platos que preparaba, y la psicóloga dio enseguida por supuesto que yo me refería a grandes comilonas festivas, en esos ágapes familiares que reúnen en torno a la mesa a dos docenas de personas y que implican una trabajera previa de varios días. Un convite sacrificial en el que la sacrificada era yo, para agasajar a numerosos deudos o amigos. Me situó, por tanto, en el estereotipo de la madre nutricia –a mí, que no soy madre– y, así etiquetada, pasé por el curso como el arquetipo de la madraza a la que le encanta reunir bajo sus alas a los polluelos de la familia para atiborrarlos de comida como si fueran ocas cebadas para foie.

No la saqué de su error a ella, ni tampoco a mis compañeros de curso. Con cierta malicia, decidí callarme: que creyera ella, que creyeran todos, que yo me encerraba en la cocina durante horas y horas para dejar ahíta a una tropa familiar en mi caso inexistente y que mi mayor disfrute era oírles decir «Ya no puedo más» en tono de súplica, mientras yo les servía aún otra cucharada y luego anunciaba los postres. En mi interior, guardé mi secreto: las supuestas comilonas familiares eran en realidad comidas íntimas, compartidas solo por dos. Solo para mí y, sobre todo, para él, para quien dice «Esto está muy bueno» incluso ante los platos que hemos comido juntos ya mil veces y que no constituyen ninguna sorpresa ni ninguna novedad.

Guisar como una forma de comunicarse, de demostrar amor. Lo que han hecho siempre y toda la vida las madres nutricias, pero también lo que hago yo, en unas circunstancias muy distintas a las imaginadas por aquella psicóloga sin psicología. Hay una cierta ilusión en planear –aunque solo sea pensando durante un minuto– la comida de mañana para escoger lo que más pueda agradar a quien va a comerla; y luego, el rato de concentración en el acto de prepararla, prestando atención plena a lo que hago, paso a paso, sin prisas, pero con la rapidez que me da la costumbre. El orden de las acciones ya viene establecido por el hábito: qué hay que preparar primero y qué después, en qué orden tengo que ir añadiendo los ingredientes, cuánto tiempo tardará la cocción y cuál es la intensidad adecuada del fuego. Todo eso requiere, sobre todo, estar atenta, ejecutar y controlar una serie de acciones que a veces son sucesivas y a veces simultáneas, también tomar decisiones sobre la marcha. Con decisión y sin precipitación, porque en la cocina estamos rodeados de elementos peligrosos y la única manera de evitar los riesgos es prestar atención. Un ejercicio de *mindfulness*.

Cuando la mente falla, el amor por la cocina desaparece. Mi madre fue siempre una buena cocinera, una cocinera certera que preparaba platos sencillos pero sabrosos, como procuro hacer yo. Luego los hijos, ya mayores, empezamos a vivir nuestras vidas independientes y ella permaneció durante muchos años viviendo sola en su casa, aparentemente bien. Quizás uno de los primeros síntomas de su deterioro mental, de aquella pérdida de la memoria que en poco tiempo le hizo olvidarse de nosotros y de sí misma, cancelar la historia de su vida, fue que perdió el interés y la ilusión por guisar. Nos invitaba a comer y se olvidaba de preparar la comida, o preparaba un menú mal compuesto y disparejo, con platos que no combinaban entre sí, o el convite consistía en abrir varias latas de conservas. Desolados y atónitos, asistíamos a lo que entonces no éramos capaces de ver como el inicio de un trastorno cognitivo que empezaba a aislarla del mundo. A medida que se ensimismaba y desconectaba de su entorno, la comida perdía también para ella su capacidad de comunicación y el convivio se convertía en un monólogo, en un discurso reiterativo e inconexo.

Dar comida como forma de comunicar amor. Insinuar en los manjares lo que no se dice con palabras pero se entiende. Ofrecer un plato como quien se ofrece a sí mismo.

En el romancero tradicional hay una serie formulística que se repite en diferentes lugares (desde la tradición asturiana o portuguesa hasta la castellana o la sefardí) en varios romances distintos y con algunas variantes. Pero en todos los casos la situación es la misma: una mujer enamorada (que puede ser una dama o la mujer de un pastor, una princesa encerrada que recibe a escondidas a su amigo, una mujer fiel cuyo esposo regresa de la guerra, una adúltera que aprovecha la ausencia del marido para encontrarse con su amante) recibe a su amado y lo agasaja espléndidamente. La mujer se esmera, le ofrece lo mejor y, al final, le ofrece lo mejor de lo mejor: su propio cuerpo. Pero los prolegómenos del amor son gastronómicos, una comida espléndida que preludia una larga noche de amor:

> Ya le diera de comeres   pescadico con limón,
> ya le diera de manjares   dos gallinas y un pichón,
> ya le diera de beberes   del vino de lo mejor.
> Le prepara camas altas   que no las había mejor:
> las camas eran de rosas   y de seda el cobertor.
> Ya le toma de la mano,   a la cama le subió.

A partir de ese momento, ya no hace falta correr mucho. Queda toda la noche por delante.

ÍNDICE